eons
艺 文 志

读我的欲望！

拉康与历史主义者的对抗

[美] 琼·柯普洁（Joan Copjec）| 著

王若千 | 译

上海文艺出版社
Shanghai Literature & Art Publishing House

献给我的母亲安（Ann），

以及对我的父亲约翰·柯普洁（John Copjec）的记忆

目　录

- 总　序 -

重拾拜德雅之学

1

中国古代，士之教育的主要内容是德与雅。《礼记》云：“乐正崇四术，立四教，顺先王《诗》《书》《礼》《乐》以造士。春秋教以《礼》《乐》，冬夏教以《诗》《书》。”这些便是针对士之潜在人选所开展的文化、政治教育的内容，其目的在于使之在品质、学识、洞见、政论上均能符合士的标准，以成为真正有德的博雅之士。

实际上，不仅是中国，古希腊也存在着类似的德雅兼蓄之学，即 paideia（παιδεία）。paideia 是古希腊城邦用于教化和培育城邦公民的教学内容，亦即古希腊学园中所传授的治理城邦的学问。古希腊的学园多招收贵族子弟，他们所维护的也是城邦贵族统治的秩序。在古希腊学园中，一般教授修辞学、语法学、音乐、诗歌、哲学，当然也会讲授今天被视为自然科学的某些学问，如算术和医学。不过在古希腊，这些学科之间的区分没有那么明显，更不会存在今天的文理之分。相反，这些在学园里被讲授的学问被统一称为 paideia。经过 paideia 之学的培育，这些贵族身份的公民会变得“καλὸς κἀγαθός”（雅而有德），这个古希腊语单词形容理想的人的行为，而古希腊历史学家希罗多德（Ἡρόδοτος）常在他的《历史》中用这个词来描绘古典时代的英雄形象。

在古希腊，对 paideia 之学呼声最高的，莫过于智者学派的演说家和教育家伊索克拉底（Ἰσοκράτης），他大力主张对全体城邦公民开展 paideia 的教育。在伊索克拉底看来，paideia 已然不再是某个特权阶层让其后嗣垄断统治权力的教育，相反，真正的 paideia 教育在于给人们以心灵的启迪，开启人们的心智，与此同时，paideia 教育也让雅典人真正具有了人的美德。在伊索克拉底那里，paideia 赋予了雅典公民淳美的品德、高雅的性情，这正是雅典公民获得独一无二的人之美德的唯一途径。在这个意义上，paideia 之学，经过伊索克拉底的改造，成为一种让人成长的学问，让人从 paideia 之中寻找到属于人的德性和智慧。或许，这就是中世纪基督教教育中，及文艺复兴时期，paideia 被等同于人文学的原因。

2

在《词与物》最后，福柯提出了一个“人文科学”的问题。福柯认为，人文科学是一门关于人的科学，而这门科学，绝不是像某些生物学家和进化论者所认为的那样，从简单的生物学范畴来思考人的存在。相反，福柯认为，人是“这样一个生物，即他从他所完全属于的并且他的整个存在据以被贯穿的生命内部构成了他赖以生活的种种表象，并且在这些表象的基础上，他拥有了能去恰好表象生命这个奇特力量”[1]。尽管福柯这段话十分绕口，但他的意思是很明确的，人在这个世界上的存在是一个相当复杂的现象，它所涉及的是我们在这个世界上的方方面面，包括哲学、语言、诗歌等。这样，人文科学绝不是从某个孤立的角度（如单独从哲学的角度，单独从文学的角度，单独从艺术的角度）

1 米歇尔·福柯，《词与物》，莫伟民译，上海：上海三联书店，2001 年，第 459–460 页。

去审视我们作为人在这个世界上的存在，相反，它有助于我们思考自己在面对这个世界的综合复杂性时的构成性存在。

其实早在福柯之前，德国古典学家魏尔纳·贾格尔（Werner Jaeger）就将 paideia 看成是一个超越所有学科之上的人文学总体之学。正如贾格尔所说，“paideia，不仅仅是一个符号名称，更是代表着这个词所展现出来的历史主题。事实上，和其他非常广泛的概念一样，这个主题非常难以界定，它拒绝被限定在一个抽象的表达之下。唯有当我们阅读其历史，并跟随其脚步孜孜不倦地观察它如何实现自身，我们才能理解这个词的完整内容和含义。……我们很难避免用诸如文明、文化、传统、文学或教育之类的词汇来表达它。但这些词没有一个可以覆盖 paideia 这个词在古希腊时期的意义。上述那些词都只涉及 paideia 的某个侧面：除非把那些表达综合在一起，我们才能看到这个古希腊概念的范阈”[2]。贾格尔强调的正是后来福柯所主张的“人文科学”所涉及的内涵，也就是说，paideia 代表着一种先于现代人文科学分科之前的总体性对人文科学的综合性探讨研究，它所涉及的，

2 Werner Jaeger, *Paideia: The Ideals of Greek Culture. Vol. 1*, Oxford：Blackwell, 1946, p. i.

就是人之所以为人的诸多方面的总和，那些使人具有人之心智、人之德性、人之美感的全部领域的汇集。这也正是福柯所说的人文科学就是人的实证性（positivité）之所是，在这个意义上，福柯与贾格尔对 paideia 的界定是高度统一的，他们共同关心的是，究竟是什么，让我们在这个大地上具有了诸如此类的人的秉性，又是什么塑造了全体人类的秉性。paideia，一门综合性的人文科学，正如伊索克拉底所说的那样，一方面给予我们智慧的启迪; 另一方面又赋予我们人之所以为人的生命形式。对这门科学的探索，必然同时涉及两个不同侧面：一方面是对经典的探索，寻求那些已经被确认为人的秉性的美德，在这个基础上，去探索人之所以为人的种种学问；另一方面,也更为重要的是,我们需要依循着福柯的足迹，在探索了我们在这个世界上的生命形式之后，最终还要对这种作为实质性的生命形式进行反思、批判和超越，即让我们的生命在其形式的极限处颤动。

这样，paideia 同时包括的两个侧面，也意味着人们对自己的生命和存在进行探索的两个方向：一方面它有着古典学的厚重，代表着人文科学悠久历史发展中形成的良好传统，孜孜不倦地寻找人生的真谛；另一方面，也代表着人文科学努力在生命的边缘处，寻找向着生命形式的外部空间拓展，以延伸我们内在生命的可能。

3

这就是我们出版这套丛书的初衷。不过，我们并没有将 paideia 一词直接翻译为常用译法“人文学”，因为这个“人文学”在中文语境中使用起来，会偏离这个词原本的特有含义，所以，我们将 paideia 音译为“拜德雅”。此译首先是在发音上十分近似于其古希腊词汇，更重要的是，这门学问诞生之初，便是德雅兼蓄之学。和我们中国古代德雅之学强调“六艺”一样，古希腊的拜德雅之学也有相对固定的分目，或称为“八艺”，即体操、语法、修辞、音乐、数学、地理、自然史与哲学。这八门学科，体现出拜德雅之学从来就不是孤立地在某一个门类下的专门之学，而是统摄了古代的科学、哲学、艺术、语言学甚至体育等门类的综合性之学，其中既强调了亚里士多德所谓勇敢、节制、正义、智慧这四种美德（ἀρετή），也追求诸如音乐之类的雅学。同时，在古希腊人看来，“雅而有德”是一个崇高的理想。我们的教育，我们的人文学，最终是要面向一个高雅而有德的品质，因而我们在音译中选用了“拜”这个字。这样，“拜德雅”既从音译上翻译了这个古希腊词汇，也很好地从意译上表达了它的含义，避免了单纯叫作“人文学”所可能引生的不必要的歧义。本丛书的logo，由黑白八点构成，以玄为德，以白为雅，黑白双色正好体现德雅兼蓄之意。同时，这八个点既对应于拜德雅之学的“八艺”，也对应于柏拉图在《蒂迈欧篇》中谈到的正六面体（五种柏拉图体之一）的八个顶点。它既是智慧美德的象征，也体现了审美的典雅。

不过，对于今天的我们来说，更重要的是，跟随福柯的脚步，向着一种新型的人文科学，即一种新的拜德雅前进。在我们的系列中，既包括那些作为人类思想精华的**经典作品**，也包括那些试图冲破人文学既有之藩篱，去探寻我们生命形式的可能性的**前沿著作**。

既然是新人文科学，既然是新拜德雅之学，那么现代人文科学分科的体系在我们的系列中或许就显得不那么重要了。这个拜德雅系列，已经将历史学、艺术学、文学或诗学、哲学、政治学、法学，乃至社会学、经济学等多门学科涵括在内，其中的作品，或许就是各个学科共同的精神财富。对这样一些作品的译介，正是要达到这样一个目的：在一个大的人文学的背景下，在一个大的拜德雅之下，来自不同学科的我们，可以在同样的文字中，去呼吸这些伟大著作为我们带来的新鲜空气。

- 中译本序 -

偶然性与无意识

（致我的中国读者们）

听闻我的第一本专著即将与中国读者见面，我感到愉快且荣幸。但我不得不承认，这个喜讯令我感到几分惊讶，正如不久之前，一则网上的新闻故事带给我的。这则消息有关一群杰出的知识分子，他们每周在 Zoom 上聚会，讨论 18 世纪塞缪尔·理查逊（Samuel Richardson）[1]那本整整 1 500 页的小说《克拉丽莎：又名一个年轻小姐的故事》（*Clarissa: or The History of a Young Lady*），以此来纾解当下因新冠肺炎疫情的隔离而带来的苦闷。“真够神奇的”，看到这则消息时我暗自思忖。这本小说的完整版本极少被人阅读，取代它的则是一个常见于大学文学课程的、大幅缩写的版本。我无意于将本书与理查逊这本极为重要的小

1　塞缪尔·理查逊（1689—1761），英国小说家，关注婚姻与道德问题，著有三部长篇书信体小说。——译者注

说相提并论，我只是讶异于支配着种种事物出现、消失又重现的神秘节奏。从未有人会预料到这部小说将与这群知识分子产生一种特殊的关联，后者正苦于新冠肺炎疫情所带来的种种社交退避（social withdrawals）的症状。似乎突然之间这部小说又变得重要了，这佐证了偶然性的本体事实（ontological fact of contingency）。

按照宽泛的学术发表标准，这本书在 1994 年的首次出版是成功的。它即刻就被麻省理工学院出版社重印了，随后被翻译成多种语言，接着被 Verso 出版社纳入“激进思想家”（Radical Thinkers）系列中再版。然而，尽管本书的反响颇有热度，我亦觉察到一股寒意——甚至在它出版之前。本书第 1 章作为论文首次提交于 1988 年在巴黎召开的会议“法国拉康派电影理论的美国接受”（The U.S. Reception of French Lacanian Film Theory）。我论文的评议人雷蒙·贝洛（Raymond Bellour）对我的论点提出了充满敌意的回应，在当时甚至引发了一场小型丑闻。此后，当会议论文被结集成书时，贝洛决定不再提交他的回应用于公开发表，相反，他写信给会议组织方来说明他拒绝提交的种种理由。他写到，没有必要给我的论文一个回应，因为它与会议所宣称的主题以及他的期待并不“切合”（stay within the lines）。会议的组织方《框外》（*Hors Cadre*）杂志并没有忽视贝洛对我“不符合游戏规则”的指责中存在的反讽意味，他们将这封信公开在会议文集中。显然，在框架外进行思考是不被允许的。美国电影理论家托德·麦高恩 (Todd McGowan) 也没有忽视这其中的反讽，他在《电影理论与“游戏规则”》一书中提到了这个我称之为“小型丑闻”的插曲，通过将其重塑为电影理论中的一个“创伤”，他强调了它所暗含的（学术）重要性。

本书最后一章也经历了一种相似的遭遇。这篇文章作为一次对精神分析性别差异学说的严肃重访而受到欢迎，然而一种沉默却扼杀了我论点的后续影响。这篇文章的拥趸之一，斯拉沃热·齐泽克（Slavoj Žižek）第一个指出了这种沉默：“这篇有关拉康派性别差异理念的哲学基础与后果的论文，在众多对拉康的攻击中被悄悄回避了。”齐泽克始终拥护我的论点，同时他也采用“创伤性的”一词来指涉女性主义者们的缄默。我们本来期待着与她们展开一场激烈的论战。

如果没有激起一种防御的话，我在本书中的许多论点至少也该触发一场学术上的争论，不过没有必要继续纠结于学界对本书的这种古怪而严重的“忽视”。毕竟，我的观点也没有完全被无视，不少才思敏捷的学者极其认真地对待它们，并增添了新的思考维度及变化（twists）——这些都是我未曾设想并十分钦佩的。同时我也理解，虽然我严厉地在本书中批评了历史主义（historicism）这一在我写作之时占据主导地位的思想方法，但仅凭这些并不可能击倒这位强大的对手。在大多数人眼中，历史主义是对思想的救赎；而在我看来，它所及之地一片荒芜。人们不应当天真地踏入这些战场。

我之所以不厌其烦地提到某些间歇性的"忽视"，正因为它们带给我"创伤"这一外号。当我们用创伤来指涉某个事物——或某人，如在此语境中——时，究竟意味着什么呢？精神分析理论在创伤的问题上付诸了大量的笔墨。我所获得的标签给了我一种新的动力来回顾这个已被充分研究但依旧紧迫的概念。简单来说，我们可以认为创伤命名了一种无能（inability）：无能去转化或消解某些事件，无能将某个事物纳入意识的系统当中。从这个简要的定义出发，许多问题涌现而出，尽管在此我们只能提到其中的一些。如果引发创伤之物存在于意识的外部，那么它何以困扰——或者，更确切地说：创伤化——意识呢？为何意识不简单地将其忽略或无视，也就是"不被创伤化"

（untraumatized）呢？这必然是由于这无法被消解的事物并不单纯处在意识之外，而是紧密地与后者相联系。创伤既被认为是历史性的，同时也是结构性的，这个事实也产生了其他的一些问题。从时间上，我们所谓的创伤性时刻就是指有些事情，它们颠倒了所有在它们发生之前的事。革命就是创伤性的事件，因为它们在空间上破坏了正在运行的结构：结构突然间无法再像往常那样延续了。然而，创伤并不仅仅是破坏性的。在这一点上，弗洛伊德有着明晰的立场：主体本身正是被一个创伤所构成的，或者说，主体本身是像创伤那样被构成起来的。性存有（sexuality）并不是主体性的次级现象,而是决定主体与其自身关系的、起源性的非共时性（originary asynchronicity）。

尽管这一对创伤的双重定义广泛为人所接受，却未曾有一种持续的思考来尝试把握这两种形式之间的关系。不过，近来我意识到另一个弗洛伊德的概念，“无意识情感”（unconscious affect），或许能阐明这一点——尽管这个我寻求启迪的概念有可能使我们的问题变得更加棘手，因为很少能想到一个比它更自我反噬的概念。一种不能感受其自身的感觉？这有可能意味着什么呢？我们知道弗洛伊德参加过弗朗兹·布伦塔诺（Franz Brentano）[2]有关亚里士多德的著名研讨班，而弗洛伊德的读者如果读过亚里士多德的《论灵魂》（*On the Soul*）的话，便不会看不到精神分析之父与这位古希腊哲人之间令人震惊的共通性。在此背景下，无意识情感所提出的问题（“怎么可能会有一种不能被感受到的感觉呢？”），在亚里士多德提过的一个问题中产生了回响：为什么会有没有感官效应的感觉呢？（why is there no sensation of the senses?）而亚里士多德的作答同时也对应着弗洛伊德的问题：“可燃的事物……从来不会自燃，而是需要一个有着点燃……力量的中介物，否则它就会自己燃烧起来，而不再需要一簇将它点燃的实际的火。”

我认为我们最好将无意识情感理解为主体对她自身他者性——也就是性存有之创口——的一种感受性（receptivity）、一种创伤性质的开放性。不过，在这里我们有可能换一种表述：无意识情感就是被他者性所影响的能力（the capacity to be affected）。然而，若不是遇到了某些其他引起它的事物或人，无意识情感究其本身而言

---

2 弗朗兹·布伦塔诺（1838—1917），德国哲学家、心理学家，著有《一种经验视角下的心理学》（*Psychologie vom empirischen Standpunkt*）。——译者注

是某种麻痹或者说麻木状态（anesthesia）。正如弗洛伊德的说法所暗示的，无意识情感并不只是一种不能被感受到的感觉（not felt feeling），而是一种对无的感受（feeling nothing）。或者，正如我在上文中所提出的，它并不是一种简单的一无所知（innocence）或缺乏感受，而就是一种感觉，一种我们或可称为空白的感觉。为何做出这个区分如此重要呢？它让我们思考了我们没有它便不能思考的东西吗？承认一种空白的感觉，就等于承认了对无的感受，或者说对非－存有（non-being）的感受，也就是对潜在性（potentiality）之非－存有的感受。

我希望可以在未来对这一点展开更多的探讨。不过，我先在这篇序言里，写下这些原初的想法以展望这个尚在萌芽中的写作计划。然而，这些原初的想法也意味着反思我在前面所提到的一些要点。无意识情感对理解主体的创伤性结构至关重要，尽管每个主体都存在于历史之中。因此，创伤的双重定义在时间中得以实现：被（他者性）影响的能力遇到了造成精神和社会巨变的一些事件。我同时想指出，这种双重定义也解释了书写性文本与艺术作品的兴衰变迁。面对一个文本时无法解释的沉默，或许证明的并不是一种拒斥，而是一种开放性或一种准备状态

（preparedness），它等待着某种历史性的情景，来开启对自身的新的使用或解读。

最后，本书就如过去我曾写过的每一本书一样，是带着对我的丈夫，迈克尔·索尔金（Michael Sorkin）[3]深切的爱写就的——他是一位曾投入大量时间在中国设计了不少非凡作品的建筑师。我将这个译本献给对他的记忆。

琼·柯普洁

3 索尔金先生于 2020 年 5 月因感染新冠肺炎在纽约病逝。——译者注

-致　谢-

写作如此之难的原因之一在于，一个人在书写的时候感受到全然的孤独。然而果真如此，写作和思考都将是不可能的。撇开大他者（毕竟我并不知道他或者她的名字）不提，在写作这本书的过程中，我向着许多他者说话，而正是这些他者才使写作在真正意义上成为可能。

我的写作颇受惠于人，可分为两波。我所受到的第一波影响起始于 1970 年代中晚期，当时一些独具开创性的文本正在《银幕》（*Screen*）和《m/f》杂志上发表，而许多热烈的讨论也正在《银幕》杂志的读者会、伦敦的电影创作者合作社，以及密尔沃基的众多会议上进行着，它们使我受益匪浅。我时常抱憾自那以后，再也不曾见到当年的那般盛况——更当代的许多交流似乎在很大程度上失去了那样的严谨与兴奋，以及围绕着那些讨论的紧迫感、使命感与共同体的光晕。我的写作极大地归功于筹划并参与了这些早期讨论的人们，尤其是一些出于各种各样的原因仍与我有着联系的友人们，同时也归功于他们所代表的诸多价值和他们所开启的种种重要的理论计划，他们是帕尔文·亚当斯（Parveen Adams）、霍米·巴巴（Homi Bhabha）、伊丽莎白·考伊（Elizabeth Cowie）、玛丽·安·多恩（Mary Ann Doane），以及桑迪·菲特曼–刘易斯（Sandy Flitterman-Lewis）。

我所受到的第二波影响与我对自身写作定位发生转变的那个时期相重合：从那时起，我开始不再根据我的研究对象来定义我自己的作品，甚至不再把它们看作广义上的理论性写作，而是将它们明确地视为“拉康派的”（Lacanian）。从这个时刻起，我开始不断受惠于斯拉沃热·齐泽克，是他帮助我认识到，抽象理论和具体分析之间的距离能够被创造性地桥接，且同时无损于理论；我也受惠于朱丽叶·麦肯奈尔（Juliet MacCannell）和蕾娜塔·莎勒克（Renata Salecl），在引导拉康与女性主义者们进行对话的计划中，她们结成了同盟；我还受惠于雅克–阿兰·米勒（Jacques-Alain Miller），他在他的研讨班和谈话中为我开启了一种对拉康的政治性读解，而在许多别的诠释者那里这几乎被彻底掩盖了。

在这两份名单上，我都必须单独添上一个名字，那就是乔·法恩曼（Joel Fineman），两边的理论世界都因他的逝世而受到重挫。

两个不同的专业环境支撑了我在写作中付诸的努力。首先，我当然要感谢《十月》（*October*）期刊，在那里，道格拉斯·柯林普（Douglas Crimp）、罗莎琳·克劳斯（Rosalind Krauss）和安妮特·迈克尔逊（Annette Michelson）——他们是我的编辑同事们——为我提供了充裕的空间和鼓励来发展本书前几章的观点。其次，我要感谢布法罗大学（the University of Buffalo）英语和比较文学系以及我在那里的许多同事。我迟疑于是否要一一写下他们的姓名以着重表达我的谢意，但恐怕那样的话，这个名单就太长了。然而，我却不得不单独致谢那些我研讨班上的学生们，我受到了他们的热忱、睿智和兴趣的鼓舞。我还要感谢比尔·费舍（Bill Fischer）的安排，使我留有时间来为本书做最后的润色。而我在精神分析与文化研究中心的同事们也值得我特别致意，因为无论在好的时候（当精神分析还是一门"热门"话语之时）还是坏的时候，他们都给了精神分析一个如此可靠的家。我也要感谢琼·希普曼（Joan Cipperman）多年以来为维护这个中心所提供的服务。

我要感谢麻省理工学院出版社（the MIT Press）的罗杰·康诺弗（Roger Conover）的所有帮助，尤其在一个关键性的时刻,他在编辑上的介入被证明是决定性的。詹娜·维瑞布（Jenya Weinreb）为最终文本所做的文字编辑，敏捷、周密且十分令人愉快，我要感谢她的关照。

最后，我要向我的丈夫，迈克尔·索尔金深表谢意：他在我踌躇于如何得当地向他表示感谢时，希望我别再耽搁书稿了。这是明智的，因为他至少知道，要想得当地向他致谢是不可能的。

读我的欲望！

拉康与历史主义者的对抗

Read My Desire

Lacan Against the Historicists

1　导论：结构不上街

1968 年 5 月的一天，一个愤怒的法国学生在索邦大学某个教室的黑板上草草写下："结构不上街"(Structures don't march in the streets)，这个句子瞬间成为表达学生不满的一句标语。作为华兹华斯那句"起来吧，起来吧我的朋友，抛下你的书本"的现代翻版，这个法文短句却丝毫没有沾染萦绕着这句话的暧昧性，它把一个特定的、土生土长的理智主义形态——结构主义视为自己的攻击对象。对这些学生来说，结构主义已经彻底死亡了，因而完全无力应对他们身陷其中的那些紧迫而混乱的事件所提出的理论挑战。结构主义因其普遍化的方案及其对空洞、僵死形式的固守而遭到谴责，并被认为一股脑儿地把所有一切都视为已成定局。而学生们反叛的动力恰恰正是结构主义似乎打算排除掉的东西：不只是特殊（the particular），更是在最自发且最具体形式之中的特殊。对此，他们不假思索地进行礼赞。

在"后 1968"的年月里，这种礼赞固化为若干概念，其中之一就是"庶民"(pleb)，它对某些政治话语产生了重要的影响，直到今日它都时常在“多元文化主义”或“政治正确”的旗帜下重返。这个概念最初由安德烈·格里克斯曼（André Glucksmann）提出，它命名了许多特殊性的纯粹事例，这些特殊性有着破坏一切权力的普遍化结构的潜能。这个“庶民”，作为她或他，体现在工人、学生、移民身上，体现在因为这个社会而变得贫穷、不幸、卑微或者边缘的人们身上。它（庶民）被认为赋有“从苦难和抵抗的现实中所获得的直接知识（connaissance）”。[1] 而遵
2 照这一定义，任何“起源”于庶民的话语都被认为具有政治性的价值和正确性，并自动地排除(foreclosed)了那些“起源”于权力位置的话语。

格里克斯曼“不拘一格”地借用了米歇尔·福柯的观点，发展出他的“庶民”概念，而福柯转而将格里克斯曼的概念纳入他自己的思考之中——但并非毫无保留的。在“逻辑的反抗”小组[2]（Révoltes Logiques collective）对他的访谈中，福柯表达了他对庶民的警惕，并将其形容为“权力机器不变且始终沉默的靶子”。

1　P. 迪尤斯，《新哲学与福柯》(P. Dews, “The *Nouvelle Philosophie* and Foucault,” *Economy and Society* 8, no. 2 [May 1979], p. 134.)。这篇文章极好地梳理了福柯与 1968 年五月事件的理论关系以及他对事件的回应。

2　1975 年前后，雅克·朗西埃及其团体创办了一份同名杂志。——译者注

> 毫无疑问，“庶民”绝不能被设想为历史的永恒基础……一个从未完全熄灭的反抗的炉床。毫无疑问，“庶民”并没有任何与之对应的社会学意义上的现实。但是确实总有一些事物在某种程度上逃脱了权力关系，它们存在于社会肌体、阶级、团体和个体自身之中，而这些从来都不是一味顺从或被动反应的原材料，而是挣脱而出的离心运动和反向能量。毋庸置疑的是，“这个庶民”（the pleb）并不存在，存在的是“庶民性”（plebness）……衡量庶民性的标准，与其说在权力关系之外，不如说就是权力关系的限度……从这个视角来看庶民……我不认为这会与某些新民粹主义所给出的名词相混淆，也不会与某些新自由主义所喋喋不休的基本权利相混淆。[3]

最后那句对基本权利的轻蔑评论，或许有人会不同意。我们似乎可以从中确认，福柯不加争辩地接受了对权利的新民粹主义式的定义，根据这个定义，新民粹主义者声称权利可以被简单地理解为自主且自我中心的个体所表达的自身需求，这些个体知道并且比其他任何人都更有理

---

3 M. 莫里斯和 P. 巴顿主编，《权力与策略》(M. Morris and P. Patton, eds., “Powers and Strategies,” in *Michel Foucault: Power, Truth, Strategy*, Sydney: Feral Publications, 1967, p. 52.)。

3 由（reason）知道自己想要什么。我们先在注释中简单提及一下探讨权利问题的其他方法[4]，在随后的篇幅中再加以详述。首先冲击我们的是福柯在这段话中将庶民观念去名词化所体现出的审慎和睿智。福柯不再把庶民理解为掌握着一种特殊的知识或历史——相对于更广阔的社会整体而言——的个体或者由这些个体组成的阶级，取而代之的是，它完全抽空了内容并因此在结构上不可知、不可想也最终自然不可历史化。庶民所发出的抵抗并不来自某个外部，相反它来源于权力系统自身的局限，并因此不会被它消解。

接下来引起我们注意的是，福柯在论及抵抗时所使用的特殊说法（dialect）：“‘这个庶民’并不存在，存在的是‘庶民性’。”读者难道觉察不出这是一句拉康式的改写吗？在福柯的句子背后是否能听到几个著名的拉康派公式在低语着“女人并不存在”(La femme n'existe pas），以及“有一些一”（Il y a d'l'Un）？拉康式句子跟福柯式句子的共同之处在于对两种存在做出了区分，两者分别由

4 比如可以参见 C. 勒弗尔的《人权与福利国家》(C. Lefort, “Human Rights and the Welfare State,” in *Democracy and Political Theory* [Minneapolis: University of Minnesota Press, 1988])，以及他的另一篇文章《政治与人权》(C. Lefort, “Politics and Human Rights,” in *The Political Forms of Modern Society: Bureaucracy, Democracy, Totalitarianism* [Cambridge, MA: The MIT Press, 1986])。

动词“存在”(exister) 和短语“有”(il y a) 来暗示。第一个分句所暗示的存在从属于一个谓词判断 (predicative judgement) ，同时也从属于一个对存在的判断，这就意味着，这是一种其特性或性质能够被描述的存在。而第二个分句所暗示的存在却仅仅从属于一个对存在的判断，我们只能说它存在或者不存在，却不能够说出它到底是什么并以任何方式来描述它。如果像福柯说的那样有一种“庶民性”的话，我们却不能够说出它到底是什么——“庶民性”的真理因此将永远处于知识之外——任何人的知识，包括我们无法再称为“这个”庶民的人所拥有的知识。

本书的论点是，尽管福柯在此前我们所引用的段落中对“庶民性”给出了独到的见解，我却想指出，他可以被指控提出了其他反对乃至排除庶民性之可能的论点。为了更加准确地勾勒出这些“其他论点”究竟有哪些，并说明它们如何违背了他在“逻辑的反抗”访谈中所表达的观点，接下来的每一章我都将关注福柯式问题意识 (Foucauldian problematic) 中的一些概念或现象——它们都是福柯本人 4
或者他的学生们已经给予许多理论关注的概念或现象。所以，福柯这个名字在这些章节中并不指代这位作者的全部写作或观点，而是特指其中一部分，它们令人遗憾地触发他偏离了在表达有关“庶民性”的观点时所蕴含的理念，关于一种没有谓语的存在，或者换另一种说法，关于一种不能在社会的实证性（positivity）中被把握的剩余存在。具体而言，我所要批判的观点并非贯穿福柯的全部著作，而仅局限于他的《规训与惩罚》（*Discipline and Punish*）、《性史》（*The History of Sexuality*），以及 1970 年代中晚期的论文和访谈，在这段时期，他对语言学和精神分析理论发生了立场上的转变。像他同时代的知识分子那样，他在一开始根据结构主义所定义的符号结构和精神分析所定义的精神结构来剖析社会事实，但在我们所关注的这一时期，他不仅抛弃了这两个学科，甚至还激烈地与之相对立。在这个时期所做的一篇访谈中，福柯简要地说明了这个转向：“我相信我们应当将战争和斗争作为那个大的参照模型，而不是符号和语言。承载和决定我们的历史是战争式的（war like），而非语言式的（language like）。是权力的关系，而非意义（sense）的关系。”[5]事实上通过这句声明，他与那些拒斥结构主义的异见学生实现了某种团结。不是

5　莫里斯和巴顿，《真理与权力》（Morris and Patton, “Truth and Power,” in *Michel Foucault*, p. 33.）。

语言学那象牙塔般的结构，也不是一种自反的符号学那干瘪的形式结构，而是战争与权力的结构，是在街头存活的结构：上街了的结构，这就是福柯似乎在拥护的。

我并不想通过将其简化为单纯的修辞策略来琐碎化（trivialize）福柯对语言学或精神分析的分析模式的摒弃。相反，我首先要强调那个切实地让学生们的不满与福柯的不满相并行的部分，或许最为人所知的就是他建设性地提出要取消普遍知识分子（universal intellectual），而代之以一种“特殊的”知识分子（specific intellectual），后 5
者不再要求自己对某种支配一切的宰制结构（structure of domination）进行分析，而是将目光转向具体的权力机构。这并没有什么错——对特殊性的转向具有无可置疑的合理性。如果有人根据他对特殊的强调，去或多或少地质疑他与一种新的民粹主义的崛起存在某种共谋关系——尽管他确凿地谴责过这种民粹主义，那么只要想想福柯所真正关切的是小规模权力关系系统的微观运作（microworkings），而不是它们所产生的那些被宏观历史所忽略的“小人物”（little people），我们便很容易驱散这种质疑。虽然他总是关注细节问题，但无论是一个人还是一个位置，在他分析中的这些最小要素都从未被视作一个孤立的切入点，而是被当作一种关系去把握的。

这就引入了我们的第二个论点。尽管关注权力与知识关系的福柯主义广受推崇，因为它被认为必要地纠正了那些更加天真地将这两项当作独立实体（discrete entities）来处理的政治理论，但我们则要说，将社会简化为这些关系是成问题的。福柯反对有些社会学理论，它们试图借助对权力系统的描述来解释特定的社会现象，认为权力系统从外部介入并歪曲了这些现象；而福柯则认为，权力体制是内在地透过现象本身而运作的。例如，从 18 世纪开始，有各种各样的科学文献将性变态的种种形态进行归档并对各位家长、教育者、行政长官和医生发出忠告，告诉他们如何来保护他们的被监护人。我们不能按照一种由压制性权力（repressive power）所颁布的法令来看待这些科学文献，它们并不只是决意要杜绝这些私人行为，而其自身也是权力网络的一部分，通过将性构建为自我（the self）的隐秘内核，在不同的个体间倍增了交互点与关系的形式。换句话说，福柯不再将权力理解为施加于社会的外在力量，而是将它看作内在于社会的（immanent within society），正是这些不对等关系所形成的“精致的、差异化且连续性的”网络构成了社会的根本。这样一来，社会就恰好与一整套

权力关系的体制相吻合，因此前者便不再被认为是由一种 6
外在权力所结构的，而是一种自我结构（structure itself by itself）。

本书想要与之进行论战并不断地斥之为历史主义的，正是这个内在性的理念，这个将原因理解为内在于其效果的场域的理论倾向。由于我不打算在接下来的章节中给历史主义下一个简要的定义（我希望一种更加灵活的定义会在我们的讨论所提供的不同语境中自然呈现），那么或许可以先在这里尝试提出一个：所谓的历史主义就在于把社会化约为它内在的权力与知识的关系网络。

从某种程度上，福柯并不给出一系列历史性事件背后的结构，而是将建立一个谱系学（genealogy）作为自己的计划，也正是在这个意义上，他着手对事物与知识的众多场域的构成（constitution）——或者说是对社会制度的模式（the mode of institution of the social）——进行解释，因此他不能满足于单纯地对其中的关系进行分析，至少从意图上看，他似乎挣脱了这种历史主义的罪名。因为像政治哲学家克劳德·勒弗尔（Claude Lefort）那样，福柯的确有过如下观点：

> 社会本身并不能被理解为一种关系的系统，不管
> 我们把这个系统想象得多复杂。相反，是一种总体
> 性的图式，也就是其制度的特定模式（the particular
> mode of its institution）才使这些关系有可能被概念
> 化……使它的各个维度，以及建立在其中的阶级、群
> 体与个体的关系和实践、信念与表征的关系得以清晰
> 地呈现。社会制度的模式，即支配着社会时空构型(both
> the temporal and spatial configuration）的总体图式或生
> 成原理（generative principles）是我们的原初参照，而
> 如果未能把握这一点，我们便陷入了一种实证主义的
> 虚构之中……例如，假使我们赋予了生产关系或阶级
> 斗争以现实地位（status of reality），我们便忘了只有
> **在社会分化**（social division）再现的是一种内在的分
> 7 化时……它的定义才会成立……[社会分化之定义成立
> 的前提是]，它的诸项（terms）由种种关系所决定，
> 而与此同时，这些关系自身则又由它们在同一个空间
> 内的共同铭写所决定，且证实了它们对这个铭写的认
> 识。[6]

这样说来，问题并不出在福柯所制订的研究计划的

---

6 勒弗尔，《神学政治的永久性》(Lefort, "The Permanence of the Theological Political," in *Democracy and Political Theory*, p. 218.)。

思路上，而是出在他践行这个计划的方法上。因为尽管他意识到勾画一种权力运作体制模式（a regime of power's institution）的必要性，但他没有找到一种有效的实现方式，因而最后默许将这个体制局限在通过它才得以呈现的一系列关系上，他不由自主地成为一个半吊子的历史主义者，以及——正如他自己提到的——一个半吊子的唯名论者。

那么到底是什么使福柯未能完成他所宣称的使命呢？正是因为他不允许以任何方式去提出一个"超越"（transcends）他所分析的权力体制的原理或主体。他正确且强烈地相信权力体制运作的原理绝不能被视为一个元原理（metaprinciple），一个附加在所有其他观察之上的逻辑观察（logical observation），人们可能会通过构想出一个特殊的体制来组织、囊括或理解其他的那些观察。相对于权力的体制，统摄这个体制的原理并不占据一个不同的、更高的位置。福柯并不愿到某些外部领域中去寻找这种原理，并最终在不自觉的情况下，放弃去定义这个他曾经试图理解的事物。[7]

7　然而，福柯从未抛弃过这个观念，即呈现不同的，甚至是直接矛盾的话语正占据同一个空间的必要性，而我们也必须为它们的共同前提给予解释。不过，有很多福柯派对这一点则不那么警觉，他们认为自己所分析的话语更大程度上是完全自主的。在这些例子中，重点转移到话语之间所产生的冲突上，而支撑着这些话语的同一空间就变得缺席了——而不是空了（becomes absent rather than empty）。

然而，如果我们想要避免将社会空间化约为填充了它的那些关系，显然就需要某种先验性的观念。不过福柯拒绝对这种观念进行反思，由于结构主义内在的唯心主义，他断然地抛弃了他从那里继承的、以语言为基础的分析模式，代之以斗争为基础的分析模式。而事实上，这恰恰走向了反面，确切来说，正是对语言学模型的拒斥导致了唯心主义。因为采用这一模型背后所暗含的观点——除非首
8 先能在语言中被言说，否则就不能断言某物存在——并不仅仅是同义反复，这个唯物主义观点类似于科学的原则，认为除非我们有具体的技术手段来进行确认，否则就无法正当地对科学对象进行假设。事物的存在物质性地依赖于语言的表述，因为只有在这种情况下，我们才可以认为它具有一种客观的——一种可被验证的——存在，一种其他人也能对其进行探讨的存在。

福柯斥责以语言为基础的分析所假定的唯心主义，而一个必然结果就是他抱怨这种分析“拉平”（flatten out）了它们所意图研究的一切现象，也就是将这些现象统统放在同一个平面上来考察。[8]从某种意义上说，这的确如此，

8　莫里斯和巴顿，《真理与权力》(Morris and Patton, “Truth and Power,” in *Michel Foucault*, p. 33.)。

一种由语言学所支配的分析不得不放弃一种元语言的可能性，因而不能够对被分析的现象范畴进行分层（stratified）。似乎没有哪个现象可以被用来解释或诠释其他的现象，也没有哪一种诠释自身超越了诠释，作为最终释义而优越于其他。然而，不正是福柯自己以反对元原理之名认可了这样一种去分层化吗？不正是这个反对元语言的语言学观点，最终反对了关于一种内在原因的观念吗？自休谟以来，这个观念不早已站不住脚了吗？

最终的结果则在于，如果从上述第一种意义来看，福柯在关于语言"拉平"了所有现象的问题上是正确的（尽管意不在此），那么他在第二种意义上则是错误的。因为他的观点明确地意味着，语言学模型完全呈现了它所分析的整个社会，将全面的事物都放置在同一个平面上。但如果沿着早先的分析继续推进，我们就会得到相反的结论：一种对元语言之不可能性的认识将迫使我们意识到，社会的整体（the whole of society）永远都不可能在分析中完整地展现，没有图示能够一劳永逸地将它完全展现。与此同时，这种认识也并不意味着迫使我们去想象一个没有形式的社会，在那里——正如解构主义者们所认为的那样——事件并没有真的发生，对这样一个社会，我们只能通过无穷无 9

尽的陈述来言说它，却永远都无法自圆其说（come around to the same relevant point）。没有元语言真正意味的是，社会从未停止实现其自身，也就是说，它随着时间流逝被持续地塑造。

因此当我们认识到元语言之不可能性的时候，我们所做的是将社会的表象——我们在其中所观察到的实证性事实与关系——和社会存有（being）也就是它的生成原理进行分离，后者无法出现在前者之中。我们所做的在本质上是要树立（install）社会的生成原理，在实证表象的范围之外给予它一个超越性的位置。当与这样一种生成原理相呼应时，社会就不再被视作一个僵死的结构，一种可图示为某种平面的事物，而社会最终则会以这种方式重获新生。现在我们可以摆脱唯名论那充满限定与荒谬的立场——要求我们不得不将一个社会中的每一个时刻、每一种转变都命名为一个不同的事物；而现在，设想一个被众多不同的关系集合所充实的独特空间（singular space）——它属于社会——的存在成为可能。

当涉及表象与存有之间的分离时，你们中的一些人肯定会提出反对，认为这违反了我们所秉持的唯物主义语言学立场：在刻写入语言之前，没有可被假定的存在。的确如此，其推论也一样正确：所有被刻写入语言的事物必须被给予一个恰当的位置，如果在语言中出现了它的印迹，那么其存有的可能性则必须被纳入考虑。每当存有与表象之间的分离被否认，我们就能明确地知道有一种特殊的刻写（inscription）正在受到忽视：而这种刻写恰恰标记着元语言的失败。语言以实证性的表述滔滔不绝地诉说着事物，但它同时也不吝诉说着自身对自足性的缺失。它不断地在诉说着，自己不能直接道出整个的朴素真理，也无法不依靠无休止的进一步解释和注解来道出真理。语言权力的某种省略或否定，作为元语言的不存在而被写进语言之中。即使这种否定并没有在陈述中被呈现，但它仍然是一种刻写，它所暗示的那个存有也仍然值得我们去思考。

事实上严格来说，正是这一书写让我们能够把一个社 10
会的建立的模式理解为不可言说的（unspeakable），并相信一个社会的生成原理永远都不能如其所是般地被述说。只有当权力遭遇到某种反抗或者运行不顺的时候，我们才意识到权力的体制受制于一种溢于这一体制之外的原理。但我们一定要认识到这个说法比我们目前所论述的意味着更多。我们的立场不仅道出了这个否定性的事实：我们无法令该原理在一个运行中的体制之内变得可见，同时也点出了另一个实证性的事实：体制由之建立的那个原理永远以某种方式否定根据它而建立起来的体制。

正是由于这种类型的否定在福柯学说中的缺席，导致它不能设想一种社会空间的谱系，也无法想象对这一谱系的抵抗。奇怪的是，福柯似乎颠倒了我们的观点，即语言内在地铭刻了它对自身的否定。他相信，每一种否定或抵抗的形式最终都将支撑或者被它所敌对的权力系统所吸纳，这是因为他将这个观点理解为每一个否定都必须被表述出来。因此，“你不能做 X”的禁止中必须要说出 X 是什么，它诱使我们去想象这个 X，去审视我们自己和我们的邻人以确定我们是否因这个 X 而有罪。这句陈述使它想要废除的事物开始运作，它甚至让否认变成了承认。而似乎被福柯所忽视的则是那种尽管在语言之中出现却没有内容的否定形式。这一类型的否定当然不能被它质疑的系统所吸纳。

如果说这一切都有点太抽象的话，我建议换一个角度理解。让我们重新回到 1968 年的五月以及那些持异见的学生们身上，不过这一次，他们并不在涂写革命性的口号，而是困惑地注视着他们的一位教授，此人在黑板上画了四个令人费解的图示，把它们称作“四大话语”，而台下的

情绪则从恼怒上升到怀疑。[9]正如你已经猜到的，这位教授
正是雅克·拉康，而在他跟前聚集的许多学生都不假思索 11
地认为，自己在目睹的正是学院结构主义的典范，也就是他们正在反叛的东西。不过他们错了，而更不幸的是，后来者也犯了同一个错误。拉康的这些图示跟那些结构主义者所画的科学图示毫无相似之处，他提供给听众的这些图示是反结构主义的。

拉康令人惊讶地宣称，他所作的图示是*真实的*。[10]直到今天，他的这个说法也依然遭遇了相同的不解。受到结构主义教育的人们近乎把结构理解为符号性（symbolic）[11]的同义词，而拉康的说法对他们而言，简直是文理不通或者胡言乱语。拉康很显然不会无视结构主义的立场，他曾在教学生涯的初期与之同仇敌忾。不过后来他工作的目标则

9　有关拉康与这些学生们的碰撞，参见《八大的即兴曲》(J. Lacan, “Impromptu at Vincennes,” in *Television/A Challenge to the Psychoanalytic Establishment*, ed. J.Copjec, trans. D.Hollier, R.Krauss, and A.Michelson [New York: W. W. Norton, 1990])。

10　我将本书中出现的拉康派专有名词“the Real”翻译为“真实界”。尽管中国内地学界更多地倾向于将其译为“实在界”，但是考虑到在汉语语境里，“实在”有“充实”之意，而与这一术语本身寓含的“空无”相矛盾；另外，“the Real”还与拉康的真理概念密不可分(具体可参见在本书第 2 章中出现的拉康格言)，故我选择将其译为相对较少使用的“真实界”。——译者注

11　与“想象界”“真实界”一同构成波罗米安结(Borromean Knot)的“the Symbolic”，通常也被译作“象征界”。但是考虑到“象征”本身更多地指向“所指”和属于想象界的“意义”，故我在本书中将其译作“符号界”，以强调其“能指”的维度。——译者注

是对这一立场进行批判，而在此处，对这些学生以及对我们而言，他的观点可以被阐述为：你们反对结构主义是对的，你们可以抱怨它所勾勒出的不过是一些僵死的关系。因此，你们宣称结构不会上街也是对的——但不是出于你们所想的那些理由。所以关键不在于改变你们的分析模式，将结构带上大街，将它们理解为根植或内在于社会现实中的。关键在于从最初的模式所教给我们的东西中汲取教诲：结构不会——也不应该——上街。它们并不处在构成我们日常现实的那些关系当中，相反，它们属于真实界的秩序。

这个观点或许还是太过抽象了。读者可能会感到疑惑，从上述假设出发的一种分析该是什么样子的呢？对我们理解一个社会的实际运作，它会带来什么不同？为了回答这些问题，请读者思考以下这样一种分析的两个例子。它们均来源于弗洛伊德的作品，而更重要的是，它们都与一段荒诞且令人费解的不堪历史有关。我们认为它们正暗含着“结构是真实的”或“每一种现象领域都排除了自身的原因”
12 的命题，也正因为如此，它们从根本上不能被日常的历史主义思维所理解，而更是作为一种富有价值的解毒剂与之相对。

第一个例子来自《图腾与禁忌》（*Totem and Taboo*），

在其中弗洛伊德提供了对一个社会的分析，平等与博爱的关系在这个社会的公民之间盛行，没有谁优越于其他人，权力则被分享而非集中于某处。弗洛伊德的分析最引人瞩目的地方在于，他并未止步于对这些关系的描述，也不试图让这一“兄弟制度”[12]简单地与在这些兄弟之间存在的关系相吻合。相反，弗洛伊德强调超越这些关系，去假设某种荒诞不经的存在，也就是一位曾经拥有全部权力的原父（primal father），在他被谋杀之后，这些兄弟均分了他的权力并由此奠定了当下的制度。毫不奇怪，这个假说被许多人视作弗洛伊德最为疯狂的想法之一——一位不合格的民族志学家的疯狂幻想！然而，把它说成是怪诞的那就错过了弗洛伊德的重点：如果这个原始部落的父亲是荒诞不经的，那么他客观上也真的如此。这就是说，他在这个制度中是令人难以置信的，如果想要稳固平等的关系，那么他的存在就必定是不可想象的。

而他在这个由兄弟们建立的体制当中是不可想象的并不与另一个事实相矛盾，那就是如果没有他，这个体制的建立（institution）将是难以理解的。因为如果不设定他的

---

12 参见 J. F. 麦克康奈尔，《兄弟的体制：父权制之后》（J. F. MacCannell, *The Regime of the Brother: After the Patriarchy* [New York and London: Routledge, 1991]），她用一本书的篇幅对这个社会进行了理论化。

存在，除了被迫陷入心理主义，我们就无法解释为何这些兄弟能够以这样的方式团结到一起。在《图腾与禁忌》中，弗洛伊德想要解释的是，一个由平等的个体所组成的社会，其真实的结构，并不能化约为一种不稳定的、从未完全落实的平等关系。那些琐碎的嫉妒以及缺乏权力的感受时刻威胁着这些关系，阻碍着它们的永久实现，出卖了兄弟们内疚的根源，也就是那个他们必须要抹去的原因。

第二个例子来自《超越愉快原则》[13]，在这篇论文中弗洛伊德发展了另一个被饱受误解的概念：死亡驱力。对这
13 个文本的常见阐释认为，弗洛伊德之所以发展出这个概念，是为了反对那种认为人类全都在人性上受制于一种愉快原则的信念。根据这种解读，死亡驱力被看作一个次级的原则，与愉快原则同时共存并相互对抗，也就是说，这两种原则被认为占据了同一个空间，彼此间的冲突在一个领域内展

13　本书将采用“愉快原则”这一译法来代替已经在中文世界通用已久的“快乐原则”。“基于 Lustprinzip 的理论含义（将刺激或兴奋控制在最低限度）将之译为‘愉快原则’，而不是在中文语境中带有‘过量’含义的‘快感原则’”（引自《死亡是生命的目的：弗洛伊德导读》[乔希·科恩，《死亡是生命的目的：弗洛伊德导读》，唐健译，北京：中信出版集团，2017 年] 第一章脚注）。与日常理解相反，弗洛伊德认为愉悦感的来源在于释放对神经系统的过量刺激，将之控制在一个均衡的水平上。这是他在早期的重要文献《科学心理学大纲》中就做出的基本假设，直到晚期的《超越愉快原则》他都未曾放弃这一点，只不过这时他从官能症的“强迫性重复”中发现了人类精神活动中具有的另一种追求过量刺激的倾向，也就是所谓的对愉快原则的超越。拉康的享乐（Jouissance）以及经过他重新定义的超我（superego）概念都建立在对这种超越的分析之上。——译者注

开。然而，这并不是弗洛伊德想说的。他毫不质疑愉快原则的重要性，并承认其在精神生活中的核心地位，而通过死亡驱力的概念，他尝试去解释这种核心性，也就是阐明那个奠定愉快原则的原则。[14]

换句话说，弗洛伊德对死亡驱力的假设和他对那位原始氏族的父亲的假设相类似，它们都是用来回应一种从原因论上解释一个经验领域的必要性：一个对应着愉快原则所支配的现象领域；另一个则对应着盛行兄弟间秩序的现象领域。在这两种情况中，一种先验性原则或者规律性原则的原理（the principle of the principle of rule），与这个规律性原则本身相冲突，尽管不能认为这个冲突发生在某种一般的场域中——因为首要秩序的原则与次要秩序的原则永远不会同时在场。这两个相"对抗"的原则，谁都不可能最终胜过另一个，这既是因为现象领域的存在总是预设了其原因的存在，同时也是由于没有任何原因能够独立于其结果而抽象地存在。

在这之前我们曾说过，对于弥漫在我们这个时代绝大

14 对死亡驱力的这一解读，可参见吉尔·德勒兹《冷酷与残酷》中精彩的一章"死亡本能"（G. Deleuze, *Coldness and Cruelty* [New York: Zone Books, 1991]）。

多数思考当中的历史主义，“结构是真实的”这个认识是精神分析所发出的最深刻的挑战。但我们必须承认，这两种最有影响力的现代话语——精神分析和历史主义，分别以拉康和福柯为代表——都同样坚信，那种认定表面是缺乏深度的（the surface is the level of the superficial）观点是危险的。[15]一旦我们要在表面之下一探究竟，就必然会一无所获。不过，这两种话语从这个认识中得出的教诲却大相径庭。经由拉康，精神分析认为表面或者表象的排斥性
14 必须被诠释为，表象总是会打压或排挤存有，也就是说表象与存有永远不相吻合。而这样一种分离的关系正是欲望的条件。相反，历史主义则试图将存有建立在表象之上，而忽视有关欲望的问题。

因此，当拉康强调我们必须按照字面（literally）[16]对待欲望之时，我们便能理解他是在教导我们如何避免落入历史主义思维的陷阱。说欲望必须按照字面来对待，意味着

---

15 J. 拉康，《治疗的方向及其权力原则》(J. Lacan, “The direction of the treatment and the principles of its powers,” in *Ecrits: A Selection*, trans. A.Sheridan [New York: W. W. Norton, 1977], p. 240.)。

16 在精神分析的临床实践当中，这意味着分析师在诠释的过程中，要重视来访者所用的言词(即具体的能指)，而不是去寻找言词背后更深刻的含义——这也正是精神分析的诠释区别于解释学(Hermeneutics)传统的地方。例如，在弗洛伊德经典的鼠人案例中，弗洛伊德在患者自由联想中把握到的正是几个德语词根之间的关联性。——译者注

欲望必须被发声（articulated）[17]，也就是说我们必须去想象登载在言说的单一表面之上某种事物，而这也同时意味着欲望是*无法发声的*（inarticulable）。因为如果被按照字面来对待的不是言词而是欲望，这就必然意味着欲望能够*以否定的方式*（negatively）在言说中登载自身，也就是说，言说和欲望的关系或者社会表面和欲望的关系是一种否定性关系。正如拉康所言，一个关于惩罚的梦能够表达一种对惩罚所压制的事物的欲望。[18] 这是一个不能被历史主义所接受的真理。历史主义拒绝相信压抑的存在，并自负地公开袒露自身对欲望的无知（illiterate in desire）。一种新民粹主义的兴起并不能怪罪于福柯，但从他那里孕生而出的历史主义，却担负着抹去空无的、无法发声的欲望的过失，而这些欲望承担着证明社会对其自身的外在性（externality）的使命。*忽略了欲望，我们就建构了一个真正密不透风的*

17　在本书中，我将根据语境来翻译"articulate"，它既有"清晰地发音/有力地表达"的意思，也有"将几个部分相互连接"的意思。"articulate"虽然不是一个精神分析的术语，但与精神分析临床实践的基本情景密切相关：分析者去见分析师，通过自由联想（为话语之间相互连接提供可能性），分析师通过"断句"（punctuation）、"细读"（scansion）等技术来揭示无意识的"存在"。严格来说，此处的"articulate"同时蕴含了这两种意思，但由于在汉语中没有一个可与之相对应的词，所以我将根据语境，强调它"发声"的一面：言说是将无意识驱力转化为欲望的过程。——译者注

18　J. 拉康，《治疗的方向及其权力原则》（J. Lacan, "The direction of the treatment and the principles of its powers," in *Ecrits: A Selection*, trans. A.Sheridan [New York: W. W. Norton, 1977], p. 257.）。

现实（a reality that is real tight），也就是一个不再外在于自我的现实。基于对一个已命名的欲望的压抑，我们就为一个自我封闭的社会的想象铺平了道路，进而也就为格里克斯曼式庶民——只有这个庶民能够公开地宣称这种欲望并要求属于它的诸多权利——的重新崛起铺平了道路。如果说本书有一个意图的话，那便是：促使文化的分析者们按照字面来对待欲望，并学会怎样读出那些在文化叙述中无法发声的事物。

2 精神矫正的主体：电影理论和拉康的接受状况

通过在“电视”[1]上露面，拉康戏仿了自己教学时的形象，那个我们在很大程度上已经习以为常的形象。拉康独自站在讲桌的后面，因为过度向前屈身，他用双手撑住桌子；而此时此刻，为了强化语气，他向上扬起双手，直直地盯着我们，用一种绝不平和的口吻说道：“某物，不是吗？”（quelque chose, n'est ce pas?）当然，这个“某物”从不特指某个事物，也从不显露，因此当它出现的时候，它总是代表着一个或一系列已知的事实，但知道的人却并不是我们。这个形象使我们想起维果的《操行零分》（*Zero for Conduct*）[2]中那个出现在塔巴尔面前的校长。父母的形象代表着一个透明的世界（public world），在那里我们所有私密的念头和举动都被监视着，一览无遗，而这不过是

1 1973 年，伯努瓦·雅克拍摄了一部有关拉康与其精神分析教学的电视片，最后完成的影片以“精神分析”为题分成两集在电视台的黄金时段播出。该电视片以雅克－阿兰·米勒与拉康之间半即兴的访谈为主要形式。根据电视片编写而成的文本以“电视”为题由法国瑟伊出版社出版。而《电视》的英文版编者正是本书作者。——译者注

2 让·维果（Jean Vigo）执导，1933 年在法国首映后引起很大争议，一直被禁映到 1945 年底。曾影响了弗朗索瓦·特吕弗的《四百击》和林赛·安德森的《如果……》。——译者注

一种妄想的幼稚产物。在我们看来，正是因为“大众传媒”[3]，拉康似乎确认了我们称为“电视性”恐惧（“televisual” fear）的东西——一种被遥远处的某个凝视彻底观察的恐惧（telo 含有“遥远的”和“彻底的”[由希腊文 telos 而来]双重含义）[4]。然而，我们对拉康的错误认识是如此深重，近乎完全不能领会这里呈现出的戏仿性形象，以及他作为开场白的那些话的意思，借这些话，他促使我们即刻注意到他的自我戏仿：“我总是讲述真理。并非是完全的真理，因为没有办法能把它全部讲出来。讲述完全的真理实质是不可能的：词语失败了（words fail）。然而，正是透过这种不可能性，真理驻留在真实界那里（the truth holds onto the real）。”[5]——这些话的含义或许也被误解了，正如它们被广泛运用在各种表征（representation）理论中那样，

3 在《精神分析的四个基本概念》（J. Lacan, *The Four Fundamental Concepts of Psycho-analysis*, ed. Jacques-Alain Miller, trans. Alan Sheridan [London: The Hogarth Press and the Institute of Psycho-Analysis, 1977], p. 274）中，拉康提到了这种“大众传媒”的“幻象”，同时他很快暗示了对一个与之相近的概念——“景观社会”——的批判。拉康提出可用称之为“非景观（构成的）社会”的概念来取代前者。

4 《里德尔和斯科特希腊语—英语词典》（*Liddell and Scott's Greek-English Lexicon*, 1906），所有古代希腊语词汇的翻译均来自此词典。

5 拉康，《电视 / 对精神分析建制的一次挑战》（J. Lacan, *Television/A Challenge to the Psychoanalytic Establishment*, ed. Joan Copjec, trans. Denis Hollier, Rosalind Krauss, and Annett Michelson [New York: W. W. Norton, 1990], p. 3.）。（译按：此处拉康的原文是“C’est même par cet impossible que la vérité touche au réel.”，英译本将“toucher”译作“hold onto”，此处的翻译遵照英译，但“toucher”的法文原义为“触及、触碰”。）

而其中最为复杂的例子当数电影理论。

我将像拍摄定场镜头那样首先概述一下我所认为的电
影理论的核心误解：自认为跟随着拉康，将银幕比作镜
子[6]，然而，殊不知运用这个比喻的同时却忽略和牺牲了拉 16
康更为激进的洞察——他也将镜子比作银幕。

作为镜子的银幕

这一误解源于电影理论对两个概念——装置（apparatus）和凝视（gaze）——以及它们之间相互关系的阐述。其中对它们相互关系最清晰而凝练的描述之一——在这里我必须说明，正是因为它的清晰，因为电影理论特有的那种开门见山式地表明假设的方式，我才引用这个描述，而不是想要特意非难它或者它背后的表述者——是一系列由《Re-vision》杂志的编辑选编、女性主义者所写的关于电影的论文。尽管它关注的是女性观看者的特殊位置，这一描述却勾勒出电影理论对凝视、装置和主体这些术语之间最普遍关系的理解。在引用了《规训与惩罚》——福柯在此书中展示了边沁对全景监狱（panopticon）的建筑

6　M. A. 多恩指出，正是我们对“像镜子一样的银幕”这个模型的迷恋，使我们抵触那些她所提出的理论异议（M. A. Doane, “Misrecognition and Identity,” *Ciné-Tracts*, no. 11 [Fall 1980], p. 28.）。

规划——中的一段话之后，《Re-vision》的编辑们写道：

> 看 / 被看二元体的解体［全景监狱所布置的中心观察塔和环形牢房确保了这一点］以及那种被永远可见的感觉似乎不仅完美地描绘了边沁监狱中犯人的境遇，同时也适用于女性。因被她的可见性所规定，无论她走到哪里都携带着她专属的全景监狱，她的自我形象是她为他人而存在的功能……父权系统中的女性特质所定义的主体性，不可避免地与看的结构以及权威之眼的定位绑定在一起。[7]

17 这种全景式的凝视完美地定义了父权制之下女性的处境：正是这个结构的图像迫使女性用一双父权之眼监视她自己。因而，这个结构确保了哪怕是她内在最深层的欲望都永远不会是对律法的触犯，而是它的植入，甚至“将她自身难以为继的处境理论化的过程”都只不过是倒映出“犹在镜中”的她对这个凝视的臣服。

可以说，全景式的凝视规定了父权制之下女人完美的、

---

7 M. A. Doane, P. Mellencamp, and L. Williams, eds., *Re-vision* (Los Angeles: The American Film Institute, 1984), p. 14。我在介绍这一系列富有价值的论文的同时，也试图细化女性主义表征理论的某些历史性转变，在这里我仅仅想提出女性主义的表征理论还需要再一次转变：这一次需要从电影的全景模型中走出。

彻底的可见性，也规定了任何社会秩序之下的任何主体，也就是说，全部主体。对主体而言，其主体性的前提和实质在于他或她通过产生主体的社会律法进行主体化。只有通过（以看的方式）进入一个具体的、被历史性规定的社会所建构的范畴（categories）中去，这个人才是可见的——既是对他人可见也是对其自身可见。而这些可见性的范畴正是各种知识的范畴。

要达到视阈（vision）和知识的完善，只有通过摒弃不可见性与非知识（nonknowledge）。按照全景监狱装置的逻辑，后两者不存在也（在一种重要的意义上）不能够存在。有人或许会这样总结这一逻辑——从而揭示出它值得质疑的地方，而不是视它为理所当然——既然所有知识（或者可见性）都是被社会生产出来的（即，所有我们可能知道的一切都并非来源于现实，而是来源于被社会所建构的、工具性的思考范畴），既然所有的知识都是被生产出来的，那么被生产出来的就只有知识（或可见性），或者说所有被生产出的都是知识（可见的）。如果按照这样的表述，这个推论的不合逻辑之处就再明显不过了——从这里推导出的从句很明显并不是假设句的必然结果。然而，在建立看 / 被看二元体的过程中，正是这种缺乏逻辑性的推论暗中发挥了作用,塑造了我们对律法支配下主体建构的理解。

在这里——我们可以想象已经能听到某些防御性的辩护声了——我在进行论述的时候有点夸大——哪怕是这样
18 的全景理论也存在着一定程度的不确定性。这种不确定性的根源在于，主体是由诸多不同的话语，而非铁板一块的单一话语所建构的。而事先无法确定的是，这些各种各样的话语——有时则是主体所处的不同场所（site）——之间发生的偶然碰撞会产生怎样的链接（articulations）。法律话语的主体可能会发现自己跟同时也是宗教话语主体的自己处在冲突关系之中。而任何一种在这其中起作用的话语都无法预先知道调解这些冲突的办法。有些电影理论家已经强调了福柯作品中的这部分内容，尝试定位那些可能会对权力的制度性形式做出抵抗的来源，比方说，为女性主义电影打开一片空间[8]。然而我认为，这种简单的原子化和多元化的主体位置以及对冲突非此即彼（partes extra partes）式的描绘并不能对知识或者权力产生根本性的动摇。这不仅是因为在福柯派理论中，每一个阶段被产生出的，都被认为是确定的事物或者立场，而除此之外，也因为知识和权力被认为是各种相互冲突的立场和话语之间关系的

8 尤其可以参见 T. 德・劳拉提斯,《性别技术》(T. de Lauretis, *Technologies of Gender* [Bloomington: Indiana University Press, 1987])。

总体性效果。差异并没有威胁到全景式的权力，相反却巩固了它。

与这种观点截然不同的是，拉康主义者认为一个指涉系统（signifying system）永远不会制造确定性。在这里，冲突并不是两种不同立场之间碰撞的结果，它根源于任何立场都无法规定一个确然的身份（resolute identity）。非知识或者不可见性并不出现在两种确定性 / 意义 / 立场摇摆不定、彼此协调的时刻，它的出现标记着每一种确定性的动摇或者每一个意义和立场的不完整性[9]。由于不能有力地表达对非知识更为根本性的理解，全景理论最终只是对抵抗的抵抗（resistant to resistance），它无力去构想出一种不巩固权力且能够拒绝权力的话语。

在这里，我的目的并不在于仅仅指出福柯理论和拉康理论之间的关键差异，我更希望解释的是，为何这两种理
论的不同难以被觉察，为何受精神分析影响而建立的电影 19
理论到头来却利用福柯派的术语来表述自身，尽管事实上这些术语正被用于取消作为一种解释方法的精神分析。

9 F. S. 科恩在《问题是什么？》一文中清晰地呈现了这个重要的差别："并不如通常所认为的，不确定性或者怀疑意味着在不同的确定性之间徘徊，而意味着对一种不完整形式的掌握(the grasping of an incomplete form)。"(F. S. Cohen, "What is a question?," *The Monist*, no. 38, [1929], p. 354, n. 4.)

在福柯的作品中，规训式权力（对主体的建构）的技术手段被认为有能力“彻底深入地穿透身体，甚至都无须依赖主体自身的表征作为中介。如果权力控制着身体，这是因为在它内化于人们的意识之前，就已经开始发挥作用了”[10]。在福柯看来，意识和无意识是被精神分析和其他一系列话语（比如哲学、文学、法律等）建构起来的范畴：正如其他被社会建构的范畴一样，它们提供了一种使主体可见、可控制、可追踪的方式。现代主体并不像精神分析所主张的那样，是一系列理解的过程（processes of apprehension），即一系列参与了社会话语或被社会话语所参与（例如电影文本）的过程；相反，主体正是透过这些范畴被理解并理解其自身的。《Re-vision》的编辑们迫使我们去面对一个事实，即在电影理论中，这些根本性的理论差异很大程度上不被注意，或者说，近乎被无视了。因此，尽管凝视被认为是一个元心理学（metapsychological）概念，我们也以它为中心来描述主体对电影装置发生的精神参与，

10　M. 福柯，《权力 / 知识》(M. Foucault, *Power/Knowledge*, ed. Colin Gordon [New York: Pantheon, 1986], p. 186.)。这一观点出现在他与吕赛特·菲纳(Lucette Finas)的访谈中，同时也发表在《米歇尔·福柯：权力，真理与策略》(*Michel Foucault: Power, Truth and Strategy*, ed. Meaghan Morris and Paul Patton [Sydney: Feral Publications, 1979])一书中。马克·卡曾斯和阿塔尔·侯赛因出色的合著《米歇尔·福柯》(M. Cousins and A. Hussain, *Michel Foucault* [New York: St. Martin's Press, 1984], p. 244.)也引用并强调了这个观点。

但正如我们应该注意到的，阐述这个概念的具体方式却使任何精神参与都变得多余。

我的观点是，电影理论将拉康派理论做了“福柯化”的运用，对拉康的一种早期误读将他变成了一个“挥霍的”福柯，将过多的理论精力浪费在某些概念上，例如词语的对立意义、压抑，以及无意识。相比之下，人们容易感受到福柯的精简（在后文中我们还将对此详细阐述），以及近年来受到广泛推崇的对历史的兴趣，都保障了福柯在学术界中相对于拉康的优势地位。

正是借助了电影装置的概念——将电影视为经济的、技术的和意识形态性的机制——当代电影理论与它的古典时代发生了断裂。[11] 这一断裂意味着，电影再现不再被看 20
作对先在的外部现实所进行的反映（无论它是清晰的还是

---

11 尽管有人或许会提出，对语言学模式的引入开启了这个电影研究中的断裂，但更准确的说法应该是这个断裂的发生是以语言学模式自身的转变为先声的——从特别关注能指之间的关系转变为关注能指群、主体与意志效果这三者之间的关系。也就是说，在语言的修辞层面被弄清楚之前——通过对装置这一概念的使用——电影研究这个领域就已经被明确地改造了。然后我想说的是，一旦这个转变发生，符号学所引入的更多复杂性就被不幸地遗忘了。

要为这个通常被称为“两个阶段”或者第一符号学与第二符号学之间的断裂（而不是延续性）做出定义，跟定义弗洛伊德的第一移情概念和第二移情概念之间的断裂有所相似。只有在第二种、占据优势地位的分析师 / 分析者关系产生之时，精神分析（严格来说）才真的开始。传记才会要求这些概念具有延续性，而理论则不会。

歪曲的），而是被视为许多社会话语中的一种，参与建构了现实以及观看主体。众所周知，装置的概念是从科学的认识论研究（epistemological studies of science）那里移植过来的，而非电影理论的原创。电影理论从加斯东·巴什拉（Gaston Bachelard）那里借用了这个概念，原来的术语是“dispositif”（即 apparatus[装置]），巴什拉用它来反驳当时居主导地位的现象学哲学。巴什拉试图取代“现象的技术”研究，认为现象并不是一个直接呈现给我们的独立的现实，而是被一系列实践和技术所建构的（对比希腊语 technē，意为“并非发现于自然之中，而是从一套常规的制作方法中产生的”），这些实践和技术规定了何为历史性真理的领域。科学的对象是各种各样的物质化的概念，而非自然的现象。

尽管借用了他的术语以及这个术语所命名的概念，电影理论最初却不是在巴什拉的作品，而是在他的学生之一——路易·阿尔都塞的作品中注意到这个术语的。[12]（这段历史在今天看来还是令人相对熟悉的，但因为有许多关

12　对巴什拉与阿尔都塞之间关系的最佳讨论，参见艾蒂安·巴里巴尔的论文《从巴什拉到阿尔都塞：“认识论断裂”的概念》(E. Balibar, “From Bachelard to Althusser: the concept of ‘epistemological break,’ ” *Economy and Society* 5, no. 4 [November 1976], pp. 385–411.)。

键点被忽略或误读，有必要重新追溯其中的一些细节。）

人们认为，阿尔都塞通过将科学的主体放到重要位置，发展并纠正了巴什拉的理论。尽管巴什拉认为科学的主体是在科学的领域中被构成的，但他同时强调主体从来不会完全按照这种方式被构成。他推论这种不完全的成功，其根源之一在于主体发展中遇到的一种障碍，他将这种障碍命名为想象性（imaginary）。但正如阿尔都塞后来所指出的，想象性的问题在于它自身很大程度上是非理论化的（untheorized），也因此（近乎是被默认的）巴什拉并不将其视作一系列历史性决定的效果，而是给定的、外在的及先在的。于是，科学的主体被分裂于两种思维模式之间：一种被历史性决定的科学形式所支配；另一种则被某些永恒的、自发的且近乎纯粹神秘的形式所掌控。[13] 21

阿尔都塞重新审视了想象性的范畴，将其作为主体历史性建构过程中的一部分。想象性进而命名了一个过程——这个过程并非一种障碍，相反，对主体意识形态性的确立至关重要：想象性为主体与社会之间活生生的关系提供了

13　炼金术图像中的人鱼梅尔露辛为科学的非连续性提供了一个准确的比喻：这种生物部分呈现为低级的、可以追溯至远古的类化石形式（想象性的），另外一部分则进行高级的、充满活力的（科学性的）活动。在《空间的诗学》中，巴什拉提到的这个形象出自荣格的《心理学与炼金术》，而他本人对无意识的看法也更接近荣格而不是弗洛伊德。

形式。通过这一关系，主体得以在社会秩序的表征中去接受并认识自身。

阿尔都塞立场的最终陈述对我们此处所关心的问题十分重要，因为它同时也表明了电影理论的基本立场。这一电影理论从 1970 年代开始由让－路易·博得里（Jean-Louis Baudry）、克里斯蒂安·麦茨（Christian Metz）、让－路易·科莫利（Jean-Louis Comolli）、斯蒂芬·希思（Stephen Heath）等人在法国和英国两地发展起来。总而言之，银幕被认为是一面镜子。主体接受了电影机制所生产出的表征、银幕上所呈现的图像，把它们当成了它自己（的形象）。[14] 不可否认的是，在主体的"自我形象"这个概念之中存在着一种歧义性，它既可以指主体的形象（an image of the subject），也可以指属于主体的形象（an image belonging to the subject）。而电影理论同时在这两种意义上使用这个概念。不论被再现的是对主体自己身体形象的视觉化，还

14　为了能在镜子和银幕之间进行类比，麦茨对有一点做出了保留，那就是在电影院中，"观看者是从银幕上缺席的：这与镜子中的孩童正相反"（C. Metz, *The Imaginary Signifier* [Bloomington: Indiana University Press, 1982], p. 48）。杰奎琳·露丝指出了这一保留中的错误，"感觉传递（transitivism）现象证明了主体的镜像认同可以是另外的孩子"，也就是说，我们总是在他人的形象中找到自身的形象，也因此说明想象性认同并不依赖于一面真实的镜子（J. Rose, "The Imaginary," in *Sexuality in the Field of Vision* [London: Verso, 1986], p. 196）。然而，最时常被遗忘的是这个事实的推论：我们总是在自身的形象中认识他者。而拉康的基本关切就在于这一事实对主体构成的影响。

是对主体关于某人或某物的形象的视觉化，这个形象的归
属问题都相当关键，而用拉康的话（在我看来，电影理论
从来没有充分地对这种歧义性做出解释）就是“归属于我
的部分，令我联想为自己的财产”（“what belong to me
aspect so reminiscent of property”）。[15] 正是这个部分使主
体在任何表征中都不仅看到了自身的反映，还有对其目之
所及的一切全盘掌控的反映。想象性关系令主体成为形象
的主宰。这一洞见促使电影理论重新构想电影标志性的、
给人带来的“现实印象”（impression of reality）。[16] 随之，
这一印象也不再被认为取决于形象与现实参照之间的一种
逼真性关系（a relation of verisimilitude），而是取决于形象
与观者之间的一种恰当关系（a relation of adequation）。换
句话说，现实印象来源于主体将形象作为自身与其世界完 22
整而充分的表征，主体满足于自身以恰当的方式被反映在
银幕上。这个被建构的印象有两个对应的名字，“现实效果”
和“主体效果”：形象使主体完全对其自身可见。

确切地说，想象性关系被定义为一种识别（recognition）

15 拉康，《精神分析的四个基本概念》，第 81 页。

16 让 – 路易 · 博得里第一个明确地阐述现实印象的概念。参见他的第二篇关于装置的论文《装置》（J. -L. Baudry, “The Apparatus,” in *Camera Obscura* 1 [Fall 1976], especially pp. 118–119. ）。

的关系。[17] 当自身的一系列概念都已被大他者建构之时，主体重新进行了概念化。有时我们认为表征的重构并不是直接发生的，它是第二位的，而主体被认出才是第一性的，这种承认作为一种“纯粹的感知行为”发生。我们都知道，这是麦茨的“脚本”（scenario）。[18] 主体首先通过与凝视相认同从而识别自身，然后进一步识别出银幕上的各种形象。那么，在这样的语境中，凝视到底是什么呢？为什么它以这样的方式出现在装置的理论中？它在巴什拉的理论中并未作为一个术语出现，那么它到底为他的理论增添了什么，又或者，从中减去了什么？[19] 在接下来的论述中，我们不得不更加全面地逐一面对所有这些问题，而现在我们必须要从一个观察出发，那就是这个理想点（ideal

---

17 值得一提的是，在拉康的研讨班中，当他提到 recognition（根据英文翻译）的时候，他所说的都是 méconnaissance（根据法语原文）：所有的认出都是一种误认。——译者注

18 乔弗里·诺埃尔－史密斯在他的论文《关于历史 / 话语的笔记》（G. N.-Smith, “A Note on History/Discourse,” *Edinburgh'76*, pp. 26–32）中批判了麦茨的“两幕剧”脚本；玛丽·安·多恩也在《误认与身份》（Misrecognition and Identity）一文中对此进行了批判。

19 我曾经在别的文章中将凝视称作“轮回性的”：尽管这个概念不符合女性主义的理念，并持续地扮演理论攻击的靶子，凝视却不断地作为电影分析的基本假设重新出现，重新与其他概念相融合。我想说的是，这正是因为我们没有为凝视给出恰当的定义，而它一旦在什么地方出现，我们也就无法将它剔除。一般的观点认为，凝视有赖于窥淫癖和恋物癖的精神分析结构，（其主体）被假定为男性。相反我的看法是，凝视来源于语言学的一系列假设，与此同时这些假设又反过来塑造了精神分析的诸多概念。

point）并不是别的而正是形象的所指（the signified of the image），也就是说，正是从这个点出发，形象对主体有所意味。主体将自己定位在这个点上，并将自身当作形象的意义来源（supplying the image with sense）。无论这个过程被分为一个还是两个阶段，电影理论始终都将凝视之点视为认同发生的地方。又因为电影理论总是通过类比文艺复兴透视法中的几何点——根据这个点，绘画得以进行完全而不失真（undistortedly）的呈现——来将凝视理论化，所以凝视在电影理论中总被当作存有的意义（the sense of being），也就是意义与存有彼此重合之点。通过认同于形象的所指，主体得以存有。意义确立了主体——这就是电影理论和福柯派对凝视概念的根本观点。

然而，想象性关系并不仅仅是一种知识的关系，或意义与识别的关系，它也是一种由知识所确保的爱的关系。形象不仅完美地再现了主体，它似乎也是一种关于主体完
美性的形象（an image of the subject's perfection）。一种对 23
自恋的常见定义看起来佐证了这种关系：主体陷入了对自身形象的爱恋，因为这是它理想自我的形象。不过，在这种解释中，自恋成了调适自我与社会秩序（因为主体被要求愉快地蜷缩进那个为它准备好的空间）之间和谐关系的

结构，而精神分析的解释却认为，主体与其自我的自恋关系会与其他的社会关系相冲突并瓦解后者。在这里，我试图指出的绝非是精神分析与全景理论之间的一个微小分歧：精神分析的关键信条正在于自恋毫无约束的力量与社会关系的约束性力量之间存在的对立。无论如何这一点是真的：弗洛伊德自己总是在试图维系这种差别的过程中陷入困境，而从荣格开始的其他人，却意识到将这两种力量融合到一种力比多一元论当中要容易得多[20]。然而，并不是容易的就是更好的，无视这种差别不仅会毁掉精神分析，还会为决定论铺平道路。

为什么主体对自身与社会之间关系的表征就必然是想象性的呢？保罗·赫斯特（Paul Hirst）提出的这个问题理应触发有关电影理论的严肃批判。[21] 而它之所以未能触发这种批判部分归结于人们认为这个问题从根本上是在质疑想象界这个概念的内容。如果稍稍改变一下强调的重心，这个问题就可以被看作在质疑为何想象界近乎独自承担了主体建构的任务——尽管事实上我们总在使用主体的“符号

20 米克尔·博克－雅各布森有趣的专著《弗洛伊德主体》(M. B.-Jacobsen, *The Freudian Subject* [Stanford: Stanford University Press, 1988])抓住了这一必要的差别——不过他所得出的结论跟拉康的非常不同。

21 P. 赫斯特，《阿尔都塞的意识形态理论》(P. Hirst, “Althusser’s Theory of Ideology,” *Economy and Society* 5, no. 4, [November 1976], pp. 385-411.)。

性”建构这样的说法。其中一种回应会提到在许多当代理论中，符号界自身是像想象界那样结构起来的，就像阿尔都塞的想象界概念那样。因此赫斯特的批评针对的是广义上我们对主体的符号性建构的设想。而这一点又一次在福柯的精简中变得明确了，除了这一点他还使我们认识到我们许多概念的空洞性。因为福柯成功地为我们展示了他（或 24
许还有其他人）所理解并使用的符号界概念已使想象界变得可有可无。与那种新的意识形态理论——将其重塑为一种积极的生产力，而非对现实的歪曲——操作相类似，福柯也重新审视了符号性的律法，将之视为纯粹积极的（purely positive）现实——及其诸欲望的生产，而非对它们的压抑。尽管福柯所提供的这种有关律法的概念是出于批判精神分析的目的，但在这一问题上精神分析的观点与他的看法却别无二致。

那么，在律法 / 欲望关系的问题上，在福柯的版本和精神分析的版本之间到底有何不同呢？仅此而已：正如我已着重指出的，福柯将欲望不仅视为律法的一种效果，还将它视为对律法的实现；然而，精神分析却教导我们，混淆效果（effect）与实现（realization）是一个错误。如果我们仅认为律法是积极的（positive），也就是认为它并不禁止欲望而是撩拨它——律法通过命令我们对它深思熟虑或供认不讳，留意它各种各样的表露，促发了欲望滋长——那么这种观点就等于认为，律法导致我们有了一个欲望——比方说，乱伦。这种立场会重蹈梅尔·布鲁克斯（Mel Brooks）（喜剧）套路中的一位精神病学家的错误。在感到一阵突然的恶心后，精神病学家将他的病人赶出了诊疗室，因为这位女病人向他报告了一个令他作呕的梦：“她亲吻了她的父亲！在梦中她亲吻了她的父亲！”这位精神病学家未能将病人做梦时的发声位置（enunciative position）从其陈述这个梦的位置（the stated position of the dreamed one）那里区分出来，而恶心的感觉正是他分辨失败的滑稽效果。对这两个位置（能述和陈述）之间的差异的忽略，导致人们从两方面视欲望为实现。首先，欲望被认为是律法允许的一种可能性所导致的实际状况（actual state）。其次，如果欲望单纯只是某种人们明确所有的东西，那么除了纯粹的外部力量，就没有任何事物可以阻挠它的实现。除非被某些外在的事物所禁止，否则欲望就必然走向实现。

让我们重申一下: 精神分析否定了社会建立在欲望——
25 乱伦的欲望——之上的荒谬命题。当然它会强调，对这个欲望的压抑为社会的建立奠定了基础。律法所建构的并不是一个单纯而明确地“有所欲望”的主体，而是一个拒绝了它的欲望、想要不去欲望的主体。因此精神分析认为主体与它的欲望是分离的，而欲望本身被认为是某种——确切地说——未实现的东西，它不能实现律法所带来的可能性。抛开任何外在的阻碍，欲望也并不一定就能实现。这种内在的辩证将欲望变成了一个自我阻碍的过程，它使主体的存有有赖于对自身欲望的否定（negation）。

福柯将律法定义为积极的和非压制性的，这同时暗示了（1）律法是无条件的，即它必须被遵守，因为唯有如此，它所允许的才能得以存在——根据定义，存有即服从；(2)之所以是无条件的，也是因为没有事物或者说欲望出现在律法之前，律法没有原因，因此我们必不能（must not）寻找律法背后的原因。律法并不是为了压抑欲望而存在的。

以上这些关于律法的认识不仅以前就被提出过，也早就有人对此明确地表达过异议[22]。在《图腾与禁忌》中，弗

---

22 米克尔·博克－雅各布森在《精神分析中的律法》(M. B.-Jacobsen, “The Law of Psychoanalysis,” *Diacritics* [Summer 1985], pp. 26-36)一文中，通过康德哲学对弗洛伊德在《图腾与禁忌》中的观点进行了讨论。而这篇文章看来有赖于拉康在《精神分析的伦理》(J. Lacan, *The Ethics of Psychoanalysis*, ed. J-A. Miller, trans. D. Porter [New York: W. W. Norton, 1992])中所做的工作，以及他尚未出版的关于焦虑的研讨班(译按：这期研讨班已由 Polity 出版社在 2014 年出版):尤其可以参见 1962 年 12 月 12 日的那节，拉康在这节研讨班上将强迫症定义为用大他者的要求来遮蔽大他者的欲望。这一说法将强迫性官能症与某种(康德式的)道德良知概念相关联。

洛伊德探讨的正是这些有关道德良知的认识。弗洛伊德在文章里将这些认识归纳为它们所可能引发的荒谬结论：“如果我们真的承认是我们的良知提出了这些要求［欲望服从于或总是符合律法］，那么从中必然可引申出，一方面禁令是多余的，而另一方面良知作为一个事实则依然没有得到解释。”[23] 从一方面来说，禁令成了多余。福柯会同意这一点：一旦律法从根本上被认为是积极的——因为它产生了它所检视的现象世界，精神分析的那种消极的、压迫性的律法概念就变得多余。而从另一方面来说，良知的事实依然没有得到解释。因为这样说来，良知就不再有任何存在的理由了；像禁令一样，它也应当变得多余。而一下子变得不可解释的正是对良知的那种体验——不仅是那种感到被迫去遵守某事的主观体验，同时也是那种紧随着违背律法而出现的内疚而自责的体验——一旦我们接受了良知
26 的要求，那么律法就已然在对我们施加影响，而不可能是作为某种结果 (cannot be caused) 。福柯会再次同意这一点：良知的体验以及通过各种表征得以内在化的律法，对他的

23　S. 弗洛伊德，《西格蒙德·弗洛伊德心理学作品全集标准版》（译按：以下简称为《英文标准版》）（S. Freud, *The Standard Edition of the Complete Psychological Works of Sigmund Freud*, trans. J.& A. Strachey [London: The Hogarth Press and the Institute of Psycho-Analysis, 1953–1974], vol. 13, pp. 69–70. ）。

律法理论来讲是多余的。

再说一遍：良知的要求（the claims of conscience）被用来反驳对它的体验。当然，那些并未把这些要求归因于良知的人们并不会注意到弗洛伊德所发现的这个悖论。然而，在福柯对全景式权力以及电影理论对装置与凝视之间关系的描述中，这个悖论却以某种方式显露出来。在这两个例子中，自我监视的模型都隐晦地使我们想起了道德良知的精神分析版本，即使这种相似性正被这些理论所否认。这种自我检视、自我纠正的形象，既为建构主体所需要，同时也变得多余，因为很明显这样被建构出的主体是绝对正当、完全正确的。这种必然而完全成功的主体塑造使监视的纠正姿态变得不再必要。主体是也只能够是无罪的（inculpable）。装置与凝视之间的关系所创造的不过是精神分析的海市蜃楼。事实上，在这里根本就看不到精神分析的主体。

精神矫正

那么，一种真正精神分析意义上的分裂主体该如何从这样的前提——主体是社会秩序的效果而非原因——中得出呢？在最后转向拉康的解决方案之前，我们有必要稍作停留，来回顾一下巴什拉著作中一个不同寻常的章节——《应用理性主义》（*Le Rationalisme appliqué*）中的第四章，标题为“智性监视的自我技术”(La surveillance intellectuelle de soi) [24]——我们将在此发现一些被近年来关于装置的理论论述所忽视的观点。[25]

尽管巴什拉为科学领域的机制性建构（institutional construction）理论开创了先河，但他同时（正如我们已经提到的）坚持认为，科学的规则（protocols）从来没有完全浸透科学领域，也从未给这个领域提供内容。想象界的
27 障碍只不过是其中的一个原因。除了这种彻底负面的、对科学性的抗拒之外，一种科学性本身的积极条件也防止发生这样的一种简化（reduction）。这两个原因一起保障了科学的诸多概念并非仅仅是某些被历史性许可的可能性的实现，而科学性思维也绝非单纯的惯习（habit），它们还

24　为了将他的科学概念与观念论、传统主义和形式主义的概念相区别，巴什拉阐述了“应用理性主义”的概念：一个科学性的概念必须与实现其自身的条件相融合（正是在禁令的基础上，任何对电子位置的讨论如果不能够提出一种实验性的定位方法，就会被海森伯否决）。为了将他的科学概念与实证主义者、经验主义者以及现实主义者的相区别，巴什拉又创造了“技术唯物主义”的概念：科学实验的仪器与规则必须被理论性地表述。巴什拉通常用精神矫正来归纳这两种律令以彼此制衡的方式运行的系统。不过，为了将科学主体的形成也涵盖进去，他在《应用理性主义》中又延伸了这个概念。

25　G. 巴什拉，《应用理性主义》（G. Bachelard, *Le rationalisme appliqué* [Paris: Presses Universitaires de France, 1949], pp. 65–81.）。

事先为有规可循地追溯(科学发展的)可能路径做好了铺垫。

进而，巴什拉也许会认为，如果说是科学的机制建构了科学的主体，那么这就等于是说主体因此总是被迫地审视自身以及它自身的思考，换句话说，主体并非主观地通过一种具有优位性（privileged access）的内省过程，而是从科学机制的位置出发，客观地审视自身。到目前为止，这种精神矫正的关系似乎都与我们努力想要清算的全景式关系并无不同。然而有这样一个差异：精神矫正（不像全景式关系那样)假定,正是这种客观性的审视使思想变得(并非全然可见,而是)隐秘,它使思想即使经受最严密的检视,也保持着隐藏的状态。让我们说得再清楚一点：巴什拉想要说的是，并不是一个本真的、孤立的自我偶然地在客观性中发现了一种自我隐遁的方式(在其他许多的方式之中);相反，这种隐藏的可能性只能以主体与其自身的客体性关系为前提。因为正是这种监视的举动——使主体外在于自身，或者说，主体与其自身具有一种“外亲性”（extimacy，拉康创造的术语）[26]的关系——使主体对其自身呈现出一种罪感，一种因为遮掩了某些事情而触发的内疚。巴什拉告

26 拉康将 intimacy（亲密性）做了一个改写：“ex-timacy”。在后文中我们将看到，外亲性概括的正是“在你之中却又超出于你”的那个“事物”。——译者注

诉我们，这种对自身的客体性关系必然会暗中重提尼采的那个问题：“当一个人可以敞怀面对一切之时，我们方能问：他到底想要掩饰什么？”这个“人”是否是他自己并不重要。这种无法根除的、对遮掩的怀疑，正是由这种客观的关系所带来的，它确保了思想永远不会与机制的各种形式完全吻合。相反，思想将会被分裂：一边是对机制所
28 证明的事物的信仰；另一边是对机制背后仍有所保留的怀疑。主体并不会将所有客观的表征以及它自身的思想看作对世界或自身的真实再现，相反却将它们视为虚构：并没有与它们相符的“现实印象”。甚至对其自身而言，主体也显得不过是一种*存有的假设*（a hypothesis of being）。对表征现实的信念总会被悬置并投射到超越表征自身的地方。巴什拉认为，“现实印象”因此不仅出现在“对建构理性（constituted reason）的大量异议”之中，也隐藏在一种信念里：真实的东西总是被掩藏了，而藏起来的总比那些显而易见的拥有更多的内容。

对遮掩的怀疑为主体提供了某种从律法的命令中逃脱的罅隙。因为主体将这些命令感知为一系列必须接受检验的假说，而非必须不假思索地无条件遵守的律令。主体并不仅仅服从于社会律法并接受它的评断，同时也将这些律

法放到智性的审视与裁决之下；换句话说，主体向一切社会的以及科学的律法抛出了一个疑问：“想要什么（Che vuoi）？你想从我这里得到的是什么？”于是，自我监视导致了自我修正，一个思想（或表征）总是在前一个思想（或表征）的判断下推动另一个思想（或表征）。

最终巴什拉一边庆祝由自由思想带来的狂喜一边结束了该章节。科学的主体对自身的精神矫正使主体在其所怀疑的自我形象跟前欣喜若狂。这并不是因为它的形象、它的世界和它的思想反映了它自身的完美，而是因为主体得以由此想象这一切都是可以变得完美的（perfectible）。正是这种对事物可完美性的感觉将思想从社会秩序的全盘限定中解放出来。巴什拉认为，思想并不仅仅受到来自社会秩序 / 科学秩序的警视（police），它也警视着后者，而“卡珊德拉情结”（Cassandra complex，他以此命名那种孩子气的执念，即所有的事情都早已被知晓了，尤其是被父母知晓了）的妄想也由此解除。

令人好奇的是，我们被告知，由监视结构所引发的有罪指控已经在这个过程中被撤销了。相反，现在人们
声称监视令思想得以“在道德上真诚”。而事实证明， 29
正是对道德良知的体验，也就是那种内疚的感觉，为思

想免除了这一有罪的指控。可这一赦免到底从何而来呢？——通过将思想的行动（the act of thinking）从思想（the thoughts that it thinks）那里分离出来。于是，尽管思想可能是有罪的，思想的行动却始终是无辜的。而主体的整个意图都保持清晰。这是我们唯一能够理解这一章中这些明显矛盾的方法。贯穿整本著作，巴什拉一直认为"口是心非，必露马脚"（duplicity is maladroit in its address），也就是说，那些认为自己不会被骗的人都错了，因为没有人能避免受骗。因此，任何思想都不可能被完全地洞察。然而在第四章中，他却同时主张主体能够也必须洞察自身思想的行动。

巴什拉有意识地以弗洛伊德的道德良知观念作为参照来对这种监视的剧情——"监视的愉悦"——进行描述。不过，他将观点与弗洛伊德的"悲观主义"相对立，后者理所应当地将道德良知视为残酷的和惩罚性的。而在巴什拉那里，监视首先被诠释为一种正面的或者说是良性的力量，它似乎为主体提供了一个宽恕。巴什拉也像福柯和电影理论那样，追溯并否定了精神分析所给出的道德良知模式——却是以一种不同的方式。巴什拉最后以一种心理学化的方式定义了他的精神矫正，而电影理论不可能真的把他的理论作为全景主义的替代性方案来接受。尽管巴什拉认为，有某种不可见性将主体从体制性装置的“凝视”（这是在全景理论而不是拉康派的意义上）之下掩护了起来，但这个主体却在另一个层面上凸显出一种明确的可见性（legibility）。巴什拉式的主体或许并不存在于一个完整而正面的存在的形象之中——它愉快地（但错误地）认为自己就是那个形象，但它的确存在于对这一形象进行检视的过程之中，存在于那愉悦的、进行自身纠正的可能性里。在这里，一种自我纠正的主体代替了电影理论所提出的那个正确的主体。

然而，围绕着精神矫正展开的理论迂回并非只把我 30
们引向一条死路。它雄辩地促使我们去思考这个欺骗的问题，如果我们想要理解作为一个指涉装置（signifying apparatus）的电影装置——它将主体放在了一种对自身的外在关系当中——那么这个欺骗的问题，这个怀疑有欺骗存在的问题就必然会被提出。一旦我们承认了这种欺骗是永远可能的（而不是像全景装置理论那样将它忽略），凝视的概念就会遭遇根本性的转变。这是因为在全景装置那里，凝视标记了主体的可见性；而在拉康的理论中，它标记出的却是主体的有罪性。凝视冷眼看着主体被裁定有罪的过程——看着主体被指涉装置纠错并被一分为二（splitting）。

作为银幕的镜子

电影理论最主要通过《作为"我"之功能构成形式的镜像阶段》（The mirror stage as formative of the function of the "I"）一文将主体的问题引入它的研究当中，并由此整合了拉康派的精神分析学说。正是参照这篇文章，电影理论家们形成了关于主体与电影之间自恋关系的论点以及这种关系依赖于"凝视"的论述。尽管拉康的确在关于镜像阶段的论文中描述了儿童与其镜中形象的自恋关系，但他明确地阐明自己的凝视概念却是在第十一期研讨班上。尤其在以"关于作为对象 a[27] 的凝视"（Of the Gaze as Object Petit a）为标题的那些章节中，拉康重构了他早期镜像阶段的论文并呈现给我们一个完全不同于电影理论所描绘的凝视概念。

27 "Object Petit a" 这个由拉康创造的关键术语，在中文世界也往往被译作"客体小a"。但是考虑到"客体"总不免与一个所谓客观性的现实联系在一起，而"Object Petit a"很显然不是一种"现实的"存在，我在本书中倾向于将它译为"对象"，以凸显它相对于主体的价值。另外我猜想"petit"，也就是这个"小"，无非是拉康在口头教学的过程中需要将"a"从图示上与"A"（Autre，大他者）区别开来，所以在书面翻译中，"对象小 a"的"小"会显得多余。——译者注通过一则有关沙丁鱼罐头的小故事，拉康用一种晦涩的幽默描绘了主体及其世界的关系。故事的讲述戏仿了黑格尔式史诗，这个“小故事”发生在一个“小海港”的一条“小船”上，其中只有一个叫作“小－让”（Petit-Jean）的角色，有意嘲讽了广义上辽阔的黑格尔式史诗。而整个故事的显在情节仅仅是看到了一只“小罐头”。确切地说，
这是一个非常短小的关于对象 a 的故事，而影响深远、俯 31
瞰一切的黑格尔式史诗所否认的，正是这个对象，它也是大他者他性（alterity）的证明和唯一担保。

这个小故事用突降法（bathos）极大地冲荡了黑格尔式的主题。一位自我认同为受压迫阶级的、年轻的黑格尔派知识分子踏上了一段旅程，他期待着这能迫使他面对冷酷无情的大自然，并与它的原始力量进行对抗。然而遗憾的是，那天格外风和日丽，他所期待的与主宰者的正面遭遇则化为泡影。而代替这个发生的却是他与一只（在海面上漂浮的）闪亮如镜面一般的沙丁鱼罐头的相遇——以及突如其来的焦虑，确切地说，这可以被描述为一个“非事件”。然而，当我们最后意识到在这个如生活切片般的微小戏剧中，既没有对消费的扬弃（sublation），也没有超越性，有的只不过是那些通过消费而缓慢消亡的、统治阶级中的

个体——这时候，突降法让位给了悲剧。这里的嘲弄并不温和，而结局的转折意味也极为了然，关键在于有某个十分严肃的问题在这里出现了。如果我们要重写这个政治性寓言的悲剧结尾，那么就不得不重新理论化自我与大他者之间的关系。

此处的关键在于什么呢？简单地说，在这个修正版的镜像阶段中，最终形成的是“我”（I）——这个我，也就是主体。拉康讲了这样一个个人化的故事似乎正是为了强调这个我在讨论中的关键性。事实上，讲述这个故事——一个青年分析师的画像——的第一人称正是他自己。这个在第十一期研讨班上穿插的小角色向我们预示了他在《电视》中扮演的那位自恋的“电视分析师”。他在《电视》中总结了自己在节目里和一系列研讨班上的表演：“这两个场景中共同的关键之处在于一种凝视：在这两个场景中，我没有表演给它看，而是以它的名义才开口言说。”[28]那么他在这里谈论的这个我与凝视之间的关系是怎样的呢？

凝视就是在可见物之中“决定”了我的事物，那个“通过它……使（这个）我（被）照－相（photo-graphed）的

28 拉康，《电视》，第 7 页。

装置”[29]。这个定义可能会被用来佐证福柯派与拉康派在立场上的一致性，以此说明这两者都认为凝视决定了我 32
的完全可见性并在知觉的维度上图绘出这个我。因而也就意味着规训性地监控着主体。不过，这种一致性只是对拉康进行仓促的“快照式”阅读后的产物，因为它忽略了分割“照 - 相”这个词的连字号——它将这个词分成了照片（“光线”）和图示（这也正是拉康的“欲望的图示”这个名词中的一部分）——正如欲望的图示也分裂了它所描述的主体。

照片。有一件事可以确定：那就是这几次研讨班中所涉及的光线，并非遵从光学的法则那样笔直地射入。因为诚如拉康所言，光线传播的几何学法则规定的只是空间而非视阈，而他对视觉领域的理论化并不依照几何学的这些法则。因此，这一正当的几何学建构并不能为他描绘出——正如它在电影理论中所做的那样——观看者相对于银幕的关系。而且这几次研讨班也不能被用来支撑一个论点（而电影理论却那么做了），即通过再造文艺复兴时期透视法之下的空间和意识形态，电影装置（cinematic apparatus）直接延续了摄影暗箱（camera obscura），生产出一个中心

29　拉康，《精神分析的四个基本概念》，第 106 页。

化且超验的主体（transcendent subject）。[30]

拉康在关于凝视的几次研讨班中批判了这种电影装置的论点，他明确解释了为何言说主体从来不能完全被想象界捕获。相反，他认为："我（I）并非仅仅是一个点，刚好落在形成视野的那个几何点上。"[31]然而，电影理论却理所当然地认为电影装置的运作从意识形态上创造出一个主体，这个主体将自身误认（misrecognize）为被再现世界的根源和中心。然而，尽管这种观点似乎与拉康达成了某种共识，即暗示了主体并非文艺复兴透视法诱使我们相信的一种点状存在，电影理论对误认的理解却与拉康的看法出现了重要的分歧。虽然在事实层面，误认这个概念暗示了在主体那里出现了某种错误，也就意味着主体未能正确

---

30 尤其可参见让 – 路易·博得里的论文《基本电影摄影装置的意识形态效果》（Ideological Effects of the Basic Cinematographic Apparatus，该文首次以法文发表在《电影运动》[*Cinéthique*, nos. 7–8, 1970] 杂志上，之后以英文发表在《电影季刊》[*Film Quarterly*, no. 28, Winter 1974-1975] 杂志上），以及让 – 路易·科莫里的论文《技术与意识形态：摄像机，视角，视域的深度》（Technique and Ideology: Camera, Perspective, Depth of Field，首次以法文发表在《电影手册》[*Cahiers du cinéma*, nos. 229, 230, 231, and 233, 1970–1971] 上，后来英国电影协会发布了这篇文章的英文单行本）。电影理论通常将这种历史连续性看作理所当然。而关于文艺复兴时期的观察技术与我们时代之间的不连续性，可参见 J. 克拉里，《观察者的技术》（J. Crary, *Techniques of the Observer* [Cambridge, MA: The MIT Press, 1990]）。在这本书中，克拉里将摄影暗箱与它之后的视觉生理模型区分开来。而拉康在他关于凝视的几次研讨班上也提及了由光学和现象哲学所提供的这些模型。他将它们作为两种"错误的关于景观领域中主体功能的呈现方式"来展示。

31 拉康，《精神分析的四个基本概念》，第 96 页。

地认识自身与可见世界的真实关系，但（电影理论又同时认为）将主体安放在这个位置的运作过程却没有出现故障 33
的迹象。主体顺理成章地（unerringly）采纳了透视法的建构过程（perspectival construction）所给出的位置。这个错误的负面力量从形成过程中被抹除，随后则作为针对主体的责难而出现。不过，错误到底从何而来呢？电影理论仅仅描述了产生这一误认的位置是如何形成的。尽管它暗示存在着另一个实际的（actual）、非点状的位置，却从未能够将该位置的形成描述出来。

而在拉康那里，误认在透视结构形成的过程中保留了其否定效果。这个过程也因此不再被认为是纯粹积极的，而是内在辩证的。几何学透视法通过单个的三角形来准确说明自身的运作，拉康却与此不同，他用两个部分相互重合的三角形对其进行了重绘。因此，这个图示同时呈现了光学所理解的光的散射方式，以及直线性的散射光线被折射和漫射的方式（这些光线获得“一块珠宝的炫目光芒”的方式）——一旦我们考虑到能指自身对这个图示产生干预的方式。第二个三角形将第一个三角形从中分割，标记了作为结构形成过程一部分的省略或否定（elision or negation）。第二个三角形为我们图示了主体的错误信念

（mistaken belief），即主体总认为有什么东西位于第一个三角形所给定的空间后面。正是这个错觉（误认）使主体无法相信（disbelieve）那些依照光学的科学原理所形成的表征。电影理论所设想的主体从属于光学的法则，而拉康式的主体则受制于一个与之根本不同的超我性律法，哪怕是它最“科学的表征”的精确性，它都会报以怀疑。

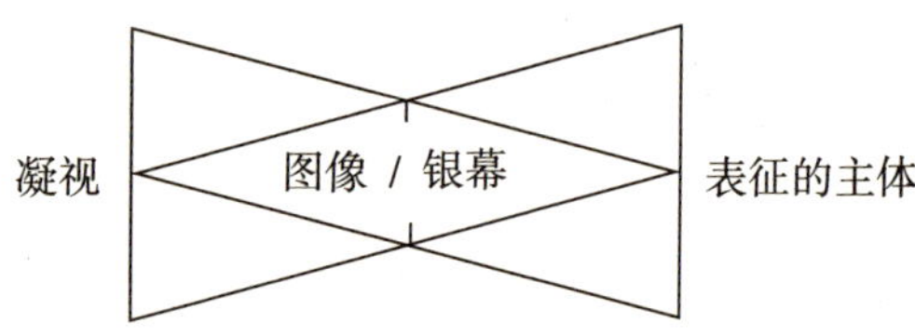

34 **图示**（graph）。是符号学，而不是光学，启发了我们对视觉领域结构的认识。因为符号学自身就能够赋予事物意义，能指自身就能使视觉成为可能。不存在也不可能存在野性的（brute）视觉，也就是完全与语言无涉的视觉。从根本上说，绘画、制图以及一切形式的图像制作都是图解艺术（graphic arts）。能指是物质性的，也就是说能指并非是通透的而是不透明的，能指并不直接指向所指而是指向了其他能指，所以视觉领域既不清晰也不易于穿透。相反，它既多义又具有欺骗性，可以说是充满了陷阱。当拉康说主体被想象界捕获时，他意在说明主体不能想象超

出想象界以外的事物，想象界自身不能为主体提供可能超越它的方式。但从另一方面来说，当拉康说一幅画或者任何其他的表征是一种“为凝视而设的陷阱”（trap for the gaze）时，我们在理解这个说法的同时会联想到“诱捕某人的注意力”(to trap one’s attention) 这个表达。也就是说，表征吸引了凝视，引诱我们去想象一个外在于表征领域的凝视。正是这第二种意义上的诱捕——表征似乎能产生出对其自身的超越（如果回想一下拉康的图示，那么就可以说表征产生出光学所忽略的那第二个三角形），它永远在阻止主体被想象界完全捕获。福柯派及电影理论派的立场总是倾向于让主体被表征捕获（一种唯心主义的错误），同时将语言设想为建构起监禁主体存有的监狱；而拉康则认为，主体总将这些狱墙看作视觉陷阱（trompe l’oeil），因而进一步说，主体是被那超越狱墙之外的事物所建构的。

针对这个超越表象的事物，一个问题被提了出来，“是什么在我眼前被隐藏了？是什么无法在这个图解性的空间中显现，并未曾停止对自身的书写？”在这里出现了某种不可见的、似乎从表征中丧失的事物，某种尚未被揭示的意义——而这里出现的正是拉康派的凝视。它标记出一个所指的缺席，它是一个无法被占据（unoccupiable）的点，

35 但并非电影理论所认为的那样，是因为它描绘了无法被实现的理想（an unrealizable ideal），而是因为它指向了不可能的真实（an impossible real）。在前一种理解中，我们可能会期待在凝视的位置上找到一个所指，但事实上在这里能指是缺席的——同时，主体也是缺席的。简单地说，主体不能被也不能将自身定位在凝视的位置上，因为正相反，凝视恰恰标记了主体的湮没（annihilation）。当凝视被觉察的时刻，图像乃至整个视觉领域都显露出一种恐怖的他性。视觉领域丧失了它“从属于我的一部分”的属性，并顿时暴露出它作为一面银幕的功能。

拉康当然不是在提供一种不可知论，他并不是在描述这个真实的对象是如何从主体的视野中被语言切除的，或者说，这个真实的对象是如何逃脱能指网络的捕获的。他并没有站在唯心主义的立场上，像柏拉图那样认为这个对象被分裂在其真实存在（real being）及其假象（semblance）之间。相反，拉康认为，事实上在指涉网络和视觉领域之外，别无他物。[32] 表征的面纱其实并没有在隐藏任何东西，

32 在第十一期研讨班（J. Lacan, *The Four Fundamental Concepts*, p. 103）上，莫斯塔法·萨福安（Moustapha Safouan）提出的问题迫使拉康在这一点上说得相当清楚：“在表象之外，不过就是无本身，也就是凝视。”（“Beyond appearance there is nothing in itself, there is the gaze.”）

在它后面什么也没有。然而，表征看起来隐藏了什么，它
在某个藏在底下的事物前面放置了一面影影绰绰的、由能
指构成的银幕，拉康并没有把这个事实看作一个可以被主
体消除的简单错误，他也不把语言的这种欺骗性当作某种
对主体的消解，即语言通过威胁主体的边界来解构它的身
份。相反，语言的不透明性被拉康视为主体存在的根本原
因，即它的欲望或它想要成为的。正是真理实质上不可能
被完全言说这个事实——真理总是从语言中撤回，词语总
是不能企及它们的目标——*确立*了主体。在唯心主义的立
场下，*形式*是存在的原因；而拉康与之相对，他指出存在
的原因正在于*非形式*（informe）：*无形式的*（unformed，
没有所指的，即在视觉领域中不具有任何有意义的形式）
与*探寻的*（inquiry，向表征假定的沉默提问）。表征中缺
失的部分是不可能被看见的，因此才激起了想要看的欲望，
而主体正是这种不可能性的效果。凝视——欲望的对象－
原因——是在可见的领域内引起欲望主体的对象－原因。 36
换句话说，真正确立主体的不仅是主体所看见的，还有主
体所没有看见的。

现在我们应该已经清楚地看到拉康的凝视与电影理论

的凝视是何其不同。对电影理论而言，作为图像的所指，凝视位于它的“前面”，凝视作为最大化意义之点，或者说，意义总和之点出现在图像之中，换言之，凝视即赋予图像意义之点。而主体则认同于凝视并因此在某种意义上与之重合。但在拉康那里，凝视位于图像的“背后”，它并不出现在图像当中因而使图像的意义存疑。与其说主体重合或认同于凝视，不如说它是从凝视那里被切除（cut off from it）的部分。拉康并没有让我们设想凝视来自一位大他者，像全景凝视一般关心着你在哪儿、做些什么，窥伺并记录着你的行踪，将你所做的全部对错都悉数归档。事实上，当你遇到大他者的凝视时，它将是一只盲眼而非一只正在看的眼睛。这凝视既不清晰也没有穿透力，并不充满知识或者认识，它被阴翳所笼罩，自我封闭在自身的享乐[33]之中。小－让为拉康揭示出的可怕真理便是：凝视并没有看见你。因此，如果想要确认自身存有的真相或想要确认自身所见的可信度，你别无依靠，大他者的凝视并不能提供确认，它将对此不予认可（validate）。

33　本书将“enjoyment”和“jouissance”都译为享乐，后者用楷体区分以示强调。——译者注拉康派的凝视概念所确立的主体之所以生成，并非由于它实现了大他者律法所带来的某种可能性。相反，一种不可能性——确切地说，是从大他者那里得到任何根本确认的不可能性——才是主体生成的关键。因此，这就意味着，作为欲望存有而显现的主体是律法的一种效果而不是对它的实现，因为欲望本身永远都不可能被视为一种实现。欲望并不满足任何可能性，相反它寻求的正是一种不可能性，这就使欲望从本质上永远是不满足的。

自恋对拉康而言也有着截然不同的含义，它更接近于 37
弗洛伊德的原意。由于任何表征都总会遗失某种事物，自恋就不可能依靠自身的视觉形象寻求满足。相反，它必须有赖于一种信念，即某人自身的存有超越了其种种不完美的形象。那么这也就意味着，自恋寻求的是一个超越于自我形象的自我，而主体总是不断在这个自我形象中发现缺陷（fault），或者未能认出自己。人们爱着自己的形象，是爱着形象中那超出形象的事物（“爱在你之中又超出你的那部分”）。[34] 因此，自恋也是主体看见自身形象时会产生怨恨的根源，正是自恋激发出主体对自身全部再现的侵

34　这是以“四个基本概念”为题的那期研讨班最后一节的标题。尽管标题中的“你”指的是分析师，但它也可以仅仅指镜子中的理想形象。

凌性（aggressivity）。[35] 因此，主体以违法者而不是守法者的形式生成自身。并不是律法而是律法中的缺陷（fault）——最终不能被律法所遮蔽的欲望——被主体当成自己的一部分。通过承担律法的负疚感，主体超越了律法。

在我看来，这种对自恋的定义被浓缩在拉康另一个完全无法理解的句子里："严格地从技术的意义上来看，模仿的效果在于伪装。这不是一个与周围环境和谐相处的问题，而是要在一个斑驳的背景之下变得斑驳——正如人类战争中所使用的伪装技术那样。"[36] 表征（"模仿"，用古老的唯心论词汇）并没有产生一个会融合或适应于周遭环境的主体（主体与建构了他的表征之间的自恋关系，这并没有让他与装置为他塑造出来的现实相处愉快）。相反，表征导致了一种怀疑，主体怀疑某些现实是经过伪装的，

35 J. 露丝的论文《妄想症与电影系统》(J. Rose, "Paranoia and the Film System," *Screen* 17, no. 4 [Winter 1976–1977])针对那种认为电影成功地解决了冲突并拒绝了差异的观点进行了有力的批判(直接针对雷蒙德·贝洛对希区柯克的相关分析，以及一系列的电影-理论预设)。露丝提醒我们，电影作为"想象界的技术"(麦茨语)必然会触发一种无可解决的冲突，一种侵凌性。虽然我大部分赞同她的这篇重要论文，我想指出，侵凌性却并不基于这种正反打的镜头结构。威胁到主体的，并不是目光的折回，而是那个没有被返还的目光，正是这个目光使主体未能成为一个完全可被观看到的存在。拉康自己也说过(J. Lacan, *The Ego in Freud's Theory and in the Technique of Psychoanalysis* [New York and London: W. W. Norton, 1978])："侵凌的现象并不能单纯地在想象性认同的层面上被解释。"

36 拉康，《精神分析的四个基本概念》，第 99 页。

怀疑自己正遭到欺骗，而表征背后正藏着某些自在之物的真正本质。为了回应这样的一种表征，也为了反对这样一种欺骗的背景，主体的自身存有分裂为它的无意识存有与意识表象（semblance）。主体既与世界也与它自身处在一 38
种对抗状态，它为自己所怀疑的这种欺骗而感到内疚。然而，这就很难被称作旧式意义上的模仿，因为这里并没有东西被模仿。

总而言之，拉康的有罪主体的冲突本质使它与电影理论那个稳定的主体分道扬镳。不过拉康式主体与巴什拉的主体也并不类似。因为巴什拉的精神矫正——提供了一次修正思想不完善性的机会——使主体流离于它思想的停泊处，不断地从一个位置漂移到另一个位置，而拉康的"精神矫正"[37]——我希望保留这个术语用于说明主体从根本上有赖于在表征及其自身中所发现的缺陷（faults）——确立了主体。欲望促成并钉住（transfixes）了主体——尽管是在一个冲突的位置上，故而主体的全部视野，它的重见

---

37 在《另一个拉康》（*Lacan Study Notes* 1, no. 3）一文中，雅克－阿兰·米勒认为应该强调拉康作品中的临床维度，特别是他的"过程 / 摆渡"（the pass）（译按：拉康在1960年代中后期开始使用这个概念，以一种独特的原理为裁决分析是否结束给出了一个体制性的框架）概念。而"解构主义者"及拉康派有关幻见的不同认识也因此变得清晰。

（revisions）和幻见（fantasies）[38]都不过是在那个既锚定了主体又使其止步不前的不在场（the absence）的周围打转。

38　本书中出现的 fantasy，我会根据具体情况将其翻译成一般性的“幻象”或拉康学说意义上的“幻见”。——译者注

3 切割

在当代对精神分析与政治之间关系的分析中，真实界无处可寻，精神的与社会的，均被想象为一种紧紧受制于“愉快原则”（a principle of pleasure）的装置（unit）。而我将试图说明，正是真实界将精神与社会（the social）联结在了一起，而它们之间的关系则受制于死亡驱力（the death drive）。通过仔细考察那些将主体和无意识视为社会秩序的效果（effect）的表述，我想要将这两者间的关系描述为因果性的（causal）。不过，需要请读者注意：这种依照并通过死亡驱力的定义而产生的“原因”的定义，会使你们感到相当陌生。

首先，是真实界。它是如何从当下的讨论中被驱逐出的呢？在精神分析中，真实界的状态从一开始就是成问题的。一旦愉悦感被发现是所有精神机制的目的，同时精神能够通过其自身的内在过程获取愉悦——通过制造一种幻觉式的愉悦——主体就似乎从弗洛伊德所说的“命运”（Fate）[1]，而被我们称为真实界的东西中“独立”了出来。

1　弗洛伊德，《英文标准版》，第 21 卷，第 82 页。

精神现实可以无限地延迟并因而取代了那个作为残酷事实的现实。因此，《文明及其不满》将“幸福”定义为“本质上主体性的”（essentially subjective）。这意味着，即使我们去想象最不幸的历史境遇——“一个在三十年战争中的农民，一个宗教裁判所的牺牲品，一个等待大屠杀降临的犹太人”[2]——也不可能从这些孤立的客观事实中臆测受害者如何（甚至是否）作为他们境遇的结果而经受苦难。在此，我们必然会联想到存在着一整套精神运作（对此我们尚无直接的了解），受害者通过麻痹、钝化或扭曲那些有害的感觉（sensation），有可能免遭痛苦。

40 不过，那种认为弗洛伊德对愉快原则的描述导致了精神现实与社会现实截然分开的想法却是错误的。现实原则（reality principle）将我们与之相联系的那个现实并不简单是一个感知对象——此对象能够检验由愉快原则所产生的幻觉对象的适当性（adequacy）。这里十分清楚的是，弗洛伊德没有把社会现实——文明——放在愉快原则的对立面，反而将前者判定为后者的产物。文明并不检验而是实现我们的幻见，它使我们与命运（真实界）相隔离，保护我们免受它的威胁。社会主体因此被描绘为“一种假体的

2　弗洛伊德，《英文标准版》，第 21 卷，第 89 页。

上帝”（a kind of prosthetic God）[3]，它那非凡的义肢取代了命运所给定的低等的自然躯体。文明赋予主体令人惊异的身体和神话般的能力。现代文化的主体拥有取代了眼睛的望远镜、显微镜和照相机，取代了嘴巴的麦克风、收音机和电话，取代了腿的轮船、火车、汽车和飞机，以及所有那些取代了胳膊的、延伸了我们抓取能力的器械。

对弗洛伊德来说，这样一种对文明的定义当然没有终结真实界的问题，真实界并没有因此从带来了不满与愉悦的文明化的存在（civilized existence）中被放逐。尽管弗洛伊德不再能够简单地将与不满相联系的真实界同精神的想象界相对立,但他依然在文本中为真实界保留了一席之地。

然而，对大多数当代理论而言，这个问题却被盖棺论定了。由于人们认为真实界彻底外在于我们的视野并且难以接近，它因而被认为对我们没有影响。在主体和真实界之间，介入了文明——社会秩序。如今，人们不再仅仅认为这一秩序为主体提供了非凡的身体以满足它的欲望，而且还认为是它产生了这种需要满足的欲望。幸福因此不再被界定为主观的，而是客观的（objective）。所有的镜子、照相机、电话、麦克风、飞机、乘客名单和数据都可被视

3 弗洛伊德,《英文标准版》，第 21 卷，第 92 页。

作社会监管的便携设备，唯有通过它们，主体变得可见
41 （visible）——也对其自身可见。如果我们不能直接判断如何衡量一个历史性个体所具有的痛苦或愉悦，这不是因为我们无法将自身投射到她的主观位置、她私密的精神界域，而是因为我们无法轻易地将自身投射到她客观的社会界域，以辨识出她的思维范畴（the categories of thought）。而正是这些范畴建构了她的各种期许，也使她在失望面前麻木不仁，或令她在自己的苦难跟前变得迟钝。

例如，让我们想想在“发明歇斯底里”[4]的过程中对某些女性身体歇斯底里化的分析。根据这些分析，对世纪之交诞生的医疗实践、摄影编码、教堂和精神分析话语的一系列调查并不仅仅告诉我们歇斯底里症是如何被看待的，更准确地说这些调查告诉我们的是，歇斯底里症如何被建构为一种历史性的实体。然而，从歇斯底里症患者的角度，这一观点是如何得出的？通过假定——或隐晦或明确地——她的“欲望”由这些实践所建构。当她通过这些话语所提供的范畴看待并构建自身时，便确保了她与症状的共谋关系，甚至还有她从中获得的愉悦。

4 乔治·迪迪－于贝尔曼的著作《歇斯底里症的发明》（*Invention of Hysteria*）很大程度上借鉴了福柯关于疯癫和精神病的思考路径。——译者注

让我们再想想当代电影理论的例子。它们所阐述的凝视概念正基于类似刚才我们所说的那些假设。凝视被看作由电影的文本系统所建构的一个点，主体被迫从这个点出发去看，它是观看者视野可能性的条件。凝视扮演着一种锁眼的角色，它是电影所提供的视觉愉悦的唯一入口。人们看并且想要去看那些被给定的让人去看和欲望的事物，她从她自身的主体性位置上获得了愉悦——即使是受虐性的。[5]

在这些例子中，表征的社会系统被认为是律法性和管制性的，因此主体的成因被归为前者的效果之一。主体被假定已然真实地处在社会之中，并通过真实地渴望那些社会律法所要求它渴望的东西而进入存有（come into being）。主体的建构有赖于主体将社会表征当作自身理想存有的形象，也有赖于主体从这些表征中所获得的一种“自恋的愉悦”。然而，在这里所引入的那种含混的愉悦观， 42
却维系了这种建构论，愉悦“巩固”或“黏合”了精神领

5 尤其可参考 M. A. 多恩的著作《欲望的欲望》（M. A. Doane, *The Desire to Desire* [Bloomington: Indiana University Press, 1987]），在这本书中，多恩向我们展现了 1940 年代的“女性电影”（the woman's film）如何使女性观众的愉悦重合于一种受虐狂式的观看位置。她那历史化的具体观点既微妙又具有说服力。我反对的并不是这种观点，而是那种将女性愉悦与受虐狂等同起来的一般论调，比如，我们在雷蒙·贝洛的作品中所读到的。

域与社会领域的关系（休谟将原因描述为“宇宙的黏合剂”，这一隐喻有效地决定了某种对原因的理解）。主体嵌入社会的这个点从而成为相似、汇聚与依附的点。

而我想要反对的正是这种理解——主体被认为在表征中认出了它自身。我将通过两个形象来反对这种理解，并意在说明当下被这种认识所抹除的复杂性。第一个形象来源于《文明及其不满》，它伴随着对神话般假体的描述，而这种描述定义了现代身体性自我的轮廓。“人，”弗洛伊德写道，首先以“一种虚弱的动物有机体”状态出现在地球上，而无论这个他所出生的社会如何成功地使这个地球对他更具可用性，“每一物种的个体都必须作为一个无助的乳儿再次入场（‘啊，这一寸自然！’）”[6]。正是这一句插入的“啊，这一寸自然！”格外引起了我们的兴趣。这个短促的句子从字面上运用了令人难以理解的矛盾修辞法。正是这种对自然的分割与量度使自然改变了性质（denatures it），一寸自然其自身便是非自然的，从自然中无从寻找它，而是需要在文化所测定出的条条框框里寻找。或许正是这个形象不受约束的本性（unruliness）抵制了声称自己给这个幼小的人类提供量度的那种诠释，他原

6 弗洛伊德，《英文标准版》，第21卷，第91页。

本因此会完全被他即将进入的社会的码尺所规定。这一抵制的形象拒绝将自身呈现为人的等价物，而那一小块自然正是人。然而，我们将提出，这“一寸自然”是没有融入社会的那一部分，是为得以进入社会而牺牲掉的那一部分。

第二个形象则明确地反对电影理论中的凝视概念，这
一概念要求我们假定各种监视装置的完美运作。这个形象
来自萨缪尔·贝克特的小说《瓦特》（*Watt*），它描绘了
一个五人审查委员会的运行：“然后他们开始彼此注视，
但在这成功之前，花去了许多时间。并不是因为他们看彼 43
此看得过久，并非如此，他们不至于这么傻。只不过当他
们彼此注视的时候，尽管理论上只需要看总共二十次就够
了，每人看四次，但实际上这次数远远不够。”[7] 接下来的
好几页篇幅似乎都被用来描述这五人交错相觑的努力，不
过却始终没能成功达成可以使委员会看见其自身的看的交
换。总有一些看是非双向的，不断地破坏完美的交换。

贝克特在这里描绘的可并非什么奇闻趣事，它是作为一种相当严肃的反思手段而提出的，以反思这负隅顽抗的“一寸自然”的意义。

---

7 S. 贝克特，《瓦特》(S. Beckett, *Watt* [New York: Grove, 1972], p. 175.)。

死亡驱力：弗洛伊德与柏格森

没有谁曾把弗洛伊德称为插科打诨之人（cutup），除了弗里斯[8]，如果读者还记得的话，他指出了《释梦》与一本笑话集之间的相似性。弗洛伊德从弗里斯的这个观察出发，进一步写作了《诙谐及其与无意识的关系》（*Jokes and Their Relation to the Unconscious*）[9]，在其中他指明了自己的理论与柏格森在《笑》（Laughter）——与《释梦》同年发表——中所提出的观点之间存在的一些更加具体的相似性。弗洛伊德多次引用了柏格森的这篇文章，不断指出那些他认为既迷人又精妙的地方。为了支持自身对愉悦的经济学观点，他援引了柏格森以下这句话："根据我们的预期，有生命的事物应当永远不会经历完全相同的重复。而当我们发现这样一种完全相同的重复时，我们总会怀疑

8　弗洛伊德，《英文标准版》，第 8 卷，第 209 页。（译按：威廉·弗里斯 [Willhelm Fliess]，来自柏林的耳鼻喉科医生，于 1887 年与弗洛伊德相识，并保持多年通信往来。弗里斯成为弗洛伊德推进早期精神分析理论的重要对话对象。）

9　弗洛伊德的德语原文题为"Der Witz und seine Beziehung zum Unbewußten"，Witz 在德语中同时意味着 Joke 和 Spirit，也就是一种具有智性、创造性和感受力的笑话。弗洛伊德全集的英文标准版将 Witz 直接译成 Jokes，意义范围太广（包含了俏皮话、逸事、嘲讽和玩笑等）。相比之下，中文世界的通行译法"诙谐"是相对贴切的。而拉康则用法文的 Trait d'esprit 来对应这个词。值得一提的是，弗洛伊德从精神地形学的角度对 Humor、Irony、Comic 和 Wit 做出了细致的区分。——译者注

有某种机制隐藏在它的背后。”[10]弗洛伊德认为，根据我们的理解，生命持续变化的本质要求永久的能量支出：而重复，即再发现某种已然熟悉的事物，因为节约了能量而使人感到愉悦。笑是对过剩能量的释放，这些能量由我们对新事物的期待所唤起，然后又被发现是相同的事物而变得 44
多余。除了这一明确的对柏格森的提及，我们可以在弗洛伊德那里发现更多一般性的参照，并且对柏格森“从自动性到自动装置看似合理的思路”（plausible train of thought from automatism to automata）表现出更为明确的赞同姿态，他也同样开始思考笑话与儿童游戏之间的联系。

柏格森的基本论点是，笑的原因是由于感知到包裹在生命体表面的机械外壳，即“生命的机械化”。[11]生命因其“有机灵活性”（organic elasticity）而在本质上被界定为一种在纯粹时间和永恒新颖上无休止变化的、不可逆的过程，

---

10 H. 柏格森，《笑》(H. Bergson, “Laughter,” in *Comedy* [New York: Doubleday, 1956])。（译按：根据柳鸣九的中文译本，此句为“那是因为生动活泼的生活原不应该重复。哪儿有重复，有完全的相似，我们就怀疑在生动活泼的东西背后有什么机械装置在活动”。）

11 柏格森的理论对文学与艺术的现代主义也产生了极大的影响。对柏格森来说，艺术家就是无须按照实际的有用性来看待世界的人，因此艺术家也有能力通过他或她感知禀赋来进行“创造”，也就是通过心灵的积极参与，对现象现实进行调整。于是，艺术看起来就占据了一个与日常生活相分离的领域。“后现代”文学和艺术将注意力放在日常生活的实践当中，意在抹去“科学性的”和“艺术性的”文本记号之间的绝对边界，从这个方面来说至少可以说是柏格森影响的式微。

与此同时，机械性（mechanical）的本质则是一种犹如机器一般的不灵活性（intractability），并从三种不同的运作中体现出来：重复、反转，以及序列之间的相互干扰（reciprocal interference of series）。这些情况在儿童玩具和自动玩偶中得到了具体呈现，例如玩偶匣、提线木偶以及九柱球游戏(球向前滚动击倒木桩，向后归位，木桩重新直立，是保龄球运动的起源）。他认为，笑行使了一种社会功能，但并非像弗洛伊德所认为的那样，通过提供对能量支出的潜在纾解而实现，而是通过揭示出每一个人物、思想和行为中的僵化之处。笑因此起到了促使我们回归社会生活的作用，它不断要求我们警觉的注意力并全身心地投入当下之中。

柏格森更大的形而上学计划支撑着这篇关于笑的论文：将达尔文的演化理论（theory of evolution）吸收进心灵的非机械论。[12] 他主张，人类心智的创造性能量不可化约为触发选择机制的物质条件之一。作为这个计划的一部分，柏格森对理智（依赖于由语言形成的抽象概念）与直觉（一种“听诊”，对“[生命] 灵魂悸动”的共情聆听）做了不恰当的对比。直觉直接抓住了生命的灵动，而理智却因为

12　H. 柏格森，《形而上学引论》(H. Bergson, *An Introduction to Metaphysics*, trans. T. E. Hulme [New York: Bobbs-Merrill, 1955], p. 37.)。

依赖于僵化且不连续的空间概念而与之相疏离，注定永远让流动的现实从自身的范畴中遗漏。

这一理论的锋芒直指爱利亚派（Eleatic）的哲学家们，
其中最著名的人物就是芝诺。根据柏格森的解释，芝诺悖 45
论可以被形容为喜剧式的。这个悖论源于对飞行中的箭的缓慢注视（inchmeal contemplation），箭的飞行轨迹被切分为空间中无限数量的点，结果证实了运动的不可能性。由于箭的飞行被这些点所构成，在任一特定的时刻，占据其中一个点的箭都必然处于静止状态。柏格森用笑来回应这种分析：不可能的并非是运动，而是通过理智对运动和生命的理解。当注视某人抬起胳膊，像电影那样，通过理智把运动分解成上百个非连续的时刻，这样一个简单的动作就会出现荒诞的喜剧效果。只有通过直觉从内部对运动进行的感知才能使我们获得它的完整性（在某种意义上，柏格森关于笑的理论好像是为了解释对五人审查委员会幽默的泰勒式[Tayloresque]描写而量身打造的：正是因为将完整的看分割为若干非连续的一瞥，致使看的完成变得不可能）。

然而，当我们更仔细地考量弗洛伊德的全部作品——尤其是它后来的发展，就会发现他与柏格森之间观点的相似性只是表面的。然后，让我们转向《超越愉快原则》，在这篇文章里，弗洛伊德的主题重新回到愉快、重复与儿童游戏之间的关系上。而在这个问题上，这两种关于笑的理论的差异是毋庸置疑的。在他这篇 1920 年的文章中，弗洛伊德仍然像早年时那样看待儿童游戏，但却看到了其背后所掩藏的死亡驱力的运作，一种超越愉快的原则。这一惊人的论述转折恰恰在于有机灵活性这一术语，柏格森用它来命名生命活力（animate）的决定性特征；相反，弗洛伊德却从这一“有机灵活性”中发现了一种返回早期无生命（inanimate）状态的压力。这就是他所说的：“（驱力）是一种内在于有机生命体中的紧张，以恢复事物的早期状况……它是一种有机灵活性，但如果换个角度，它是有机生命体中内在惰性（inertia）的表达。”[13] 请允许我提出这里显而易见的一点：只要我们遵循柏格森主义的模式，就绝
46 不可能将有机灵活性和惰性理解为同义的。我们也将无法理解弗洛伊德为何不仅不将重复与生命相对立，更将重复解释为驱力这种生命动能的不变特征。他宣称，种种驱力[14] 的存

13 弗洛伊德，《英文标准版》，第 18 卷，第 36 页。

14 在《超越愉快原则》这篇经典论文中，弗洛伊德认为驱力分为性驱力（sexual drive）与死亡驱力（death drive）两种，后来的许多弗洛伊德派学者也延续了这种基本的分类方式，认为驱力根据其目的可以分为多种。而拉康在研讨班十一中则明确地表示，只存在一种驱力，而驱力也只有一种目的。——译者注

有正在于这种强迫性的重复。生命的目标并非演化而是退行（regression），或者说，在其似乎最为矛盾的形式之中，生命的目的正是死亡。

要解决《超越愉快原则》这一表面上的矛盾，只有一个办法，那就是不把它看作一种生物学的神话，正如它经常被人所指责的那样，而是将它看作一种对包括柏格森在内的所有神话的反对。[15] 如果有人将本能和驱力相混淆[16]，或者——根据拉康所做的区分，他认为这在弗洛伊德的作品中是潜在的——如果有人将第一种死亡与第二种死亡相混淆，那么弗洛伊德的文本将会是不可理解的。[17] 第一种死亡指的是生物学意义上身体的真实死亡，在这之后往往会有另一种也就是第二种死亡，例如发生在符号界中的各

---

15 在精神分析学科内部，死亡驱力的概念也遭到不断的质疑和反对。为回应这种否认，拉康针对鲁道夫 · 劳温斯坦（Rudolph Lowenstein）的观点写道："在生物学的领域中，人确实是独一无二的，因为他是唯一一种会自杀的存有，他具有超我。"（援引自 E. 卢迪内斯库，《百年之战》[E. Roudinesco, *La bataille de cent ans*, vol. 2 (Paris: Seuil, 1986), p. 136.]）人（Man，原文如此）之所以是独一无二的，还因为他是唯一言说的存有，也正因为如此，他需要另一种差异。

16 令人遗憾的是，弗洛伊德在中国大陆的相关译本几乎都未曾意识到"Trieb"这个词的特殊性，在《性学三论》的最新译本中，性驱力也依然被按照性本能来翻译。联系到对弗洛伊德"泛性论"的普遍指责和庸俗理解，这个错译大概难辞其咎。——译者注

17 拉康在《精神分析的伦理》（J. Lacan, *The Ethics of Psychoanalysis*, trans. D. Porter [New York: W. W. Norton, 1992], p. 205）中清晰地建构出这一区分。为了指明这一点，他直截了当地说死亡驱力是"一种能指链的功能"并因此"位于历史的领域之中"。

式各样的哀悼仪式。当我们谈论弗洛伊德式的死亡驱力概念时所关注的正是这第二种死亡。这两种死亡之间的差异将生物演进的生命秩序（vital order）——像柏格森这样的“过程”或“演化论”哲学家所提到的秩序[18]：事件在其中被认为只能逐渐地向前推进，一旦发生便成为永恒——从能指的、符号的秩序中分割开来。人类历史的文本被铭刻进这第二种秩序，在那里，过去并非是不死的（the past is not immortal）[19]。由于能指总是回溯性地得到它的意义，已经被完成的事总是还未完成；因此，过去并无永久性的存在。根据柏格森的观点，只有过去的完全保存（total survival）才确保了现在（the present）的新颖（novelty），新颖被定义为现在这一时间点相对于它整个的前因性背景（antecedent context）的独特差异。如果事件重演（recurrence）的可能性被排除，那么作为整体的过去（the past in its

18　为了支撑一种对精神分裂症的定义，路易 · S. 萨斯在《内省、精神分裂症和自我的碎片化》(Louis S. Sass, “Introspection, Schizophrenia, and the Fragmentation of the Self,” *Representations* 19 [Summer 1987])一文中引用了另一位“演化论”哲学家萨缪尔 · 亚历山大(Samuel Alexander)的观点，而这个定义直接与目前拉康派影响下各种文学的定义相对立。分析克雷宏波 / 拉康的结构精神分析对柏格森 / 珍妮特主义的，也就是“演化论”的精神病学的反驳，将会揭示出萨斯定义的内在问题。

19　请注意，“the past is *not* immortal”并不等于“the past is mortal”。作者想要强调，过去是“非生非死的”，换句话说，过去的幽灵性否定了生与死这组对立。拉康的“两种死亡之间”的概念明显受益于康德。本书第 8 章对此有更详细的展开。——译者注

entirety）的持续因而就是必然的。由于死亡驱力认识到过 47
去毁灭的可能性，它就密不可分地跟重复结合在一起。因此，死亡驱力和强迫重复正是符号生命（symbolic life）不可避免的必然结果（corollaries）。

原因：拉康与亚里士多德

然而，在他对弗洛伊德的死亡驱力概念进行详细阐述的时候，拉康所明确谈及的却不是柏格森，而是亚里士多德。后两者之间的关联无疑是清晰的，因为他们正是基于对同一个理论对手的反驳展开自己的论述。亚里士多德同样也将爱利亚派——断言存有（Being）是不变的且不可能改变的形而上唯物主义者们——作为自己的首要哲学论敌。与爱利亚派的姿态相反，亚里士多德和柏格森一样将自己的哲学建立在变化，即一种生成（becoming）的首要性之上，这种生成不可分割为外在于彼此的各部分。而他们之间最主要的差别在于他们对目的论的态度。亚里士多德为目的论解释的有效性做论证，而柏格森却对它报以最坚决的反对，理由是一种内在的终极论（finalism）概念会摧毁时间并湮没新颖。不过，亚里士多德仔细地将自己的立场与唯心主义者做了区分，在后者看来，形式是从最开始就被给定的，并来自一个理想空间（ideal space）；而在亚里士多德那里，形式永远是自然世界中变化的终点。与柏格森相类似，在他那里时间也是一直延宕的，它阻碍了任何事物的存有在事先被一次给定。之后，在对变化做出一种非机械论解释的尝试中，这种目的论的观点便被超越了。

这仅仅意味着，在拉康对弗洛伊德的死亡驱力的解释中，当他将能指网络称为它唯一的自动机（automaton）领域时，他给出了一个回应柏格森和亚里士多德的观点，尽管只有后者对这个词的使用是我们所涉及的。在《物理学》和亚里士多德的其他著述里，自动机这个概念在尝试定义原因的篇幅中出现。他的基本立场是自然的、活的实体（substance）（对立于无生命的）具有一种变化的内在
48 原则。然而，由于亚里士多德必须前后一致地承认一种多样性（diversity）与变化的永久性是同时存在的，这导致他假定自然的实体根据它自身的性质（nature）而变化，同时它也依赖其他事物来实现这种变化。这一其他事物指的当然就是著名的第一动因（Prime Mover）。

相反，在亚里士多德那里，自动机——机遇（chance）或者巧合的普遍范畴（general category）——并非出于某些内在的变化原理，而是作为个别事件彼此碰撞的结果，这

些事件各自有其独立的原因。没有哪个事件是因为其他的事件而发生的，而关于这些事件的同时性（simultaneity）也不存在一个原因、一个相关联的原因或解释。因此确切地说，它们的同时发生并非一个事件。这里给出了一个例子：一个人去市场买东西，偶然在那里遇到了一个债务人，此人归还了一笔借款。亚里士多德认为，由于第一个人是为了其他的原因而非为了追讨欠款才去市场的，与债务人的相遇证明了某种作为解释原理的终极原因（final cause）的失败：这一结果的发生并不出于任何目的，而是完全盲目的（in vain）。[20] 而拉康将要系统考察的，正是这种失败的观念，并将它与亚里士多德的普遍主张——偶然原因是无法确定的——相联系。在《精神分析的四个基本概念》中，拉康清楚地说："原因区别于在［能指］链中确定的事物。"随后他又说道："每当我们说到原因……就总有什么是不确定的（indefinite）。"[21]

在能够理解拉康的介入之前，我们必须再一次回到亚里士多德论述的诸多难点上来。正如我们已经说过的，必须同时坚持有限变化的多样性与一般变化的永久性这两个

---

20 亚里士多德同时从词源学上猜测"automaton"这个术语可能来源于"maten"，也就是"盲目、徒劳的"。

21 拉康，《精神分析的四个基本概念》，第 23 页。

观点。若不牺牲这一最后的必要条件（requirement），就不能想象宇宙有终止和起始。我们也已说到，这事实上要求（dictate）我们解决变化原因的双重性（doubling）。它同时还要求我们区分出一种基础实体（underlying substance）与它的属性或性质。实体是一直持续的、保持不变的东西，而属性则通过形成或消亡来载录变化。“无教养的人成为一个有教养的人”[22]这句话可作为例证。我
49 们看到，在转变中人持续地在场，其间，文化的属性代替了它曾经的缺席。自然实体的各个部分必然一直从属于这一秩序，如果实体的统一体自身要得到捍卫，那么这些部分必然是属于性质（qualities）的而不是那些机械的部分（我想我并不需要补充说明，这一基础实体的概念正是拉康所要痛击的）。

然而，当亚里士多德尝试去详述运动（locomotion）的简单过程时，尤其是在《论动物运动》（*De Motu Animalium*）中，这一统一体似乎就瓦解了，就像投影放慢时电影中的运动就分解了那样。为了给第一动因（其自身必须是不动的）留出空间，对物理运动的描述被迫呈现出一种明显的机械论论调：“当肢体的末端被移动，这一运

22 亚里士多德，《物理学》（Aristotle, *Physics*, I. 7, 189b.）。

动的原点（作为原点）总是保持静止的，譬如，当前臂运动的时候，静止的是肘关节；而当整条胳膊运动的时候，静止的是肩膀；当胫骨运动的时候，静止的是膝盖，而当整条腿运动的时候，静止的是臀部。”[23] 当亚里士多德引入了工具之后，特别是当他注视手中一条手杖的运动时，事情变得更糟了。为探寻手杖运动的“真正原点”，分析沿着胳膊展开，却一一作出了否定，并宣称即使每一个关节都变得僵硬,而因此手臂的每一部分都会像手杖那样僵直，但总存在着某种“更高处”的东西在开启运动。在这种情况下，手臂自身也就变成了一件工具。

在关于焦虑的研讨班中，当拉康总结经典哲学在原因问题上的观点时，[24] 所提到的正是这一或其他相类似的段落，亚里士多德在这里基于抬起胳膊这一肉体经验（同样的经验被柏格森认为只能被直觉所把握）确定了第一动因的必要性：当把自身视作自我运动（作为自动）的时候，我将注意力集中在一些附器上，比如我能随意使其摆动的胳膊。但一旦我将胳膊孤立出来，将它视为我的意志与我的行动之间的中介物，那么事实就必然发生调整，因为如

---

23 亚里士多德，《论动物运动》(Aristotle, *De Motu Animalium*, 7.)。

24 拉康，1963 年 5 月 8 日的那节“焦虑”研讨班。

50 果它是一件工具，那它就并非是自由的。在这里有必要确保我自身免受一个事实的干扰：并不是我的胳膊突然间被截断了，而是我失去了对它的控制，导致它处于其他力量的控制之下，或仅仅是出于我的遗忘——就像它是地铁上某把普通的雨伞。而矛盾之处在于，我是通过一种决定论的形式或者别的事物才重新确保了对自身的持续控制。在非自主的（involuntary）条件反射的整套系统或者一个终极导向般在场的支配下，我维持了这种信念，即使在我意识的注意力不在场的情况下，我的胳膊也会自动地摇摆。

换句话说，为了维护人类思考与意志的自由，我们假定了一种身体功能的总体或者说一种整体的肉身在场（corporeal presence）。但反讽的是，这一总体性的在场有赖于我们所假定的来自某些超自然的力量、某些超越我们之上的力量的干预：比如亚里士多德的第一动因，柏格森的精神。

出于对这个观念的反对，拉康指出，我们思考，但并不是因为我们参与到身体性在场的总体性之中，而是因为“歇斯底里症患者所见证的……一个切割塑造了（人的）身体的结构”。[25] 在这里，我担心这一朴素的忠告会引起

25 拉康，《电视》，第 6 页。

误导。因为人们首先想到的总是歇斯底里症那些生动、可见的症状——身体及其活动通过歇斯底里化变成一个色情性的奇观（spectacle）：各种亢奋的姿势，弧状的体态（arcs of circle）[26]，妊娠反应。得益于精神分析理论，如今人们意识到作为症状的“歇斯底里病因区”（hysterogenic zone）是由语言所刻写的。身体不是先在的（pregiven），它被语言所书写和建构，所有关于“身体之技术”的作品都已充分重申了这一点。拉康并没有否定这个——事实上，很大程度上是他的学说使人们采纳了这一观点。然而我想说明的是，当拉康告诉我们是语言切分了身体的时候，“歇斯底里症患者所见证的”，他在说的是一种比仅仅刻写出（或界定）身体形象——主体通过拥抱（assume）自身的存有——更为无情的切割。拉康提到的切割（cut）是对身体形象的切分（分裂），它因此驱使主体去找寻超越这个形象所呈现的存有，这导致主体总是感到它的形象中缺失了某些东 51

26　在 19 世纪对女性歇斯底里患者的（图像）记录中，这是一种十分常见的姿势，被沙柯（Charcot）称为“Arc de cercle”。——译者注

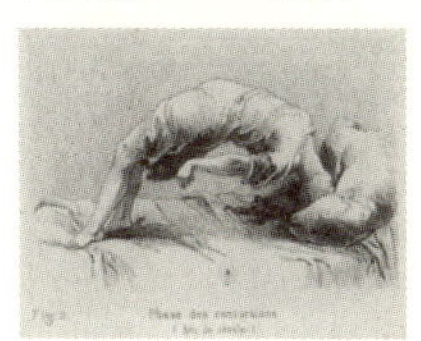

西。拉康是在呼吁我们去见证歇斯底里症患者的瘫痪与麻痹，也就是那些在意识中的盲点，那些不被注意(inattention)的空间里标记着从歇斯底里症患者的自我形象中遗失的东西。她被社会语言所建构的事实意味着，对歇斯底里症患者来说，她身体的某一部分将是不可见的，或者说不能对她呈现。那些将拉康理论变成一种语言或文化决定论的人，总是忽视歇斯底里症患者的四肢无力和面部瘫痪，而它们正是这一切割的证据。那些人声称“歇斯底里症的发明”纯粹是一种社会形成的身份对主体的强加，而未能意识到在精神分析看来，歇斯底里症正是对主体的社会身份的挑战：对歇斯底里症的分析，为主体的本质分裂以及主体对社会律令（dictates）的质疑与拒绝给出了首个实例。

现在我们到了重新思考身份认同（identity）的失败问题的位置上。之前我们引用了贝克特五人审查委员会的例子，它想要建立自身的同一性（identity）却在看的无限交换中失败了。然后，我们直接转向了柏格森的笑的理论，它解释了看的完成不可能通过无尽的细分化来实现。诚然，在贝克特的小说中运动近乎完全地退化了，而通常这似乎是由于它被分裂成其确切的空间可能性的无限清单。而幽默则似乎源于为了试图把握运动而做的过度分析。不过，在这个贝克特式主人公一开始行动的时候，他就表达了一个可以被视为推动了整个叙事机器的欲望。对于小说和失败的关系，这个欲望带给我们一个完全不同的理解。处在向往之中的莫菲道出了这个欲望，揭示了他幻想能成为歇斯底里症患者本人而卷入狂喜之中："如果告诉我那经典的瘫痪可能提供难以言喻的满足，我将毫不感到惊讶。最后彻底地动弹不得，那滋味一定很特别！这是与沉默的交易！只要脑子还在，就能让你爽到极点！"[27]

正是这种与歇斯底里症患者的认同，确切地说是与她 52
的瘫痪的认同，产生了一系列主人公，他们越来越多地抛弃他们的身体、他们的财产、他们的实证存在，并逐渐地接近对他们自身的遗忘，尽管始终未能实现。一些无法被抹去的东西总是遗留下来。现在，让我们从芝诺悖论本身存在的精神分析视角来重新思考它。在这个悖论中，芝诺所相信的不变存在并不像柏格森坚信的那样，是一种幻觉的结果：我们的存有不过等同于语言所强加其上的种种"实际的"或"抽象的"定义。对拉康而言，我们所感知到的那个不变的存有，也就是被比作一磅死去的肉、"一寸自然"的那部分，并不在语言之中。它超出了语言，是记忆

27 S. 贝克特，《莫菲》(S. Beckett, *Murphy* [New York: Grove Press, 1959], p. 18.)。

中的空白或者是从我们的自我形象中遗失的那些视觉记号。被语言所建构的主体发现自身与自身的一部分是相分离的。而正是这一原初的分离使得主体寻求与其完整存有重逢的全部努力归于徒劳。主体努力的弧线就像芝诺的箭——他的飞行被无限地中断而只能渐进地接近目标。正是从主体自身中切除的这一部分成为它欲望的对象－原因，它解释了主体运动的分解以及化约为一系列无穷无尽的可替换客体的荒谬（reductio ad surdum）。柏格森认为，爱利亚派的传统错在让未来乃至所有的时间都呈现为即刻，因而扼杀了时间、变化以及连续性；相反，拉康派精神分析则让我们看到，爱利亚派之所以设想出这样一些悖论，正是由主体对其完整自身的非在场（nonpresence）所决定的。

不过，柏格森和拉康至少在有一点上是达成共识的：他们都反对那种逻辑推论性（logico-implicative）的语言观念。[28] 然而，根据这种观念对语言的理解，只有当某个事物已经包含在前提内才能得出结论，柏格森因此攻击语言的无时态性（tenselessness）；与此同时，拉康却将逻辑暗
53 示性视为一种出错的语言观念。那么他的任务就在于澄清，

28 例如，“所有的菠萝都是水果；所有的水果都是可吃的；所有的菠萝都是可吃的”。但这也可能导致罗素悖论，“理发师只为村里所有不给自己理发的人理发；所有不给自己理发的人中包括理发师自己；理发师应该给自己理发”。——译者注

事实上，结论从语言中被得出的方式。他因此并不把主体定义为包含在语言之中的某种效果，而是一种语言的剩余产物，一种语言似乎要将之切除的超出部分。简而言之，拉康要说的是，正是这一缺失的部分——这多出来的无——引发（causes）了主体，主体的创造是无中生有。[29]

这一立场不能更直接地与柏格森的立场相对立，回想一下，对柏格森来说，绵延（dureé，柏格森对行进的时间性的说法）被认为“产生”于所有在它之前的时间。他描述的这个过程是“套叠”中的一环，而其中当下被认为是融入而非增补到过去之上的某种事物。当下以及所有将要生成的事物完全有赖于在此之前的所有存在。没有什么是从无中而来的。对柏格森来说，无只不过是一个无意义的概念。他坚持认为，在想起某物（thinking of something）和想起作为存在着的某物（thinking of it as existing）之间并无差别。就像许多人早已认为的那样，他相信存在是所有能被想到的事物（all that can be thought）的一个属性。如果我们要去想象无中生有的创造，那么必须质疑的正是这个假设。

正如我们知道的那样，拉康相信社会话语和语言对

29 拉康对“主体的创造是无中生有”最完整的讨论在《精神分析的伦理》当中。

主体的优先性。当他用自动机来谈论能指链时，他宣称的是一种信念，它源于语言“在意图（intention）的缺席中……产生效果；驱动并填满言语的并非种种意图”的事实。正如德里达写到的，对机器的经典谴责正是对这个事实的否认。我们在这里称语言超出了主体的意图等于是说能指对意图而言是不透明的。但能指的这种不透明性所禁止的并不仅是它们被用于表达意图，还有它们反映外部现实的功能。某种对社会性的语言生物（the social being of language）的定义似乎只能挫败在这个僵局里，使我们完全地陷入一个社会性地建构的现实，一个我们不得不幸福的现实，或者可能更简单地说，一个我们必然受制于它的现
54 实。这样，带着这一观察我们已经回到我们开始的地方。因为如果我们一开始就假定在实现或满足社会要求的意义上，主体是一个特殊的社会架构的效果，那么愉快就变成了一个多余的概念，而将之理论化的需要也就大大削减了。它仅仅成了主体建构的客观事实的主观同义词。对愉快原则非此不可的倚赖——将它作为主体与社会关系的唯一有效形式——以愉快的需求被消除而告终。

正是在这一点上，和亚里士多德与柏格森一样，延迟（delay）——阻止一切被即刻给出——成为拉康论述中的

关键概念。但柏格森提出延迟的概念是通过反驳和颠覆有关语言的种种说法，来支撑他对绵延的观点；而拉康（跟随弗洛伊德）却将延迟理解为延长语言所带来的愉快感，它引入了现实原则，精神分析将后者定义为对愉快原则的延迟，或者为了维持欲望以使其超越由满足所造成的欲望消失的威胁。死亡驱力并不否定愉快原则，而是延伸了它。

我们已经说过，能指的不透明性意味着语言并不揭示现实或现实背后的真相。现在我们必须拓展这个逻辑，注意到这一不透明性同时也保证了无论能指产生了什么样的现实或意义，都无法使我们相信它的真理或完整性。因为能指并不是透明的，它们就不能证明在它们所说的背后并没有隐藏什么东西——它们无法证明它们没有说谎。语言只能作为一块面纱将自身呈现给主体，它隔断了视线，以防止超出我们被允许看到的现实。说语言的机制要求某种有机灵活性（organic elasticity）——使我们想起了弗洛伊德令柏格森主义的观点自相矛盾的那个论点——就意味着通过延伸或者延迟确定的意义，语言总是产生某种多出来的、无法确定的东西，为意义的可靠性提出某种质疑。正是这种质疑悬置了将存在自动归为一切能被想象的事物，取而代之的是，为想象非存在（nonexistence）提供了可能性，

55 也就是无。表意过程（signification）不可避免地为自身带来了怀疑与自我否定的可能性，它使我们能够想象我们整个所指现实（signified reality）的湮灭和彻底破坏。

因此，当拉康说主体的创造是无中生有时，他承认任何陈述都为自我否定预留了可能性，也承认愉快原则（主体从命运中独立出来）不可避免地通过制造怀疑来引发对自身的超越，并转而产生一种信念，即在语言的背后有一个现实。主体只能质疑被用来享乐的事物是否真的在那里，抑或，在已被提供的事物中是否遗失了什么东西。我们所产生的欲望并不是针对某物的欲求，而总是针对某物之外的其他东西或比某物更多的东西。欲望根源于我们感到被语言愚弄、骗取了某些东西的感觉，而不是被呈现给我们的、我们能够瞄准的确定客体或目标。欲望没有内容——它需要的是无——因为语言并不能为我们传达无可置疑的真相与实证的目标。

拉康派的格言——欲望是大他者的欲望——经常被用来说明主体在大他者欲望的图景中如何形成自身。我正是把这一点看作一个成问题的政治立场，但我尤其对这一立场给女性主义带来的问题抱有兴趣。因为当这一假说在社会关系的层面与一种暴露的男权主义偏见结合在一起时，那么女人就只能被理解为一种对男性欲望的实现，她只能被视为以一种男性凝视的视角在看她自己。面对这个对他公式的错误诠释，拉康的回应很简单，那就是我们并没有大他者欲望的图景（它保持着不确定性），而正是这一缺失引发了我们的欲望。首先是一个未被满足的欲望引起了我们的欲望，一个并未被意义所填充或没有所指的欲望。而这一原初条件正导致了欲望是不能被满足的这一次级真理。

对所有那些将主体描绘为一种不加限制的假体的虚构物——一种由文化秩序（并在它的欲望图景中）塑造的假体之神——的人，我们现在必须给出一个回应。决定每个主体的性质（shape）和能力范围的，并非律法的长臂，而 56
是那个从法则及其规定中逃脱的事物，那个我们无法试图染指的事物。我们在认为主体由语言构成的同时却忽视了语言的欺骗性（duplicity）本质，事实上，语言所说的一切都可以被否定。这种欺骗性确保了主体将不会成为语言所决定的意义。激活话语的并不等于激活存有。相反，被激发的是对非存有（nonbeing）的欲望，是对被感知为超话语的、某种不确定事物的欲望。这一引发主体的不确定事物（被拉康称为对象 a）具有历史特殊性（它是具体话语秩序的产物），但却没有历史性的内容。主体是没有满足历史要求（historical demand）的历史产物。

阿喀琉斯与龟

萨缪尔·韦伯（Samuel Weber）《闭合与排除》（Closure and Exclusion）这篇重要文献证明了芝诺悖论依然对任何以符号学为基础的主体理论来说都是相关的。[30] 在这里，韦伯探讨了对索绪尔格言“在语言中没有实证性的词语，有的只不过是差异”的接受是如何迫使我们遭遇芝诺的幽灵与无限回归（infinite regress）的问题。因为一旦有人打碎了能指链，陈述就变成了一系列最小单位，也就是一系列相互区别的词，或者说是只能在对另一个能指的指涉中才能获得意义的能指群，而这另一能指又转而指涉其他，以此类推；一旦这一无尽的推延（deferral）不再被认为建立在某种外部现实之上（语言被认为是自主且自我维系的），我们就不得不去怀疑是否真的有可能产生任何的陈述。似乎这一延迟将无限地悬置意义。受到这一无限问题以及由此产生的去决定性回归（de-determing regress）的威胁，索绪尔最终倒退回来，通过在延迟的过程中分离出一

30　S. 韦伯，《闭合与排除》(S. Weber, “Closure and Exclusion,” *Diacritics* 10, no. 2 [Summer 1980].)。

个时刻，用一种决定性对立的理念（a notion of determinate 57
oppositions）取代了最初关于纯粹差异的原创理念。这就意味着，索绪尔将表意过程的差异化运作暂时地限定在理解的时刻——他假定在这个时刻，语言系统那无穷无尽的历时性被调停，而一种共时性的闭合在起作用。这样的话，能指就不再等待未来另一个可以赋予它意义的能指，而已经从与其共在（co-present）的能指那里获得了它的价值。他假定在这个时刻，从能指系统中脱落出的过去与未来，时间性（temporality）与变化，同时相互地决定。

韦伯指出，查尔斯·桑德斯·皮尔士（Charles Sanders Peirce）不能满足于这样的一种解决方法，因此发展出一套新的符码理论作为替代方案，他同样也坚信表意过程必须（had to）具有一种临时性维度。因此，皮尔士穷其一生都在饱受阿喀琉斯与龟这一悖论的困扰。他不断地问自己，意义的推延何以产生意义；延迟何以能追上它不可企及的限度？为解决这一悖论，皮尔士将他的“实用主义”（pragmaticism）融入他的符号学研究之中，也就是他逐渐认为，一个符码朝向其他“符码”表达出的，并不完全或者简单是某种其他的想法（thought），同时也包含着“实际的指向”（practical bearings），“参与到行为之中的种种效果”。尽管对运动的几何学分割是无限的，但实用主义的事实正如阿喀琉斯那样，跃过了符号学的分割，超过了乌龟。一开始皮尔士将语言的行为效果视为“习惯”，但他最终感到对习惯的强调将使符号学运作的整个过程陷入一种停滞，同时也将思考简化为一种自动行为（automatism）（“类似于弗洛伊德的强迫性重复”，韦伯补充道）；[31] 取而代之的是，他将“习惯－变化”（habit-change）锁定为唯一可能的终极符码，同时也是对芝诺悖论唯一的解决办法。

韦伯十分正确地注意到习惯－变化的概念与德里达的“反复”（iteration）——在持续的变化与延异中产生的重
58 复——之间的相似性。然而，从这一讨论以及我们所做的强调中，读者应该清楚地看到，这种习惯－变化和反复的概念是如何危险地与那些自我－变化（self-change）和永恒新颖的概念显得相似的，而后者正支持了演化论哲学的主体概念。这一相似性没有逃过韦伯的注意，他审慎地试着将皮尔士与德里达所暗示的自我分裂（self-division）的主体与我们在柏格森那里找到的自我呈现与自我变化（self-changing）的主体概念撇清关系。虽然在这里这些危险的

31　S. 韦伯，《闭合与排除》，第 44 页。

相似性已经被注意到了，但还是留下了一种威胁。柏格森式的演化主义对现代思想的污染是如此深入以至于经常不为人所注意和质疑。因此，关于变化的这种不可避免性，德里达的延异概念经常被用来支持一种非政治的(天真的)乐观主义：没有什么能一模一样地出现两次，因为决定意义的语境总是与之前的时刻有所不同。“过程中的主体”（subject-in process）被赋予了这种永久的、进步的自我变化的意味，而总能从种种僵化的社会秩序结构中逃脱。

然而，问题不仅仅在于一种警觉性的缺乏或者是对德里达理论的一种滥用。某种跳跃也出现在德里达自己的论述中，甚至在他那些最好的诠释者那里：

> 作为事件的、签名的绝对独一性（singularity）曾出现过吗？是的，当然，每天都在出现。[32]
>
> 在提供结构化模型的种种最有力的尝试中，已经确立了某种结构的不稳定性，接下来，德里达或许不可避免地应当开始探索硬币的另一面，事实上，尽管

32　德里达的《签名，事件，文本》(J. Derrida, “Signature, Event, Context,” *Glyph* 1, 1977, p. 194.)这篇论文延伸性地批判同时也褒奖了 J. L. 奥斯汀的言语行动理论，为了回应约翰·塞尔(John Searle)为奥斯汀所做的笨拙辩护，他紧随其后写了第二篇论文《有限公司》(J. Derrida, “Limited, Inc.,” *Glyph* 2, 1977)，延续了第一篇论文中的许多观点。

> 存在不可确定性（undecidability），但在实际中（in fact）已经做出了决定，权力在实际中被行使，踪迹（traces）也在实际中被确立。[33]

59 那么，事实或效果（签名效果、习俗效果、主体效果）被用来应对和抵抗（“硬币的另一面”）由符号差异所造成的延迟，但是——这也正是问题的关键——使这些效果起作用的机制却未曾得到关注并始终暧昧不明。一种症状式的沉默一而再再而三地出现。以德里达对 J. L. 奥斯汀的言语行动理论的批评为例，他理所当然地解构了述行（performative）依赖于一个确定文本的观点，却在最后时刻捍卫了奥斯汀的最主要前提：词语成就（而不仅仅是描述）事物。它们构建事物，产生签名。不错，但问题在于如何？与此相似的是，在《闭合与排除》一文中，当涉及皮尔士如何解决困扰其理论的悖论时，韦伯的论述相当精巧，但奇怪的是他却未能连贯地将皮尔士解决过程中的各种要点关联起来：在符号学的意义上，这位语言学家假定了一个没有边界的共同体的理念，取代了索绪尔暂时界定的“集

33 S. 韦伯，《导论》（S. Weber, “Introduction,” in *Demarcating the Disciplines* [Minneapolis: University of Minnesota Press, 1986], p. ix.）。

体意识”（collective consciousness）；在实用主义的意义上，他用目的性行为来补充思维或理性；在现象学的意义上，他引入了一种人类思维无法把握的真实概念（the notion of a real）。皮尔士把最后这个称为“第二性”（secondness），它界定了原因的范畴，也因此表明了他并不相信原因是概念性的。尽管韦伯对上述三点的全部讨论清晰晓畅，但我们很难不注意到他自始至终都没有解释这个悖论是如何被解决的。这种失败应被看作是症状性的，而不能被归咎于韦伯的粗心大意。它揭示了德里达理论在构思解决方案时不得不遇到的一个障碍。

我想指出，这个障碍，正是对解构的恪守，对破坏每一种总体性的恪守，对反叛整体的虚幻性的恪守。解构想让我们相信，一种整体的观念总在遮蔽着差异无穷无尽的上演。在电影理论拥抱这个德里达信条的时期里，例如“主流电影”的闭合[34]就被认为是一种意识形态妥协而遭到责 60
难，与此同时，每一次空间上、听觉上或叙事上连续性的打断都被不假思索地赞美为一种政治进步。这种粗糙的二分法不能想象的是一种更加复杂的、有关闭合和总体的理

34 指经典叙事电影拍摄和剪辑上造成的“缝合效果”，比如，最基本的正反打镜头就建立了同一个空间的视觉效果。——译者注

念：这种理念并不单纯是虚幻性的，也远非对差异的压制；相反，它们正是差异之可能性的根本条件。这种不可想象的理念正是解决芝诺悖论的根本：只有一个封闭的总体才能被认为是无限的；只有边界的存在才能确保意义的生产不断得到调整，永不停息。拉康的理论并不暴露存在于总体的幻象背后的差异装置，相反它颠倒了这些术语，向我们展示了差异的无穷上演正有赖于一个边界、一个封闭的总体。为了宣告这一真理，拉康不断地诉诸芝诺悖论，并做出皮尔士自己曾做过的那个论断："在数字具有一个极限的情况下（a number has a limit），它是无限的。清楚的是，阿喀琉斯只能超过乌龟，但却不能赶上它。他只能在无限中与它相会。"[35]

这个悖论根源于一种对整体的定义，而它的关键之处在于整体对部分的优越性。[36]这个推论的谬误之处在于遗忘了阿喀琉斯前行的极限。因此他的一系列脚步并不是分散的，而是汇集到一起；换句话说，它们从属于一个封闭的集合。正是集合的封闭引发了述行的维度，使阿喀琉斯能

35 拉康，《再来一次》（J. Lacan, *Encore* [Paris: Seuil, 1975], p. 13.）。

36 拉康，《精神分析的四个基本概念》，第22页。在早先的章节中，我们曾引用过的话现在可以补全了："原因区别于在（能指）链中——换句话说，也就是在法则中（the *law*）——确定的事物。"原因既从法则中逃脱又同时使法则确立。

够超过乌龟，克服它代表的、一系列分散的脚步所造成的僵局。没有这一内在的限度，述行就不能成立（come into existence）。

接下来的章节我将会探讨拉康如何在精神分析理论中发展和利用这种整体的悖论逻辑——缝合理论、群体理论、性差异理论，均肇始于这个逻辑。不过在这里，我们仅仅想要指出拉康和德里达在这一点上的分歧。拉康使我们认识到，对主体的德里达式解构错误地将主体欲望的无限性与主体自身混为一谈。而精神分析的主体并不是无限的，它是有限的，有限度的，而正是这个限度导致了它欲望的 61
无限性，或者说，欲望的不可满足性。在一条无尽的（能指）链中，一个事物取代了另一个事物，这只是因为主体已从那个可以使它完整的关键事物那里被切除下来了。

原因和定律[37]

尽管拉康的立场必须要从那些容易与他相混淆的人那里区分出来，但这个立场却不该被简单看作是另类的（idiosyncratic），因为它与当下一些其他的原因学说共享

37　我会根据具体语境将本书中出现的“law”翻译为律法、法律、法则、原则、定律或规律。在这一小节中，因果定律也可理解为因果法则。——译者注

了许多洞见。

主导已久的哲学立场认为，原因意味着有一个涵盖律（covering law）决定了各个事件之间具有一种恒定的序列或者不变的连接次序。所谓的因果性解释（causal explanation）被认为要在“对[需被解释的]结果所进行的描述”“起始的（因果性）条件”，以及“一条能从起始条件推论出结果的定律”这三项之间，建立一种形式上可决定的推论性关系。当拉康在《精神分析的四个基本概念》里表示自己的因果概念要从那种将因果视为定律的理论中区分出来时，他指的就是上述立场。拉康举了一个例子来说明他所反对的那种因果理论，也就是那种有关行动与反应（action and reaction）之恒定序列或不变关联的理论，而我们知道，这一理论背后就是由牛顿所定义的涵盖律（covering law）。

而针对这种原因的涵盖律学说，近些年也有不少人尝试提出异议。讽刺的是，是亚里士多德启发了它们之中那些最具成效的挑战。尽管亚里士多德主张，只有通过某种特殊的或典型的变化，实体的本质才能得到揭示，但他的确承认非典型的变化也是可以被描述的。这些变化被认为是由一种对事物自然规律的纯粹干扰所致，因此并没

有为我们带来任何有关实体本质的信息。不过，亚里士
多德也的确给予这些干扰以相当大的关注，事实上，他
最终根据干扰或“免责状况”（excusing circumstance）
的缺席，消极地（negatively）定义了自主运动（voluntary 62
movement）——再一次举那个抬起胳膊的例子。他因此投
入大量篇幅用于考察并充分描述一个事件的背景(context)，
以及那种导致了自然变化（由原因所展现的）之失败的种
种辩解（excuses）。[38]

亚里士多德对失败的这种着迷长期饱受批评，而1956年却在J. L. 奥斯汀的写作中得到了郑重其事的认可，并激发了一次哲学上的骚动。[39]几年之后，奥斯汀在牛津大学的两位同事，H. L. A. 哈特与A. 奥诺雷出版了《法律中的因果关系》（*Causation in the Law*），[40]通过对背景和失败

---

38 这里所使用的“excuse”难以在中文中找到一个理想的对应。“Excuse的中心意思是根据某种理由或借口消除或减弱指责从而给予某种程度的原谅。‘借口’‘托词’过于消极。‘辩白’太强，必须把指责洗刷干净。‘辩解’不一定那么强烈，但没有包括整个过程中宽宥原谅的那一半。‘原谅’则只表达了辩解者所希冀的结果，没包括辩解的那一半”（陈嘉映，《思远道》，福州：福建教育出版社，2000年，第328页）。在这里，我只能勉强译为“辩解”。——译者注

39 J. L. 奥斯汀，《为辩解进一言》（J. L. Austin, “A Plea for Excuses,” *Proceedings of the Aristotelian Society*, no. 57 [1956–58].）。与他在言语行动理论中所展现出的相似，奥斯汀也在这篇论文中表露了一种对情境和失败的兴趣。

40 H. L. A. 哈特和A. 奥诺雷，《法律中的因果关系》（H. L. A. Hart and A. M. Honoré, *Causation in the Law* [Oxford: Clarendon Press, 1959]）。

的紧密关注，这部著作将原因与失败而不是法则联系在一起，并证明了自己在因果论学说发展上的重大影响力。这本书提供了富有说服力的论据来反对以下教条：“定律的种种归纳（generalizations）——实验科学的要务就在于发现定律的这些归纳——构成了因果关系（causation）这一概念的本质。”它同时也向一种身体性的隐喻（尽管并不处于核心位置，篇幅也很有限）——来源于向一个物体施加身体性的压力或作用力以使它移动的经验——发起了诉状，哈特和奥诺雷认为，这个隐喻为他们在书中所驳斥的原因概念奠定了基础。他们认为，正是因为这个潜在的、未经分析的隐喻使人们把原因看作一种正面力量（positive force），而种种非事件（nonevents）、事故和失败则不作为可能的原因纳入考虑。

《法律中的因果关系》在条件或者时机（围绕着结果的一些正常而不显眼的因素）与原因本身（被认为是一种对正常情形的偏离，某种出错的因此需要被解释的东西）这两者之间做出了基本的区分。通过具体说明的方式，哈特和奥诺雷将失火作为例子。[41] 通常人们拒绝将失火的原

41　拉康对“燃烧的孩尸”这个案例的兴趣似乎很可能与哲学的传统有关，在思考原因的问题上，火被近乎当作一种标志性的现象。（译按：“燃烧的孩尸”这个案例来源于《释梦》的第七章，它是弗洛伊德听说的一个小故事。拉康在研讨班十一中从真实界与创伤的角度对它做出了崭新的解读。）

因归结于氧气的存在，尽管没有氧气必然不可能着火。与之不同的是，人们在一些反常状况、一些出了问题的事物中寻找原因。

上述对哈特和奥诺雷观点的概要性描述也足以说明， 63
从何种意义上我们认为拉康分享并推进了他们的洞见：

（1）拉康也同样强调这种身体性的隐喻奠定了一种特殊的原因概念，不过他将这个隐喻放在了理论的核心位置并证明了为何它是无效的。在拉康那里我们能更清楚地看到，身体是一个永远不能被充分完成的符号性建构。

（2）拉康将失败从静态的、值得怀疑（problematic）的常态 / 偏离区分中独立出来。

（3）拉康阐明，要求我们去寻求原因的，是语言的物质性而非主体，由此他清除了心理主义，而所有（包括哈特和奥诺雷）将原因和解释混为一谈的看法都受此困扰。

充足理由律（the principle of sufficient reason），即所有一切必然具有一个原因的信念，处在精神分析事业的绝对中心，而在历史性地提出这个原则之前，我们将无法想象这个计划。然而，精神分析只与一种对原因的信念紧密相关，那就是：这个必定必然存在的原因从来不会呈现在受其影响的意识领域之中。

4 服装化的超我[1]

德高望重的知名法国精神病学家G. G. 德·克雷宏波（G. G. de Clérambault）通过他的精神自动性（mental automatism）概念，不仅彻底地改写了我们对精神病的观念，也瓦解了自19世纪初以来奠定了精神研究基础的范畴——心力（effort）或者意志（will）。然而，1934年他一去世，各种小报却用“一小撮轻率且失实的流言蜚语”[2]来对他进行缅怀。首当其冲的是关于一则“奇闻异事”的报道——有关克雷宏波对“稀有服饰，由印度马德拉斯棉布与金银丝镶嵌而成的东方织物”的趣味，以及在他家里找到的一些他私人所有的蜡制人体模型，克雷宏波在小报式的幻想中被塑造成一位“新的卡里加里”[3]。直到人们逐渐对他丧

1 我要感谢瑞秋·鲍尔比（Rachel Bowlby）和阿比盖尔·所罗门–戈都（Abigail Solomon-Godeau）在我为这一章所做的摄影研究中所提供的协助，还有他们启发性的见解。

2 J. 克塞尔，《一天晚上，左岸……》（J. Kessel, “Un soir, rive gauche …,” *Le Figaro*, December 4, 1934; reprinted in Y. Papetti, B. De Fréminville, F. Valier, and S. Tisseron, *La passion des étoffes chez un neuro-psychiatre, G. G. de Clérambault* [Paris: Solin, 1981], p. 112.）。

3 《特殊看护收容所主任医师克雷宏波自杀》（“Le docteur Clérambault médicin chef de l' infirmeries spéciale du Dépôt s'est donné la mort,” *Le Figaro*, November 20, 1934; reprinted in Papetti et al., La passion des étoffes, p. 111.）。

失了兴趣，这些闲言碎语才平息下来。

对克雷宏波的兴趣——这位曾经被雅克·拉康尊称为他“唯一的大师”的人[4]——最近又复苏了，而那些使人窃笑的奇闻异事、一个私人生活有点性倒错的公众人物的老段子也随之被一并重提。比如，凯瑟琳·克雷蒙（Catherine Clément）在她的《雅克·拉康的生活与传奇》（*Lives and Legends of Jacques Lacan*）中自认为恰当地将克雷宏波概括为“一个相当不同寻常的、为纺织物和毛织品疯狂的精神病学家”，[5]还有几年前出版的《一个神经－精神病学家对纺织物的激情》（*La passion des étoffes chez un neuro-psychiatre*）[6]最终为这个因他而命名的激情提供了一种文献的审视。

《一个神经－精神病学家对纺织物的激情》的例子富有启发性。这本书由几篇“推测性”的论文所组成，为克

4　J. 拉康，《关于精神因果性的讲演》(J. Lacan, “Propos sur la causalité psychique,” in *Ecrits* [Paris: Seuil, 1966], p. 168.)。

5　C. 克雷蒙，《雅克·拉康的生活与传奇》(C. Clément, *The Lives and Legends of Jacques Lacan*, trans. Arthur Gold-hammer [New York: Columbia University Press, 1983], p. 55.)。E. 卢迪内斯库的《世纪之战：法国精神分析的历史》(E. Roudinesco, *La bataille de cent ans: Histoire de la psychanalyse en France* [Paris: Seuil, 1986])，以及 D. 马塞那本极为潦草的《文本中的拉康》(D. Macey, *Lacan in Contexts* [London: Verso, 1988])关于克雷宏波着墨略多。

6　参见本章脚注 2。

雷宏波的激情提供了文献依据，展现在读者面前的是许多讲座片段、案例研究、不同版本的讣告，以及一堆照片。然而，尽管有了这样一个由文献所重现的“犯罪现场”（documentary alibi），人们却无法不注意到，这本书最终想要得到的结论正建立在一个并非——同时暗示了不能——证据的问题上。尽管编辑们显然试图在论文中分析这些资料，他们却好像乐于提出超出答案的问题：克雷宏波到底是一个不带情感的观察者还是一个激情昂扬的恋物
癖？唯美主义者抑或是享乐主义者？驱使他自杀的，到底 66
是他下降的视力、窘迫的财务状况还是愈发严重的精神错乱？一大堆问题从克雷宏波一生中的各个面向出发交汇出一个隐晦的中心，它们揭示了我们知识中的诸多临界点。显然，由于大量记录（从未出版发表的讲座，无法被定位的证据）的不幸遗失导致这些问题无法被回答，但还是使人感到存在着一个无论有多么充分的文件记录也无法确定的潜在推测。因为，克雷宏波这一独特建构——我们将之命名为“心理学式”的建构——的核心正在于，任何乃至全部的证据都具有不可判定性（undecidability）。

任何事实性的东西既为我们提供了证据，证明背后存在着一种具体的心理意图，又相反地，任何单一或多个事

实也都无法使我们得出一个担保，从而佐证我们对被这些事实所围绕着的人物的猜想。面对这种（悖论式的）可能性，心理学的幻象假定了一个主体：假定在事实的背后，这个主体对他或她自身的心理意图有着独一无二的理解。他或她之所以能够知晓自身的意图，是因为他或她正是那些意图活生生的经验。心理学的幻象建构了一个神秘莫测的主体，一种对所有档案工作而言的障碍，也是一个历史学研究从来无法作答的问题。

这种心理学建构正是精神分析着手想要清算的，它的首要靶子便是其中隐含的那种假定的知识主体（the supposed subject of knowledge）。与这一假设相左，精神分析并非认为我们最终能够揭示之前看来似乎难以解开的主体的秘密；相反，它认为根本没有什么需要弄清的真相，主体并没有什么隐秘的知识，或者借用那句著名的黑格尔式俏皮话：埃及人的种种秘密对他们自己而言也是秘密。[7] 这对我们已有的论述意味着什么呢？同心理学的幻象一样，精神分析认识到没有哪个事实是单义的（unequivocable）。这是因为既没有哪个事实孤立于一个能指链之外，也没有

7　转引自 S. 齐泽克，《歇斯底里的崇高》（S. Žižek, "… Le plus sublime des hysteriques," in *Hystérie et obsession: Recueil des rapport de la Quatrième Rencontre international* [Paris: Navarin, 1985], p. 335.）。

67

本章中所使用的照片全部由克雷宏波所拍摄，收藏于巴黎人类礼仪博物馆（Musée de l'homme, Paris）。

哪个能指是单义的。而精神分析进一步认为，正如主体受 68
到了它生活中诸多事实的影响，它也同样受到它未曾生活过和经历过的意义的影响。这就是当精神分析论及主体的多重决定（overdetermination）时所想要表达的：主体屈从于能指的含混性。正是出于这个原因，弗洛伊德为分析建构而辩护，[8]那些在分析过程中想象出来的事件影响着主体，

8 详见弗洛伊德，《分析中的建构》（Freud, "Constructions in Analysis," 1937）。——译者注

尽管它们从未像这样发生过，从未曾经历也便不可能像这样记得过。

毋庸置疑，不仅主体不可能直接见证这样被建构出来的事件，也不存在其他的见证人或文档可以被用来执行这样的见证。这并非意味着精神分析宣布放弃历史来坚持一种没有历史可从中显露的真理（a truth that no history can uncover）。精神分析需要历史，它以收集事实性的材料作为自身的起点。精神分析所宣布放弃的是我们现在要定义的“历史主义的”建构。历史主义被质疑并不是因为它事实上不可能再造历史性的经验（这又是一种心理主义式的反对），而是因为这种建构运行在一种信念之上：经验必须被再造（recreate），我们对一个历史时期所做的真理性的和逻辑性的陈述是对当时人们的思考方式的经验性总结（empirical generalisation）。近年来，一种新的历史主义已为病理性主体（pathological subject）[9]的日常生活提供了详尽的记录，然而由于主体抵制被化约为病理性的，这种历史主义一直都无法解释或描述主体的日常生活。我们现在比以往任何时候都更具体地了解各个阶层的男女可能会

9　我是在康德的意义上使用“病理性的”这一概念，所指的是承受着（suffers）一系列与日常客体相关的感觉和情绪的经验主体。

从什么样的事物（goods）中寻找乐趣，哪些事物是被拒绝的，哪些是被许可的，而这些事物在分配上的不平等又怎样影响了这些男男女女的行动。然而，这些男人和女人往往做出避开愉快和好处的行为，而对这样一种事实的历史性影响，我们却一无所知。

在陈述了这些区别之后，我想回到克雷宏波的例子上。甚至时至今日，仍有人在复活有关他的“不堪的秘密”的荒诞幻想（fantasmatic notion），而我则想探讨，历史是否允许我们将它们驱散。位于这个幻想正中心（比如，在《一 69
个神经 - 精神病学家对纺织物的激情》的中间部分所重现的）的，是克雷宏波在摩洛哥拍摄的一系列照片——在1914—1918年，他因在战争中负伤而在那里休养。在摩洛哥的这些岁月里，克雷宏波学会了阿拉伯语，并开始了一项对阿拉伯服饰的研究，这些照片显然是该研究的一部分。

换句话说，这些照片摄于法国殖民主义“黄金时代”的盛世。我们对这个事实以及这一历史时期的后殖民主义知识正帮助我们形成了当下这一克雷宏波“丑闻”复苏的背景。《一个神经 - 精神病学家对纺织物的激情》提供给人们一种持续的、对诸多熟悉的东方主义神话的乞灵（invocations），但它既没有澄清克雷宏波与这些神话的关系，也没有解构它们。因此，克雷宏波模模糊糊地“参与”到这些神话所创造的异国情调的性存有（exotic sexuality）的图景之中。殖民主义的黄金时代就这样被浮光掠影地追忆而欠缺更深入的研究，以至于难以想象它曾行使过任何真实的、决定性的权力。

从另一方面，如果想要勾勒出这些照片与法国殖民主义——和它的神话生产——之间的关系，我们最好首先比较一下克雷宏波的照片和其他那些已被当作该神话生产的标志性作品而拿来展示的照片。例如，在《殖民地的后宫》（*The Colonial Harem*）中，阿尔及利亚女性的明信片在叙事上以一种脱衣舞的方式被排列，尽管有不断的评注争辩说，很显然是殖民主义的凝视剥去了她们的衣服并展现出一种对知识和权力的意志——这些女人的面纱曾一度阻挠这种意志。[10] 根据殖民主义计划中这个十分令人熟悉的脚

---

10 M. 阿鲁拉，《殖民地的后宫》（M. Alloula, *The Colonial Harem*, trans. Myena and Wlad Godzich [Minneapolis: University of Minnesota Press, 1986]）。在她的《女人的形象：中东摄影中的妇女肖像（1860—1950）》（S. G.-Brown, *Images of Women: The Portrayal of Women in Photography of the Middle East, 1860–1950* [London: Quartet Books, 1988]）一书中，莎拉·格雷厄姆－布朗将克雷宏波的摄影图片简单地呈现为一种反向的脱衣表演：身体被一点一点地遮盖而不是暴露，这一诠释没有看到克雷宏波的图片与那些被展示在《殖民地的后宫》里的图片之间的根本差异。顺带一提的是，格雷厄姆－布朗重复了我们在《一个神经－精神病学家对纺织物的激情》中发现的错误：它们都引导我们认为克雷宏波只拍摄妇女的照片。事实并非如此，他同样也拍摄了许多男人的照片。

70

本，克雷宏波的照片看起来似乎是这种“解衣的意志”（will
to unwrap）的失败典范，它们体现出一种令人费解的对欲
望的弃权，又或者可以说，是停滞在一个完整的性的场景
的初始阶段。尽管在克雷宏波的照片和这些其他照片之间
存在着一个清楚的差异，但我却要说明，这个差异的本质
不是上述这些。而仅仅承认这个差异、承认在我们的期待
与这些照片本身之间存在的不一致性，也不应该用来支撑 71
一种心理主义的观点：这些图像的不透明性正说明了拍照
者的不透明性——他对布料那独一无二的激情。

殖民地和柱廊

与上述观点相反，我将说明这种激情并非一个纯粹孤立的现象，相反它受制于历史情境，而一开始我将以 1923 年为焦点展开我的历史研究。这一年克雷宏波在法兰西艺术院（the Ecole des Beaux-Arts）开设了一系列课程——这些课程一直有规律地持续到 1926 年。作为一位富有名望的精神病学家和授课引人入胜的老师，克雷宏波在艺术院的工作室模式中很受追捧，他的课程总是最热门的。[11] 而这些课程的主题则是——褶帐袍（drapery）。克雷宏波总是背着一个旅行袋来到讲堂，从里边拿出一些蜡人模型和各式各样的布料。在上课的过程中，他会将这些布料裹在这些模型身上。他也经常使用活的模特——将同样的材料缠在他们身上并要求他们的胳膊或身体做出某些动作——以证明他的许多观点。

当然，这就自然产生了下一个问题：这些观点是什么呢？正是在这里记录最为缺乏，因为艺术院从未公布过课程资料。不过，他有两个在民族志协会（the Société d'Ethnographic）做的演讲已经发表，它们为理解他对纺织

11 E. 勒纳尔，《加埃登·加提昂·德·克雷宏波博士：他的生活与他的工作（1872—1934）》（E. Renard, *Le Docteur Gaëtan Gatian de Clérambault: Sa vie et son oeuvre (1872–1934)* [Paris: Librairie de François, 1942], p. 63. ）。

物的着迷中所隐含的历史性维度提供了重要线索。在其中
的一个演讲中，克雷宏波论证了北非特有的一种像扎绷带
那样系住衣料的方式，事实上也曾在古典时代被希腊人和
罗马人使用过，同时也再现于他们的雕塑之中。[12] 在他的这
个发现之前，人们一直错误地将丘尼卡（tunic）的束紧方
式解释为搭扣式的。此外，克雷宏波通过指出卢浮宫里某
些浅浮雕上毫不起眼的厚度，得以最终证明扇状褶边也存
在于古希腊的褶帐袍当中。这一发现直接反驳了古代服饰
领域最有影响力的专家看法：他们已经正式地否定了希腊 72
人曾采用褶边的方法。[13] 而从第二篇被复原的讲稿里，我们
能更加清晰地意识到克雷宏波更大的、富有野心的民族志
计划的轮廓。[14] 他的一位同时代的拥护者已指出了这个计
划的本质及其原创性，“克雷宏波，”他强调，“是第一
位将衣物上流溢的褶皱作为一种种族、部落的标签来思考
的人。他对亚述人的丘尼卡、希腊人的克莱米斯（chlamys）、

12 克雷宏波，《褶帐袍工艺研究》(Recherches technologiques sur la drapé)，最初发表在 1931 年 4 月 15 日的《巴黎民族志学会公报》(*Bulletin de la société d'ethnographie de Paris*)，复刊于《一个神经－精神病学家对纺织物的激情》(第 52-57 页)。

13 根据勒纳尔的说法(*Le Docteur*，p. 62)，这位“古典服饰研究的大家”叫厄泽(Heuzey)。

14 克雷宏波，《褶状服饰的分类》(Classification des costumes drapés)，演讲举办于 1928 年 5 月 5 日；讲座摘要复刊于《一个神经－精神病学家对纺织物的激情》(第 49-52 页)。

罗马人的托加长袍和阿拉伯人的缠布都进行了研究。他研读了它们的曲线（curve）和它们的意义（sense），他使它们说话。”[15]尽管从我们的有利位置出发来看这个计划可能未免显得古怪，具有某种绝对的新颖性，但我们将会看到事实上它正呼应着法兰西艺术院的一系列关切。

艺术院每一年都为大奖赛设立一个不同的计划，而1923年的计划是为法国在摩洛哥的殖民代理人修建一个公馆[16]，也正是在这一年，克雷宏波开始了有关褶帐袍的课程。在1862年一个非常著名的事件中，艺术院曾遭到攻击，因为它在项目中指定颁奖给一个古典风格的设计，即使这个计划本是为阿尔及利亚的殖民统治者修建宫殿，因此许多人认为一种土生土长的伊斯兰风格会更加妥当。[17]然而直到1923年，艺术院依然坚定不移地偏好着古典风格，如此之久地捍卫着它，并“慷慨大度”地在法国及其殖民地进行推广。

毫无疑问，艺术院对古典建筑和雕塑的迷恋部分来源

15　J. 克塞尔，《一天晚上，左岸……》，第112页。

16　大奖设计的一览表，可参见《法国建筑中的美术传统》(D. D. Egbert, *The Beaux-Arts Tradition in French Architecture* [Princeton: Princeton University Press, 1980])。

17　维欧勒－勒－杜克(Viollet-le-Duc)最早发起了这一攻击。由F. W. 夏布洛尔(F. W. Chabrol)提交的获奖作品击败了另外两个伊斯兰风格的设计，它们的设计师分别是伊曼努尔·布龙(Emmanuel Brune)和A. F. V. 杜特尔特(A. F. V. Dutert)。

于一种信念，即希腊和罗马代表了法国高级文明的帝国起源，或者也可说是这种起源的神话帮助法国推动了帝国主义——文明化的使命。将新古典主义建筑转移到这些地区成为这种使命的目标，这无疑是抹除殖民地自身起源这个残酷过程的委婉说法。克雷宏波的讲座和照片毫无疑问也辅佐了这一过程。摩洛哥褶帐袍不仅被用于重新诠释古典雕塑，同时古典雕塑也被用来重新诠释摩洛哥褶帐袍——为西方而重新改造它们。然而，对褶帐袍的兴趣和殖民主

73

74 义的推进之间的关系所进行的这般描述流于表面，它既未澄清这种关系，也未能解释克雷宏波的那些照片，同时简化了在这个语境中发挥作用的起源观念。

为了让我们能够理解那些照片，有必要指明一个我认为更根本性的问题来作为起点，那就是克雷宏波简明扼要的一句论断："一件垂褶服装必须由它的构成程式来定义（a draped costume must be defined by the scheme if its construction）。"[18] 在他说出这一论断的那场讲座的最后，克雷宏波提示说这种定义模式使起源的问题"悬而未决"，不过正是他讲演中的这一点使我们注意到，根据其结构或者构成来描述褶帐袍事实上已经取消了起源问题，他的分析模式取代了对起源的描述，抑或对服饰感性或符号性的特征描述。基于一种相对新颖的、对服装类型的描述方式，克雷宏波企图关联起对穿着的描述和对民族身份的描述。而我不仅认为克雷宏波对服饰的激情（多多少少）有着广泛的社会基础，同时也是在对"类型"（type）进行定义革命的过程中出现的剩余物。

让我们通过解释重新回到之前中断的讨论，以及 1923 年的那个时间点。正是在那一年，勒·柯布西耶的《走向

18 克雷宏波，《褶状服饰的分类》，第 49 页。

新建筑》（*Towards a New Architecture*）出版，而与之一道问世的是它对法兰西艺术院的批判。当勒·柯布西耶和其他的现代主义者正将艺术院塑造成不合时宜之物的那个时刻，在他的讲座初始，克雷宏波似乎正以“19 世纪的行家里手”[19]而自居，参与着一个已经走到尽头的计划并滔滔不绝于它的意识形态。然而至少在一件事上，现代主义必须被视为艺术院传统的顶点或者一种变体(而远非其中断)，那就是描述建筑的恰当方式。

在 19 世纪初期，相较于勒·柯布西耶所代表的现代主义与他所攻击的学院主义之间的差异，更为根本的是一种 75
断裂，它伴随着一种全新的关于建筑类型的理念而被引入，其影响不仅持续贯穿了整个世纪，也贯穿了整个现代主义运动。通过将写于 18 世纪中叶与写于 19 世纪初期的建筑分类进行对比，一位建筑史学家将这一断裂戏剧化了。第一个分类取自雅克 – 弗朗索瓦·布隆代尔（Jacques-François Blondel）的《建筑学课程》（*Cours d'architecture*），这本书列出了以下这些建筑类型：“轻巧的、优雅的、精致的、纯朴的、天真的、女性的、浮夸的、大胆的、可怕的、矮

19　甚至是克雷宏波的支持者也将这一描述赋予他，参见《精神病学著作》(P. Guiraud, *Oeuvre psychiatrique* [Paris; PUF, 1942])的序言。

小的、轻浮的、放荡的、不确定的、含糊的、野蛮的、冷酷的、贫瘠的、枯燥的、无用的”；第二个则取自 J.-N. L. 杜兰（J.-N. L. Durand）的《每种类型的建筑之比较集：古代与现代》（*Collection and Parallel of Buildings of Every Genre, Ancient and Modern*），它提供给我们的是一个非常不同的清单：“圆形露天剧场、引水渠、凯旋门……浴盆、集市、钟楼、图书馆……学院……粮仓、石洞……别墅、市场……宝塔、宫殿……灯塔。”[20] 在第一种分类和第二种分类之间，清晰地存在着思考建筑类型的一场革命。形容词提供了对一个建筑的特征和面貌的感观描述，而它们却屈服在命名建筑用途（use）的名词面前，并为之所替代，在 19 世纪的一开始，历史上第一次，建筑的本质不再被认为存在于它与某些原初或理想形式的关系之中，也不在它的符号价值里，而在于它的功能。从这一刻起，功用（utility）开始定义建筑类型，而所有形式、构成和装饰上的问题都将以用途为参照来得到解决。

作为定义一个建筑最核心的参数，功用被独立出来，

20　援引自《风格的“终结”》（D. Porphyrios, “The ‘End’ of Styles,” *Oppositions*, no. 8, [Spring 1977], p. 120.），我对建筑“类型”的探讨首先来源于这篇论文；其次是安东尼·维德勒（Anthony Vidler）的文章《类型的概念》（The Idea of Type），该文和第一篇发表在同一期刊物上；最后是维德勒的《第三类型学》（“The Third Typology,” *Rational Architecture*, Brussels: Archives d’architecture moderne, 1978.）。

76

这不仅导致风格和装饰的职能被指派为对这一根本定义的表达，并将它们自身与建筑用途联系在一起，同时也带来了产生这一职能的潜在假设：风格与装饰既与功能相分离，也次要于它。正是从这一点出发，风格和装饰恰好开始被当作衣物一样来考虑，换句话说，它们与建筑的关联被当
作偶然的而非必然的，因此它们第一次被视为裸建筑上的 77
包裹物或覆盖物。当然正是由于这种完全无关紧要的地位，它们在统辖着功能主义的强迫性经济面前脆弱不堪——最终，装饰像某种罪状那样遭到了放逐，而建筑学则培育出一种对一切历史（除了一栋建筑自身被建造的过程）的冷

漠，因而风格折中主义（从不同的历史时期借用多种风格）也被宣布为非法，简而言之，作为一种独立实体而曾与建造过程融为一体的风格消失了。在对衣物的借鉴中，功能主义以建筑纯粹主义的面目达到顶峰。不过，在得到这个结论与作为分类标准的功用在 19 世纪早期被引入这二者之间，建筑结构（fabric）对建筑学而言不仅是一个被热烈探讨的问题，也是一个伴随着功用的概念而得以存在的概念。

若不是克雷宏波避开了任何关于布料的符号权力的讨论，转而将焦点放在它的构造、它对结构性要素与功能性要素的结合方式上，他将不会与 1920 年代的建筑学界格格不入。对他而言，除了服装构造的工艺结构之外，服饰风格（摩洛哥的、希腊的、罗马的）自身并没有一个清晰的存在。褶帐袍依照它的用途而被定义。克雷宏波将“[褶帐袍]的构成程式”进一步细分为一些基本要素，而这些要素的组合决定了服装的相应归类。他提出了这些要素的三个次序：（1）主要支撑点（头部、颈部、肩部等）；（2）以该支撑点为依托，布料的起伏和位移；（3）身体被覆盖的区域以及束紧、弯曲和折叠布料的不同方式。[21] 许多照片

21　克雷宏波，《褶状服饰的分类》，第 49 页。

中人物那些笨拙和不自然的姿势证明了克雷宏波对这些要
素的表现方式进行分析的决心。在这些照片和书面报告中，
他的描述停留并固守在技术形式的问题上，并以得出这些
布料所实现的某个具体功能作结：裹住身体，抑或（正如
头巾——克雷宏波根据极微小的差异及要素的种种组合制 78
定出一个干巴巴的列表，而头巾是极少数超越了这种分析
的特例之一）是为了抵御阳光或应对各种各样的负重。

虽然他的关注在于功用与构造之间的结合，这部分地解释了这些摩洛哥人的照片——尤其是其中那些衣物之下形体清晰可见的照片——但它仍然没能完全解释清楚。而那些形体在其中完全消失了的照片，则保留了它们神秘的属性，因为正是在这些照片里被遮蔽的东西维系着褶帐袍的用意。尽管克雷宏波渴望着科学的精确性——他曾表示害怕缺乏分析性的目标去拍摄照片，会导致无法完全地记录下服装结构的组成部分——这可以解释为什么他拍摄了大量穿在身上的服装，但这难以令人信服地解释他为什么竟然拍了四万张！

内疚 vs 有用的愉快

柯布西耶曾经提到，在法语里类型有两重意义，它不

仅适用于一种——建筑，比如说——也适用于一个“人”[22]：类型即“人”。不过，他想说的远比这个双关语更多：

> 从类型成为一个人的那时起，我们便领会到该类型具有相当大的延展可能性。（这是）因为人－类型是一个独特的身体类型的复杂形式，可以对此实施充分的标准化。而根据相同的规则，我们可以为这一身体类型建立标准化的居住设施。[23]

79

22　在日常用法里，法语中的 type 有“家伙”的意思，类似于英语里的“guy”。——译者注

23　柯布西耶《活着的建筑》（*L'architecture vivante*，August 1927）里的话，转引自维德勒的《第三类型学》（第 30 页）。

这些观点的历史背景使它成为可能，正当建筑根据它们的用途被重新分类的时候，人也正经历着一个相似的重新分类。种种的感觉（sensations）不仅不再能够提供关于建筑的基本事实，它们同样不再被看作那个思考着这些建筑的心灵 80
的基本事实。工业制度的兴起开启了对“人类物种的勤奋品质”[24]的推崇，其结果就是功用性不仅成为建筑学的原则，也成为心理学的原则。这意味着心力或者意志（而非感觉）从此被当作人类心灵的基本事实，而人自身也被看作一个工具，他的使命“就是在他的位置上从事他的工作（work）”，[25]正如一架机器。人被视为这样一种存有，他将自身导向工作而不是人们曾经以为的沉思。[26]这导致了一种精神的外在化，因为这意味着心灵不再能够直接地理解自己，而只

24　G. 康吉莱姆，《心理学是什么？》(G. Canguilhem, “What Is Psychology?” *I&C* 7 [1980], p. 46.)。

25　G. 康吉莱姆，《心理学是什么？》，第 47 页。尽管康吉莱姆优先讨论了功利主义，他却认为功利主义所推崇的人的定义更接近于把人看作一个工具制造者而非工具。但是，他没有将愉快视为功利主义的核心问题，而我们却认为功利主义不仅仅为工具主义(instrumentalism)做好了铺垫，它本身就已经是工具主义了——这个观点正建立在愉快关键性的基础上。

26　这一点经常被人所强调，包括康吉莱姆、拉康(在《精神分析的伦理》当中)以及虚构人物杜费尔斯德洛赫(Teufelsdröckh，他是托马斯 · 卡莱尔的小说《衣裳哲学：杜费尔斯德洛赫先生的生活与看法》[T. Carlyle, *Sartor Resartus, The Life and Opinions of Herr Teufelsdröckh*] 的主人公，1833—1834 年连载于《弗雷泽杂志》[*Fraser's Magazine*])：“人的终点在于行动而非思想。” 亦可参见埃德蒙 · 杜苔的《摩洛哥行记》(E. Doutté, *Missions au Maroc* [Paris: Paul Geuthner, 1914])，在这本书里，去往摩洛哥的旅行更像是一种用意志之力参与的使命，而不是一种对知识的寻求(第 ix 页)。

能通过心力所留下痕迹的反映来理解自身。对人的这个定义因而十分地切合经验主义（empiricism）。

而在人的领域中，正如在建筑领域中那样，这一重新定义引发了诸多对衣着问题的关注。[27] 在第一次工业化之前，穿着曾经是社会地位的重要指示，它被用来标记阶级的分野，以形成截然不同的群体。然而，一旦“人”被开始赋予一种功能性的定义，旧有的服装体制便土崩瓦解，而人也随之服从于新的服装体制。男性们的服装差异被抹除了，而所有的阶级都接受了工作制服和风格的简化。平

27　关于这一主题的文献汗牛充栋，我仅在此引用几个晚近的且特别具有相关性的例子：Elizabeth Wilson, *Adorned in Dreams: Fashion and Modernity* (Berkeley: University of California Press, 1985); Peter Wollen, “Fashion/Orientalism/The Body,” *New Formations*, no. 1 (1987); Kaja Silverman, “Fragments of a Fashionable Discourse,” in *Studies in Entertainment*, ed. Tania Modleski (Bloomington: Indiana University Press, 1986); Annie Ochonisky, “La mode et le vêtement,” *L'evolution psychiatrique* 52, no. 1 (1987)。

现代时尚（本质上是“女性时尚”）的这段历史始于 1850 年代，查尔斯·弗雷德里克·沃思（Charles Frederic Worth）在 1858 年开店，“高级女性时装”（haute couture）的现象随之诞生。但在 1920 年代以前，有一种不断增长的要求，女人们也希望抛弃她们对个体衣着风格的兴趣而采纳一种更加统一化的外表。例如，在英格兰，月度时尚联盟会推荐女人应该穿什么，还有好几个对建立政府时尚部门的提议，认为这样可以将女人们引导向一种适合的社会穿着。而这场运动最令人不安的一面在于它与优生学的关联，当这种关联进一步推进的时候，就出现了一种看法，认为采用一种更简化的着装风格将可以防止那些身体欠缺吸引力的女人用服饰进行掩饰，从而获得自我繁殖的（性）机会。有关这个观点，参见 J. C. 弗鲁格尔的《服装心理学》第三版（J. C. Flugel, *The Psychology of Clothes*, 3rd ed. [London: The Hogarth Press, 1950]）。我们在这里看到平等主义的原则荒诞地倒向了它的反面，而在背后支持这种主张的正是一种幸福最大化的原则：它认为身体必须得到适当的价值评估，这并不必然为身体自身，而是为未来几代人的利益（第 223 页）。

等主义决定了今天的政治日程，并允许人们不再凭借出身而是凭借自己的工作来定位自身，而衣着上的平均化和去标签化也正是对这一点的佐证。

然而我们必须谨慎地注意到，事实上，具体而言是男人（而并非实际上所有的人类）被他的工作所定义，也就是唯有他才被要求基于对工作的适用性去选择行头。从另一方面而言，女人也在同一时期开始屈从于一种新的现代的时尚理念：在衣服出现任何功能上的损坏之前，就进行快速的、季节性的更新。从 19 世纪中叶到整个 20 世纪，现代女性的形象被服饰的符码所规定并伴随它的变迁而被多次重新定义。男性的形象保持着平稳和牢固，而女性的形象却在加速变化的服饰风格背后不断被重塑。

J. C. 弗鲁格尔（J. C. Flugel）写于1930年的《服装心理学》 81
（*The Psychology of Clothing*）是最著名的关于着装现代史的详尽著作。这本书的出名之处在于它对“男性大退场”（the great masculine renunciation）的命名与分析——男性将时尚领域拱手给女性，而以占领功能领域作为替代。不过却少有人关注他紧随其后的推论：“在男性服装的问题上，”弗鲁格尔写道，“相比于现代女性，现代男性因为将自己奉献给职责（duty）的原则而具有一种更严厉和更严格的良知（conscicence）。”[28]那么，该怎样解释在男性服装领域涌现的这个超我？这个伦理和穿着产生碰撞的逻辑是什么？弗鲁格尔令人惊讶的观察基于职责与着装之间的一种联系，然而我们到目前只讨论了着装和功能或用途之间的关系。尽管清楚的是，将男性平淡统一的服装式样（他的功能性服装）等同于他严厉和严格的良知取决于我们把用途和职责看作是等同的，而对我们而言同样清楚的是，职责有一种伦理上的意味，而用途并没有至少是并不必然有。所以他的观点要么是一种单纯的花招（sleight of hand），要么是因为用途（use）在弗鲁格尔写作的年代获得了一种伦理性的意味。事实证明是后一种情况。不可否认的是，花招是历史性的。

我们现在知道了，弗洛伊德在《文明及其不满》里抱怨关于超我的讨论损害了他的论文框架时所感受到的东西，因为突然之间似乎我们前面的讨论已将我们牵扯进一种我们毫无觉察的伦理维度。当我们回头看时会发现，尤其是一个概念——愉快的概念——被遗漏了，然而正是这个概念决定了有关功能的问题被转换成道德的问题。让我们进

28　弗鲁格尔，《服装心理学》第三版，第113页。

一步说明。

弗鲁格尔已经提出了历史性的观点：服装的伦理必须有赖于对其功能的衡量。他大胆而清晰地指出它们的最终功能必须是："根据'现实原则'来确保最大限度的满足。"[29]
在这样的情况下，现实原则意味着让我们为了一种只有通 82
过爱他人才能获得的真正的愉快而放弃一种虚假的、自恋的愉快。换句话说，弗鲁格尔的现实原则说到底是一种（最大化的）愉快原则。

读者们记得我们是从引用杜兰的著作开始的。他被广泛认为是第一个在建筑学中根据用途重新定义建筑类型的作者。当我们转向他著名的《简明建筑学课程》（*Précis des lécons d'architecture*）时，我们会立即遭遇一个无法漠视的论点："在任何时代、任何地区，人们思想和行为的整体都根源于两个原则：对幸福的爱和对各种痛苦的厌恶。"[30]

29 J. C. 弗鲁格尔，《服装心理学》第三版，第 183 页。

30 J. -N. L. 杜兰，《简明建筑学课程》(J. -N. L. Durand, *Précis des leçons d'architecture données a l'Ecole Royale Polytechnique* [Paris, 1819], p. 6.)。在我所阅读的这一时期对建筑的历史研究里，只有一部著作提到了杜兰理论的这个方面；A. P. – 戈麦斯在《建筑与现代科学的危机》(A. P.-Gómez, *Architecture and the Crisis of Modern Science* [Cambridge, MA: The MIT Press, 1984])里将杜兰的观点称作是"可怕的"："这种唯物主义的前提成为技术伦理与技术审美的根基，并且它依然强化着从 19 世纪继承下来的那些最流行的历史与意识形态的理解。只有在杜兰的观点出现之后，对建筑而言提供'愉悦'或者显得'好'才是重要的，而不在于是否真的有意义"(第 299 页)。不过，佩雷斯 – 戈麦斯的现象学方法与我的方法大异其趣，所以因强调愉快而使我们感到担忧的原因也并不相同。

那么，人们创造建筑，是否也像所有其他东西那样，根源于愉快和痛苦的原则，还是说像我们之前所讲的，根源于实用的原则？杜兰简练地回答：两种原则都是，从而将现代建筑学建立在这样一个等式之上，而杰里米·边沁（Jeremy Bentham）曾用同样的等式来详细阐述他的功利主义思想。

杜兰可能没有像边沁那样，在到底称自己创立的法则为功利原则还是愉快原则的问题上犹豫不决，不过他毫不藐视建筑中愉快的必要性。我们曾听到一些人批评功能主义或现代主义忽视了愉快的重要性，相反更准确来说愉快从一开始就被视作是根本性的——*只要这种愉快是可以被使用的*。然而，提出这样的说法可能太过仓促。杜兰并不是从愉快是可用的这样一个论点出发的，相反，他的《简明建筑学课程》最开始假设，用途是使人愉快的。他的核心观点是：由于我们寻求愉快，我们因而谋求自身为各种有用的事物所围绕，因为光是它们就能够且必然为我们提供愉快——或者，至少能提供值得我们一想的愉快。因此事实上，在杜兰的文本里存在着不只一种愉快，尽管只有一种被当作合法的而被接受，另一种则被视为虚假的而受到贬低。

跟边沁一样，杜兰试图通过想象对功利原则的颠覆来

83

证明它的合理性。他让我们设想美第奇的维纳斯以及法尔 84
内塞的赫拉克勒斯，并在脑海中想象出一个人物，这个人认为其中一个人的脑袋要比另一个的更加优雅，因而将维纳斯的头颅移到赫拉克勒斯的身体上，或者相反。[31] 杜兰

31 杜兰，《简明建筑学课程》，第 20 页。

认为这个结果将是荒唐的。我们很容易就看出，在此他的策略是让功利原则的替代方案尽可能显得不证自明的愚蠢，以此把它归结为一种谬论。同样我们也容易看到，功能主义的这一论据有赖于我们已然接受了种种常见的完成形式的必然性和恰当性。事实上可以说，我们对功能主义的信仰源自我们对完全形式（total form）的信仰：只有通过设想出一个确定的目标或者形式，才可能想象功用。

而边沁为功用所做的辩护也以同样的方式展开。功用的替代性方案在他的呈现下要么是纯粹破坏性的，要么是纯粹捉摸不定的。然而边沁最终认为，所有的替代性方案其实都是同一个，所有的——他说到，用一个词合并这两种反对意见——都是“专制的”（despotic）。

得益于拉康关于伦理的研讨班，我们认识到，边沁的控诉不过是五十步笑百步。和杜兰一样，边沁以“人发现功用令人愉快”这个描述性的观察作为起点。人们追寻那些最能够用来最大化自身之愉快、最小化自身之痛苦的东西。接下来，边沁将关于实然（is）的描述转化成关于应然（should）的规定：愉快，他写到，必须被最大化而痛苦则反之。我们必须将人们的自我利益转化为责任性的义务以达到普遍的善——为最多数人谋求最大的幸福。愉快的最大化变成一种责任。只有当人们能够做到为了长期的

和更远大的满足而牺牲他们当下的和个别的满足之时，社
会才能被凝聚起来。而正是这一策略激起了拉康的抨击，
他视之为功利主义不道德的“对扩张的嗜好”[32]的根源；
而在相似的脉络中，雅克－阿兰·米勒随后将这一策略描 85
述为功用的“专制主义”的一部分。[33]

我们已然熟知的种种观察直接支持这些对功利主义的抨击。当我们回想到殖民主义曾在历史上伴随功能主义一同兴起，便会明白拉康和米勒所想要说的。我们想起了那些工业化国家推进帝国主义的“广泛善举”“文明化的使命”，以及施予“慈善与人道”的渴望。我们将“国际化风格”描绘为试图以全景的方式将整个世界安置在同一片屋檐下。然而，通过在与之相辅相成的愉快原则当中找到功用的灵活性（use's elasticity）的主动力，对功利主义的拉康式批评超越了这些标准看法。拉康关于伦理的研讨班让我们认识到，在功利主义的命题“功用是令人愉快的”之下潜藏着第二个命题：愉快感具有功用性。正是因为它设想可以

32　拉康，《精神分析的伦理》，第 196 页（翻译有调整）。在拉康的研讨班中，功利主义不仅为视为一种精巧的、仅仅关乎利益（goods）分配的英伦哲学，更是对一种伦理革命最为清晰的表述：19 世纪的这场革命将亚里士多德的伦理观拉下神坛。贯穿本章我所使用的这个功利主义的术语正是在其最宽泛的意义上。

33　J. -A. 米勒，《杰里米·边沁的全景设备》（J. -A. Miller, "Jeremy Bentham's Panoptic Device," *October,* no. 41 [Summer 1987], first published as "Despotisme de l'utile," *Ornicar?*, no. 3 [May 1975]）。

将愉快用来服务于一种普遍的善和社会整体，功利主义变成了（1）一个很大程度上的技术问题，并（2）富有扩张性。

一旦判定人的目标（就是愉快）是可以了解的，功利主义便认为它能够通过这个目标或者动机来调节和操控人。这种认为人本质上可被无限地管理的信念，让功利主义者变成了机器的工程师和设计师，让愉快与他的职责协调一致。而正是这个纠结的信念，困扰着我们此前引用的柯布西耶的那些话。当“居住机器”（machines for living）的设计师认为建筑必须合乎人的使用时，那同时也就意味着，他认为人本身可以配合建筑。功能主义的社会计划（勒·柯布西耶的“建筑或者革命”）与功利主义的计划一样，建立在人根本上是可规范化（ruly）的这样一个理念之上。勒·柯布西耶自己的话准确地道出了功能主义乌托邦议程的前提：“类型（type）可观的延展可能性。”

边沁从一种描述性的心理学中派生出的伦理观，经常被描述为从*实然*中推导出*应然*。那么现在看来更加贴切地说，在功利主义中，*应然*是从*应然*那里推导出来的。无限扩张善举的律令源自人可以按零计数的理念。由于人的本质被定义为寻求愉快，他便变得完全地顺从。因为，一旦他的动机被确立，他的可操纵性也就万无一失。野心勃勃的功能主义的帝国主义，并未预料到自己会遭遇抵抗。因

86

为它的到来肩负着人所想要的——幸福——于是寄希望于 87
它的臣民会投怀送抱。正是因为这个理由，法国殖民主义采取了一种“同化”的政策。

拉康的研讨班不应仅仅被当作一种对功利主义的批判来阅读，它同时也是对那些针对功能主义和功利主义的“自由主义”批评的批判。问题不单纯在于它们自以为是地认为知道另一个人——比如一个被殖民者——想要什么，而只有那个人自己能够知道；也不能说问题在于人（想要的）

多于理性主义的工程师所想到的。拉康的出发点并不是要增添属性、充实对人的描述，而在于说明从某种意义上，人（想要的）要少于乌托邦主义者们想要去实现的。这是因为他从根本上分离于且不能知道什么是他想要的。功利主义者与拉康式主体的差异正是零和负一之间的差异，是介于一个为了自身极大的善（good）而受到驱使、去寻求愉快最大化的主体，与一个对他而言愉快并不能起到指引这种善的主体之间的差异——因为对于后者，这种善是他已然失去的。简而言之，精神分析的主体，从属于一个超越了愉快的原则，并不被驱使去寻求他自身的善。而这就要求精神分析从另一种原则，也就是在死亡驱力原则的基础上，去重新定义它的伦理。弗洛伊德已经从功利主义逻辑的失败中提出了超我的存在。在《受虐狂的经济学问题》（*The Economic Problem of Masochism*, 1924）中，他从一个他特有的、简明又极具冲击力（devastating）的观察出发：如果生命的目的（aim）真的在于获得愉快并避免痛苦，那么愉快原则自身就因此失效（dysfunctional）了，而受虐狂包括支配着我们的伦理行为的“道德受虐狂”也会变得令人费解。这一推论延伸到《文明及其不满》当中，弗洛伊德并没有在某些想要将自身的命运与其他人的命运融合在一起（比如，在所有人的幸福中寻求我们的幸福）的“海

洋般”的冲动[34]之中发现超我，相反，超我存在于我们面 88
对这种冲动时所产生的那可怕的退缩中，以及这种冲动在我们那里所激起的道德厌恶中。

超越好邻人原则

通过重返关于克雷宏波以及他那些摩洛哥照片的讨论，我们同时能最为有效地推进精神分析对功利主义的批判。想一想之前困扰我们的问题：将这些照片解释为对功用的历史性推崇，并不能充分地对其进行描述，还有太多不能被解释的东西。那么到底是什么阻挡着我们的计划？

1924年他在艺术院开设了关于褶帐袍的课程，紧接着克雷宏波发表了首次——同时也基本上是权威性的——对他称为“精神自动性”（mental automatism）的描述。[35]

---

34 关于这种海洋般的感受，最早由罗曼·罗兰在1927年写给弗洛伊德的一封信中提及，弗洛伊德在《文明及其不满》中对此及其引发的对宗教起源的思考做出了批判性的回应。——译者注

35 克雷宏波，《精神自动性的定义》(Clérambault, “Définition de l’automatisme mental,” in *Oeuvre psychiatrique*, pp. 492–494.)。不过，克雷宏波从1919年开始一直在他的教学中详细阐述这个概念，标记为1920年的三个案例研究也发表在他的选集里。此处并不赘言有关这一概念的讨论，但关键之处在于，当整个的精神病学都忙于将精神自动性归咎到精神错乱的各种念头时，克雷宏波却认为这些念头(比如被迫害、疑病等)只是病情的次级效果，是被病状激发的一系列反应。关于精神自动性的颇具启发的一则讨论，参见雅克－阿兰·米勒的文章《案例展示的教学》(Miller, “Teachings of the Case Presentation,” in *Returning to Freud: Clinical Psychoanalysis in the School of Lacan*, ed. and trans. Stuart Schneiderman [New Haven: Yale University Press, 1980])。

他将其视为一种已然发现的对象，但几乎从一开始他就对这个术语感到不妥。有一段时间他将其缩写为“A.M.”，但最终他用了另一个术语：被动性综合征（syndrome of passivity），转而将它缩写成“S.”。然而，如果克雷宏波最初通过这个借来的术语思考他的理论，那是因为在他写作的时代，这个术语主导着法国精神病学的关键概念，而他的思想——无论它有多么偏离他的同时代人——正始于这个概念所征兆的问题。

正如我们已经说到的，在19世纪，心灵在心力或工作的意义上被定义为意志。这一定义颠覆了身体与心灵之间的预设关系。在这之前人被理解为“由一堆器官所效力的智慧体”（an intelligence served by organs），现在则被理解为“由智慧所效力的生命组织”（a living organization served by an intelligence）。[36]这个心灵起初是某种被服务的东西——现在变成了一种功能性的工具。而一旦有了这个定义，心灵就愈发与一台机器类似了，精神病学很快便被怀疑与疑问所困扰，因为它不知道在哪里划分心灵与机器之间的界限。正是这种依然困惑重重的处境使“精神自动性”

36　康吉莱姆，《心理学是什么？》，第44页。考虑到1859年《物种起源》出版的时候，心灵被想象为一种生存斗争中的关键器具，查尔斯·达尔文的作品在这里当然是紧密相关的。

89

成为20世纪前半叶法国精神病理论首要的问题。“自动的”（automatic）一词——意味着“在创造或发明的行动中自发地按照自己的意志而运作”或者“一种全无意识或意志的、机械而不可遏制的展开”——的歧义性所引发的争论近乎在那个时期的理论文章中俯拾即是，而这些争论都不过是为了不至于彻底地丧失心灵——根据它自身的定义。精神病学在对这个定义进行商榷时面对着大量的困难，而这只 90

不过是其中最易为人所觉察的一些信号。[37]

尽管大多数精神病学理论都全力以赴地去试图解决这个困难，并由此产生了诸多不同的立场，但解决方案的主导方向却在于将心灵设想成按照等级那样结构起来的，也因此具有从低到高的张力(tension)和综合能力(synthesizing power) 以及由弱及强的意志。病理性的自动性行为则是由于张力的一次衰弱或是意志的一次失败，导致心灵退化到一个更低级、更松散的运作层次。在那些更低级的层次上，心灵会产生一些习惯性和机械性的反应；而在那些更高级的层次上，则是一些创造性的、充满了意志的反应。这种等级性为精神病学自身提供了一种途径来思考它自我定义的对象："自由的病理学" (the pathology of freedom) 。[38] 自由被视为向前运动的意志的一种根本的也是积极的特性，而意志只有在心智得病并衰退到一种更低

37 例如，可参见 C. 布隆代尔的论文《自动活动与综合活动》(C. Blondel, "L'activité automatique et l'activité synthétique," in *Nouveau traité de psychologie*, ed. Georges Dumas, vol. 4 [Paris: Alcan, 1934])。

38 法国精神病学家亨利・埃(Henry Ey)是这个理念也是其从属的"演化论"精神病学最为著名的倡导者之一。拉康在《关于精神因果性的一些话》(Propos sur la causalité psychique)中攻击的正是他发表在《精神病学与哲学》(*Psychiatry and Philosophy*, ed. Maurice Natanson [New York: Sprinter, 1969])上的论文《关于精神疾病的结构、病情和病因的一种器官 – 动力学解释的大纲》(Outline of an Organo-Dynamic Conception of the Structure, Nosography, and Pathogenesis of Mental Diseases)中所明示的立场。

的能量层次时才会受到束缚。

然而尽管有了这样一种解决方案，精神病学也依然不
那么容易或一以贯之地在有意志的与机械化的运作之间划
清分野——这并不是说在其他地方就会更容易。伴随着他
定义中的工业革命的到来，坚信人不同于（other than）机
器的想法变得不再可能，因此仿真人（counterfeitable
man）——能够被机器所模仿的人——的概念很快就从他
的第一个定义里诞生了。[39] 事实上，在 1950 年阿兰·图灵
就论证了如果从该定义出发，我们自然（axiomatically）便 91
可设计出一个游戏，而它将证明人与机器之间的差异是不
可察觉的[40]。

一个简单的道理在于，从人开始屈从于根据用途来再定义自身的时刻起，他也就屈从于一个创伤性的事实，那就是这个定义将不可能明确且毫不含糊地将他框定（enclose）。在某种程度上，他逃脱了定义。在功利主义符号世界的中心，打开了一个缺口、一个洞，通过那里，人至少是部分地逃脱了。如果说在 20 世纪前半叶，我们与

39 参见 H. 肯纳，《仿真人》(H. Kenner, *The Counterfeiters* [New York: Doubleday, 1973])。此书为这一主题提供了极为生动的阐述。

40 图灵文章的目的之一在于暴露出“机器能否思考？”的问题是毫无意义的，由于人被按照他所做的而不是他所想的来定义，那么，从是否有能力思考的角度来对人和机器进行比较的意义何在呢？

技术之间关系的特征是一种反复无常的爱恨交加，这并不仅仅是由于我们所熟悉的那个原因，即技术既与进步联系在一起，也——经由战争、工业和铁路事故等——与破坏联系在一起。人与机器的概念的创伤性碰撞从人的存在中夺去了什么，我认为，技术开始被符号化为人的完全同一性（complete identity）的不可能性的具体体现。技术具体化了人的局限，并不仅仅因为它在实际的事件中所扮演的角色——以一种更主要的方式——而更是因为它干预了人对自身的理解。[41]

正如在这里一样，尽管这个理解的根本失败总是依附于历史性的偶然条件，但它是一种结构上的必然性，正如弗洛伊德在《文明及其不满》中所说的，正是它使功利主义的计划所遵循的原则从根本上变得无效。面对功利主义者的道德命令“爱你的邻人正如爱你自己”，弗洛伊德的反应是公然的、不加掩饰的不解，以及“惊讶和迷惑不解”的感觉——“为什么我们应该……”[42] 我们不应该将他的这

41 A. 胡赛恩在《荡妇与机器：弗里茨·朗〈大都会〉中的技术与性存有》(A. Huyssen, "The Vamp and the Machine: Technology and Sexuality in Fritz Lang's *Metropolis*," *New German Critique*, nos. 24–25 [Fall/Winter 1981–1982])一文中已向我们展示，在 18 世纪机器人被看作对人的天才的赞颂，而在 19 世纪的文学中，它们却被当作对人的存在的威胁。正如胡赛恩所说的："不难看出，这一文学现象反映了人本质的持续技术化，以及人类身体在 19 世纪早期达到的一个新阶段"(第 225-226 页)。

42 弗洛伊德，《英文标准版》，第 21 卷，第 109 页。

个反应错误地理解为利他主义的缺乏。弗洛伊德毫不迟疑地同意边沁的看法，认为我们基本上都是利他的，我们都情愿为大他者做出牺牲。但大他者会愿意为我们做出牺牲吗？正是在这个问题上精神分析的伦理发生了转向。

但在《文明及其不满》中，这个问题并未以一个空白之处、一个简单的空缺而存在于我们的理解里，它被一个令人震惊、使人厌恶的形象所填充——一个邪恶的、迫害 92
性的邻人的形象，它为了自己的快乐残酷地对待我们。弗洛伊德告诉我们，这个邻人就是我们的超我，我们道德律法的施虐来源。他因而打碎了所有我们关于一种仁爱的、公正的律法的形象——这种律法废除各种暴力行径并推行善举；而替代它的则是一种随心所欲的、任意性的破坏原则：它被边沁以不道德（unprincipled）为名彻底宣布为非法。根据精神分析的观点，道德秩序之所以建立，并非是基于我们牺牲愉快而去服从某些理性或有同情心的命令，而是因为我们在超我所煽动起的享乐（jouissance）[43]——一种没有限度且具有侵凌性的享乐——跟前，在它的暴力和淫荡跟前退缩了。在“爱你的超我正如爱你自己”的诫命面前退缩，并没有使我们像打开了闸门那样去攻击或者

43 福柯派强调“煽动话语”（incitement to discourse）正出于对这一关键命令的遗忘。

去享乐；相反，这种退缩针对它们树立起了一道屏障，并使我们的欲望对象变得遥不可及。[44] 随之，在与超我的对抗之中，我们坚持将自身与我们的存在之中这个不可理解的部分相分离，而不是向它屈服。换句话说，我们坚持延宕与我们自身的冲突。而精神分析唯一的道德信条便是：不要放弃（surrender）你的内在冲突和你的分裂。[45]

这是一种十分独特的对道德律法的描述，而为了理解它，我们只有继续阐明它与功利主义之间的对立。我们或许太过仓促地忽略了功利主义对随心所欲（caprice）的拒斥。先回想一下杜兰举的那个篡改古典雕塑的例子。某人觉得这颗头颅比那颗更讨人喜欢，那么就把它们换一换；欣赏四肢中某一部分的形式，便将它翻倍，比方说造一个有四条胳膊或四条腿的雕像，正像杜兰说的那样，创造一个“怪物”。在这里被拒绝的是什么呢，而拒绝的依据又是什么？清楚的是，这里出现的厌恶情绪是根源于一种无常的不稳

44 根据拉康对欲望的定义，欲望的根本要求就是不被满足，因而引起欲望的（即欲望的原因）就不可能是一个实体，而是使欲望不断持续、能指链不断滑动的那个独特的“客体”，即拉康术语里的 objet a。——译者注

45 拉康常常被人误解的话“the only thing of which one can be guilty is of having given ground relative to one's desire”（《精神分析的伦理》，第 314 页）意在说明，对无意识负疚感的体验只在于我们在欲望的问题上做出了妥协或者让步，但这并不意味着拉康因此要我们“坚持你的欲望！”，相反，正因为我们存有的根本分裂，正视欲望不可满足的本质才是精神分析的伦理，而放弃欲望或以满足来扼杀欲望都是这种伦理的反面。——译者注

定性，不仅出于一种改变形象的任意性，一种我们已然熟识的形式突然间被始料未及地篡改的可能性，也是出于改变了的形式自身产生的不平衡效果——它对古典比例的破坏以及对四肢“不公平”（不精确和不恰当）的分配。那 93
么是什么导致了这种可怕的不和谐呢？一种自由而不受约束的意志。而潜在的假设则认为听凭个体的意志会导致社会的无序化。于是，伦理就成了将许多人的平等——他们个体意志的自由——与社会的均衡相调和的问题。

为了解决这一伦理难题，便提出了互惠性作为唯一的办法。杜兰的举例暗中依照身体性形式的对称性来保证互惠的正确性，它同时也有赖于假定存在着一种对古典雕塑价值的常识性认识，因此似乎在客观上比任何其他混杂了个人怪趣味的形式都更加可取。与之相似的是，边沁在《道德与立法原理导论》（*An Introduction to the Principles of Morals and Legislation*）中也认为，随心所欲相比于功用是一种更低级的原则，因为只有功用是遵从公共讨论和验证的；而随心所欲却取决于无根据和不可讨论的趣味。边沁和杜兰所设想的共同体是主体间的秩序，由相互分享和交流一系列客体而联结在一起，包括语言、观点、财产、服务以及——最臭名昭著的——女人。因此，事实上，克劳德·列维－斯特劳斯也使用了一个相同的现代伦理模型。在他对亲属关系的著名分析中，他将乱伦禁忌设想为某种功利主义式的律令：为获得外婚制（exogamy）带来的更大愉快，男人必须放弃内婚制（endogamy）的即时愉快，而他所牺牲掉的东西将给他带来稳定的回报。

精神分析反对这种伦理模型，这根源于它对作为社会基石的乱伦禁忌有着非常不同的理解。并不像功利主义那样，为被禁止的愉快附加了一系列的犒赏——扩大了的亲属关系、女人们、财产、贸易渠道、住房单位（Unité d’Habitations）、新定居点（Seidlungen），[46]以及幸福本身——精神分析将禁令从任何愉快的承诺中剥离出来，彻底清理了伦理之域，将所有好的事物都一扫而空。精神分析的禁
94 令不以奖励作为牺牲的条件，人们必须无条件地服从于它。因而，愉快在保障人们服从道德律法的问题上毫无用处。

对精神分析而言，关键之处并非在于个别主体在事物（things）的偶然领域中所达成的互惠关系，而在于主体与其崇高的、不可接近的原物（Thing）之间非对等的关系，原物就是主体中超出主体的部分，也就是它被压抑的欲望。

46　Unité d’Habitations 是勒·柯布西耶设计的一种半公共的住宅设施；而 Seidlungen 是一种给工人们设计的综合性居住设施。

对道德律法来说，居于核心位置的女人的形象并不是将要用来交换并因此纳入更大社群的那个女儿，而是根据禁令始终对主体而言不可接近的那个母亲。换句话说，道德禁令所指向的是一个不可能的客体（而不同于在功利主义中那样，指向一个有可能被占有的实际的客体），也就是母亲，而她之所以是不可能的，是因为她已经不可触及。正是因为这个好的客体是一个已经失去的客体，而欲望也已然被压抑了，律法才禁止主体去接近它。这意味着被压抑的欲望是道德律法的原因，而不是其结果。主体并不是在为了赢得社会提供的犒赏的激励之下才放弃了自身的欲望，主体并没有屈从于这些"病理性的"动机而放弃自身的欲望，相反是维系住了它。精神分析的施虐狂式律法，根本不提供给主体任何好处，而只提供更多的折磨，以及进一步延长的、与其欲望对象的分离。

在这种对精神意志（psychical will）观念的解释中到底发生了什么？精神分析不再将意志理解为一种受制或对立于外在社会律法的、纯粹积极的力量，而是一种律法总是已然内在于其中的力量。规范道德秩序的并非个体意志与社会化世界之间的简单对立，而是内在于意志自身的对立，通过这一对立，意志对抗着自身的满足。这是一种病态的

95

意志，但它的病态性却并非偶然的而是本质性的。在这里我们并没有重新与演化心理学的观念达成一致，在后者的“自由的病理学”中，出于某些意外，意志的基本自由遭到了限制。

96 偶然的原因和条件不仅时常触犯到自由，同时也规定着它，而精神分析对这种观念持怀疑态度。因为，这里所说的自由总是被理解为主体从自身的最佳利益出发而行动的能力，但这种利益总被一些具体的情境所决定。而这种自由本身则被精神分析的意志概念给重新概念化了：主体唯一的自由正在于它的一种能力，即*不顾及*（disregard）所有的情境、原因和条件，以及所有其行为可能导致的奖励或惩罚。主体并非通过“选择”自身的好处来决定自己（一种幻觉性的自由，因为是好处在决定着选择而非主体），而是通过选择不被自身的利益所激励，并因此通过对抗自身的好处而行动——乃至走向自身的死亡。

从上述讨论中可以明显看出，弗洛伊德并不是第一个从这种否定的角度（in this negative way）`去定义伦理主体之自由的人，而这种自由意味着抵抗愉快原则的诱惑并服从于死亡驱力的法则。康德是精神分析的开路者，因为他将道德律令放在一个根本上超越现象的领域之中，从而将主体分裂在两个领域之间：一方面从属于历史条件的决定，另一方面则不。不过，他又从某种程度上再度封闭了这个他曾如此引人注目地开启的缺口。他正确地将绝对律令（categorical imperative）当作一种陈述（statement）来看待，却由于忽略了陈述的发声部分（enunciating instance）而削减了语言的法则。当功利主义认为我们必须按照所有人都能从中受益的方式来行动的时候，康德却认为我们必须遵照相反的方式。事实上，精神分析告诉我们，有人——大他者——总是会从我们牺牲掉的享乐之中受益，并且得到的总是我们失去的东西。根据这一论点，精神分析意图复原超我性大他者作为律法发声者（enunciator）的职能，并重新恢复康德立场所企图驱散的主体之分裂。当我们抹除了一个陈述中能述的痕迹，陈述便因此显得仿佛从天而降，此时它的接收者就能够借此占据那个空出的发声位置：接

97

收者将它自身作为陈述的来源。这正是在康德那里出现的 98
问题。他假定道德主体所听到的良知的声音是它自己的。[47]

为何精神分析要坚持揭露这个残酷的发声者、施虐狂式的超我、言说着道德律法的人？因为它希望证明，听见这种声音中所包含的他者性并与之保持距离，对我们而言具有伦理上的必要性。精神分析所坚持的永远都且只有主体的这一分裂，这是因为在否认（disavowal）它的基础上试图建立伦理不仅是错误的，而且（更重要的）是不道德的。而建立在最大化幸福这一原则基础之上的功利主义伦理，正是这一拒绝的产物，它也造就了某些对我们的邻人所做的最为暴力的侵犯。

幻见和恋物

在一篇论述严谨的、关于“核崇高”（The Nuclear

---

47 我对康德与弗洛伊德的这个比较基于拉康的论文《康德与萨德》(J. Lacan, “Lac with Sade,” trans. James Swenson, *October,* no. 51 [Winter 1989])。埃米尔·本尼维斯特对历史与话语的区分强调了拉康的提醒：绝不可忽视道德律令的话语本质。而这种区分对电影理论的影响则是：“如果说传统电影倾向于压制能述主体(the subject of the enunciation)的所有迹象，这是为了让观者感到他就是主体自身，……一种纯粹的看的能力。”参见 C. 麦茨，《想象的能指》(C. Metz, *The Imaginary Signifier* [Bloomington: Indiana University Press, 1982])。在《论政治权力与意识形态机制》(S. Žižek, “Sur le pouvoir politique et les mécanismes” , *Ornicar?*, no. 34[1985])一文中，斯拉沃热·齐泽克运用拉康的这一区分来定义意识形态。

Sublime）的论文[48]中，弗朗西丝·弗格森处理了我们在这里涉及的同一组关系：一边是平等主义——它推动了对所有权关系进行扩张的功利主义要求；另一边则是主体和一个“外亲”（extimate）[49]的客体——这个客体在主体之中但同时又超出它——之间的崇高关系中所包含的审美 / 伦理。作为她论证的一部分，弗格森为玛丽·雪莱的小说《弗兰肯斯坦》提供了一个精彩的读解，在文中她认为要理解小说中对崇高怪物的创造必须结合背景中维克多·弗兰肯斯坦的家庭及其“博爱的领土帝国主义”——还有越来越多的、持续融入家庭中的监视。基于这个认识，弗兰肯斯坦的创造似乎体现了他想要建构一个不能被分享的客体的尝试，而这个不可流转（inalienable）的客体仅仅取决于他的意识并因此证明了它的独特性。换句话说，创造这样一个怪物昭示了一种不满，而它正来源于一个过度拥挤的世
99 界，这个世界被加诸了“劳动和功用”的局限性，并在 19 世纪到达了一个顶点：“人的权利”极大地扩张，以至于“维克多似乎认为，由于他的权利和自由不得不被分享，

48 F. 弗格森，《核崇高》（F. Ferguson, “The Nuclear Sublime,” *Diacritics* [Summer 1984], pp. 4-10）。尽管我不同意她在此处的意见，但这的确是一篇十分出色的论文。

49 来源于术语“extimité”，米勒用它来形容主体与其被压抑的欲望之间那种内在而非私密（nonintimate）的关系。

他的同一性（identity）因此衰退了”。“个体自由的理念变得退缩不前，因为它似乎受到了过度的挤压，无以应对摆在它面前的各式各样的要求”，[50]弗兰肯斯坦逃出了这个由功利主义价值所孕育的、令人幽闭恐惧的世界，并在“自我确认的崇高梦想”中寻求庇护。从更广泛的意义上，弗兰肯斯坦的道路是范式性的。在19世纪过度拥挤的哥特世界——建立在所有权关系之上的主体间世界，崇高变成了一种逃离。

跟随弗洛伊德，我将提出一个与上述相反的观点。真正从被“劳动和功用”所统治的19世纪（以及20世纪）中退缩的——首要地——并非是与邻人的亲近，而是道德律法的原则基础，曾经它必须建立在对大写邻人（the Neighour）的畏惧之上。换句话说，规定了功利主义的社会图景的，恰恰是想要逃脱超我所强加的崇高律法、躲避病态意志内在律法中那令人难以忍受的严酷性的企图。在19世纪出现了一个乌托邦社会的幻梦，在那里所有的交换关系都将是和谐和普遍的，而这个美梦正用来回避承认个人主体与它可怕的、超我性大他者——大写邻人——之间那失败且不被允许的关系。功利主义没有畏惧自身中那个

50 F. 弗格森，《核崇高》，第8、9页。

淫荡/崇高的部分，而通过正式地拒绝承认它的存在，并抹除对其自我对抗性（self-contesting）的厌恶，以此确立自身。

从 19 世纪一开始，我们就已经经历了主体间的幽闭恐惧症（在我们的意义上）的持续加剧，但值得讨论的并不在于这个观察本身，而是对这一社会地狱起源的描述。因为，如果说个人权利的不断增多使这个世界变得窒息般的过度稠密，那并不能归咎于其他主体性在数量上的净增，而在于这些权利定义主体的方式。

100

在这个问题上，重返瓦尔特・本雅明的论述将对我们有所帮助。在 1930 年代，他将一种对空间紧缩的现代感知归结为光晕的消逝。起先本雅明似乎在赞颂这一消逝，他将光晕定义为“对一种距离——而无论与（一个客体）靠 101
得有多近——的独特显现”[51]。因为丧失掉的距离可以被看作某个事物较诸其他事物的优先性和权威性，而这种丧失成为一个新时代到来的信号，人们寻求事物间的普遍平等。赞颂光晕的消逝就是去拥抱一个新的伦理秩序，它不同于以往那样建立在一个主人 / 侍从的模式之上，而是基于一系列个体的平等和主权。

然而清楚的是，从一开始本雅明就对光晕性特质的消失抱有一种矛盾的情感，他希望它能以某种方式复归。通过他对“视觉无意识”（optical unconscious）的见解——它证明了在摄影照片、电影和人的背后存在着某些超出它们的事物——他重新开始为客体找回它的光晕、它的距离。而在对尤金・阿杰（Eugène Atget）摄影的描述中，他的矛盾态度显得尤为鲜明。他赞赏这些照片将客体从光晕中解放出来，同时又准确地抓住了空的场所在这些照片中的力

51 W. 本雅明，《摄影小史》(W. Benjamin, “A Short History of Photography,” *Screen* 13, no. 1 [1972], p. 20.)。

量，并将其归因于它们所占据（possession）的光晕。他将这些空间比作犯罪现场以及某些藏着罪咎的秘密所在。值得注意的是，这些照片中并不包含任何犯罪的证据，但正是因为它们是空白的，所以才是证据。这种欠缺并没有减轻我们对犯罪的怀疑，相反，它其实是怀疑的来源，或者换另一种方式说，是这些照片中证据的悬置而非悬置的证据把我们抓住了。本雅明认为阿杰的摄影实践是典范性的，并且恰如其分地定义了摄影师的使命，他如此说道："在他的照片中……揭露了内疚（guilty）。"[52]

因此本雅明召唤的是一种刻写，用拉康的话，就是一种符号性关系。如果不是拉康所揭示的现象，本雅明描述的又能是什么呢："对一台机器来说，任何没能按时到来的事物就算是半途而废了，它没有任何意味。但对人来说情况就不同了，人持续进行着对节奏的分析（scansion），而任何没能按时到来的事物都将维持悬置状态。"[53]通过语言，人类主体相对于这个世界保持了一种符号性关系，这意味着主体能够相信一种超越（exceed）了所有迹象的

52　W. 本雅明，《摄影小史》，第 25 页。

53　J. 拉康，《弗洛伊德学说与精神分析技术中的自我》（J. Lacan, *The Ego in Freud's Theory and in the Technique of Psychoanalysis*, ed. J-A. Miller, trans. S. Tomaselli [New York: W. W. Norton, 1988], pp. 307-308. ）。

102

真实。如果一个朋友没有在约好的时间出现，我们会等待 103
她并琢磨她到底在哪儿。我们的等待并不依赖于她存在（existence）的先在证据，并不是经验性的证据——而是符号性的——赋予了她稳定性，从而使我们在没有她在场迹象的情况下期待着她。当帕拉西奥斯在墙上画上一块幕布，从而诱使宙克西斯想要知道在幕布的后面有什么的时候，他就证明了这个事实：我们并不需要关于某物的证据才能去预感它的存在。凭借符号关系，我们得以在直接展现的

证据面前保持一定距离，并假定真实界也已然在其中被隐匿了。[54]

正是这种符号性关系——这一光晕，或者说距离——在 19 世纪出现了衰退。为什么呢？因为功利主义的主体定义宣称，主体实际上等同于它的踪迹（traces），而这些踪迹可以从它的用途或功能当中被完全地把握。这不仅起到了使社会民主化的作用，也暴露了“模拟”（simulation）。[55]

那么，功利主义定义的先决条件不仅仅——正如那些对它的常见批评——在于取消主体的*内在性*（inferiority），而更准确地说在于取消主体*内在的匮乏*，或缺陷。正如我们已经看到的，功利主义并非与一种内在意志的观念互不相容，而真正与之不能调和的，是一种可能会阻碍自身、阻止自我实现的意志观念。功利主义首先要逃脱的，是被压抑的欲望——说到这个，也就是阿杰在现场为

---

54 “真实界在其中被隐匿”，意味着主体总会产生一种关于深度的错觉，像宙克西斯那样总觉得真正的画在画布之后。这引申出拉康在第二期研讨班中的名言“并没有比表面更深刻的东西，因为在它之外并没有什么更深层的了”（J. Lacan, *The Ego in Freud's Theory and in the Technique of Psychoanalysis*, ed. J-A. Miller, trans. S. Tomaselli [New York: W. W. Norton, 1988], p. 153.）。拉康同时也强调，精神分析要关注的是文本本身，即能指，而不在于揣摩文本“背后”作者的意图。本书作者反复重申“按字面来对待欲望”也正是此意。——译者注

55 G. 康吉莱姆，《心理学是什么？》，第 46 页。

之而拍摄“取证”的罪行——因为它们并不存在于主体的内疚感（feeling of guilt）中，也不存在于那些照片里，尽管我们清楚地注意到它们的效果。欲望和犯罪都被回溯地看作产生这些效果的原因，却不存在于任何已实现的形式当中，所以，这种原因 / 效果的关系并不是索引性的（indexical）——换句话说，这种关系并不是某种存在性的（existenial）。这样的一种因果关系是功利主义所不能弄清的，因为功利主义只能在每一种事实性的证据中看到某种实际存在的原因。

因此，对主体的功能性定义同时也将主体界定为一种
积极地朝向实现和自我确认的纯粹驱力。所以，当弗格森 104
将朝向崇高的逃亡形容为奔向自我确认的逃亡时，她使崇高与上述功利主义的定义同质了。崇高并不像她认为的那样是逃离幽闭恐惧症的途径，而是它的原因。幽闭恐惧症或者光晕的衰退不仅是因为根据用途来进行定义——通过将客体等同于在其踪迹中的呈现——导致了我们与真实界的距离缩减，同时也是因为被主体内在地否认的内疚感开始浸透它的周遭环境。因为我们并没有在这些空荡荡的场景中发现罪咎，于是场景本身就变成有罪的了。仅仅因为它们的外在，存在于主体外部的事物就威胁到驱力绕行的

完成。[56]

从 19 世纪对乌合之众的恐惧症，[57] 到今天我们因为被动吸烟所带来的危险而感到的忧虑（弗格森恰如其分地强调了这一点），我们能清楚地看到，符号性关系的历史性恶化迫使环境——包括围绕着我们的空间、人与事物——担负起现代主体所不再内在承担的压力。我们感受到来自其他人的压力，正是因为他们是这个环境的一部分，而不仅是因为他们是他人。从 19 世纪开始兴起的历史主义、生物学主义和唯社会学论都昭示了这种现代疑病——甚至可以说是妄想症，人们怀疑环境掌握着某种腐蚀我们的权力。

不过悖论的是，这种结构性的怀疑似乎支持着最大化愉快、普世化主权和个人平权原则的功利主义幻见——总怀疑在某个地方该原则没有得到履行。在幻想社会关系能够达成完美互惠性的同时必然包含了一种对产生这一幻象的原则的否定。从结构上必须假定有某个人——他者——通过对自身意志的主张而与这个原则相对立。功利主义体

56 根据拉康在中后期研讨班为解释驱力运动提供的拓扑图示，为避免误解，故如此翻译原文的“the subject's drive towards fulfillment”。——译者注

57 对乌合之众的恐惧及研究的发展与功利主义相辅相成。R. A. 奈的《乌合之众心理学的起源：古斯塔夫·勒庞与第三共和国大众民主的危机》（R. A. Nye, *The Origins of Crowd Psychology: Gustave Le Bon and the Crisis of Mass Democracy in the Third Republic* [London and Beverly Hills: Sage Publications, 1975]）为这一时期提供了一个不错的历史概貌。

105

系只能通过这样的假定来构建自身，它对总体性的设想只能通过在自身中纳入一个赋予其不可能性以实证形式 106
（positive form）的要素。而这一要素就是他者的积极意志（positive will），用精神分析的术语来说，这便是功利主义的症候。[58]

58　在《作为症候的女人》(J. Rose, "Woman as Symptom," in *Sexuality in the Field of Vision* [London: Verso, 1986])一文中，杰奎琳·露丝以同样的方式分析了电影机制如何通过纳入女人来闭合自身。

这种症候在一种被广泛记载的幻象当中最为清晰可见。在这种幻象中，殖民地服饰是色欲化且专制性的。因为，当功利主义宣布放弃无用的享乐而只许可功能性服饰的时候，当衣物整体代表了最大幸福的时候，在边缘处就出现了一个幻觉般的形象——它被覆盖和遮蔽在衣物之下——而其存在，构成了一种威胁，侵扰着我们的意识。我们有数不清的关于这种幻见的见证，还有无数的叙述，它们既隐含着迎合西方目光的、对殖民地服饰的独特迷恋，也包含着帝国主义那独特（singular）的努力——它持续地想要揭开遮盖在其殖民地邻人身上的那些面纱。[59]

对于这种努力，人们给出了许多自相矛盾的解释，从人道性的到策略性的。然而没有哪种理性的解释能够说明这种幻见，因为要理解它只能将其视为被功利主义否定的缺失的实证性象征（bodying forth）。这一幻见的核心在于一种被假定的过剩愉快，在宽大长袍的掩盖下，殖民地主体得以暗中享受这种无用的享乐。[60]而每一次揭开

59　其中两个最具说服力的见证分别来自 F. 法农的《裸露的阿尔及利亚》(F. Fanon, “Algeria Unveiled,” in *A Dying Colonialism* [New York: Grove Press, 1967])和 F. 梅尔尼斯的《面纱之下》(F. Mernissi, *Beyond the Veil* [Bloomington: Indiana University Press, 1987])。

60　这里也可对世界范围内正在愈演愈烈的伊斯兰恐惧做出某种解释。对一个从根本上否定内在缺失(不仅仅是主体的)和冲突本质的全球体系而言，伊斯兰他者(的想象)从结构上是必需的。——译者注

遮盖物的努力都清晰地作为对这种享乐器张在场（bloated presence）的宣战，正因为它无法被纳入普世的计划当中。被袍服遮掩着的殖民地主体那幻象般的形象难道不正是超我客体化之后的服装形式吗？生活在功利主义计划实际边缘的殖民地邻人们，不正是这个被功利主义所抛弃的、淫荡的超我式邻人（the Neighbor）重返的形式吗？

对我们而言，最后剩下的是思考这种形象与克雷宏波的摄影图片之间的关系。是这样一种关于殖民地服饰的历史性幻见在支撑他拍摄吗？正如它们中的一些似乎在暗示

107

我们，在这些照片中，我们所看见的衣服难道不是由它遮掩的方式——而非它的功能——所定义的吗？它遮盖住我们所不可企及的（inaccessible）一种快乐。我们有理由相
108 信是这样的，而我们在克雷宏波的作品中发现的正是这样一种幻见的雏形。

克雷宏波对衣服的兴趣，并不单纯是民族志意味的，它亦有着临床上的关切。在对精神病学的研究过程中，他注意到一些女病人表现出一种特别的对衣服的激情。在这些观察的基础之上，他单独列出这种激情以作为一种确定的临床整体：确切地说是一种女性的性倒错，这在许多方面都类似于男性的恋物癖倒错。然而，克雷宏波非常肯定地说明了为何这两种性倒错不应该被等同起来，并因此说明了它们的根本区别：对男性而言，恋物癖体现了一种"对异性的歆慕"，并由此引入了一整个与异性相结合、相爱的幻见；而女性性倒错对衣服的激情则根源于对这一幻见的拒绝。这种性倒错的缘起与持续都与相互结合并分享爱的梦想无关。"独自啜饮美酒的美食家又怎还需要别的幻想"[61]，女人沉浸在衣服中——是为了衣服本身，而不是为

61 克雷宏波，《女性中对衣物的色欲激情》(Clérambault, "Passion érotique des étoffes chez la femme" [1908], partially reprinted in Papetti et al., *La passion des étoffes*, p. 34.)。

了它可能带来的与异性有关的任何想象性的关联。对衣服的激情并不是因为它与一个男性欲望对象有任何存在上或符号性的联系。

换句话说，克雷宏波将这种女性对衣服的激情视为自私的。这种性倒错仅仅利用衣服来获得高潮式的愉快，而这在保障男女共同幸福方面被看作毫无用处。正是出于这个原因，克雷宏波将这种性倒错命名为一种非性的恋物癖（asexual fethshism），在它那里找不到一种性的关系。

这难道不是一种殖民主义幻见经过修正后的临床版本吗？衣服像障碍物那样阻挡了与一种剩余的性存有（surplus sexuality）的结合。这种症状不就是那个例外吗？剩余的性存有使功利主义对互惠关系的美梦成为可能。而克雷宏波的照片展现给我们的难道不正是这样一种幻见吗？我想先简单回答：是，但也不是。尽管这个幻见为这些照片提供了历史性基础，但我认为我们在其中发现的并不单纯 109
是这个幻见的另一版本，而恰恰是对这个幻见的颠倒。因为这四万张照片专注于一个被严格遵循的客体选择——衣服——它背弃的不单纯是对衣服的幻见而是对它们的恋物化。不过，我们又是如何得出这样一个区别的呢？

弗洛伊德曾对官能症和性倒错之间的差异做出一个明确甚至过分简要的界定。他说，官能症是对性倒错的否定（negative）。或许拉康正是根据这个界定将官能症幻见从性倒错那里区分出来：性倒错，他说，是“一种幻见的反向效果。[在性倒错的情况中]主体在遭遇主体性分裂之时将自身定义为客体”。从幻见公式出发：$\$ \diamond a$，其中，分裂主体（$\$$）按照某种（特定的）关系形式来面对一个客体（a），那么我们便很容易从中得到针对性倒错的公式：$a \diamond \$$。不过这是什么意思呢？

在幻见中，主体与它欲望的对象－原因（a）建立了一种关系，从而“预先规定”（presentifies）了它的缺失。尽管这一缺失被呈现在一个外在化的形式之中并再现了一种对主体内在不可能性的误认（misrecognition），然而，主体毕竟是在与这一客观缺失的关系之中建立自身的。比如，在殖民主义对服装的幻见中，功利主义主体发展出一种欲望，它想要去看藏在面纱后面的东西，或者，想要制止面纱所隐藏的过剩快感。

然而，性倒错者却完全拒绝了对自身缺失（甚至包括存在于外在形式当中的缺失）的认识。性倒错者将自身放置在一个“永远也不会失去有关知识，特别是有关爱和色情的知识”[62]的位置上。又或者像弗洛伊德对其中一种性倒错者的描述，“其他人费尽心机想要争取的东西对恋物癖者而言是轻而易举的”[63]，因为他对爱、对大他者想要什么都十分明确。性倒错者将自身置于真实界中，那是唯一一个没有缺失的地方，唯一一个有确定的知识的地方。也就是说，他没有将自身放置在与对象 a 的想象形式的关系中，而是将自己放置在对象 a 的位置，即它的真实形式中。

110

62　J. 克拉弗赫勒，《一对性倒错夫妇》(J. Clavreul, “The Perverse Couple,” in *Returning to Freud*, p. 224.)。

63　S. 弗洛伊德，《恋物癖》(S. Freud, “Fetishism,” in *SE*, vol. 21, p. 154.)。

当官能症主体在幻见中将自身想象为完整的时候，它就在与双重形式的——想象的和真实的——对象 a 的关系中发生了分裂。而性倒错者则通过使自身成为分裂的中介
111 （agent）从而将分裂规避在自身之外。这就是为何弗洛伊德声称，恋物癖“尤其适合”[64]我们来研究防御过程中的自我分裂，因为性倒错在一个平面上延展（ex-planes）并呈现了他的分裂，从而顺其自然地将它展示给分析师。“尽管我很清楚地知道，但（我）依旧如故……”（I know very well, but the same [I]…）——这里暴露在我们面前的是这个陈述（statement）中两个分裂的“我”（I），但我们看不见的是其中的发声位置（enunciative position），也就是将自身安全地置于这一分裂之外的性倒错者。举一个另外的例子：如果一个中国男人毁掉妇女的双脚（指缠足）又同时崇拜它们，那是因为是脚在承担着这种分裂的记号，而不是他本人。

我的论点是，在拍摄那些照片的时候，克雷宏波并未一直将自己当作一个殖民主义主体来面对这种客体化其自身缺失的形象。有时他同样将自身作为大写的摩洛哥他者

64　S. 弗洛伊德，《精神分析大纲》（S. Freud, “An Outline of Psycho-Analysis,” in *SE*, vol. 23, p. 203. ）。

的凝视（在这里绝不能在心理主义的意义上将这个案例理解为对某人的邻人产生共情感或同情心。我们首先应该想到这个摩纳哥邻人是一个结构上的假定 [supposition]，而不是一种理性的或富有同情心的推定 [presumption]。其次，是一种对缺失的否认 [disavowal]，而不是一种"博爱"的感觉促成了性倒错的位置）。他进入了一种与这个大他者的共谋关系，通过拍摄衣服来满足其凝视，从而使自身转变为大他者享乐的工具。

克雷宏波明确知道哪种衣服是大他者所偏好的：它通常是丝质的，但这不是出于任何那些丝织物所固有的"内涵"价值，而是因为它的僵硬（stiffness）。僵硬、坚固，这些才是一直被欲求的特质。克雷宏波曾经写下他对北非人的倾慕,就因为他们在清洗衣服之后将它们随意地放置，任由它们变得风干而僵硬。[65] 这种倾慕也同样明显地表现在他的照片中，因为我们从来看不到有哪件衣服勾勒或显现出身体的轮廓，也没有哪件衣服在精细地润饰着它的穿着者并因此具有符号上的色情意味，相反在他的镜头下，这种衣料最大的特征正在于它那僵硬的构造。

---

65 勒纳尔，《特殊看护收容所主任医师克雷宏波自杀》，第 63 页。

112 

113 从那个被假定的摩纳哥大他者的角度，也就是从这个倒错的、恋物的位置上看，照片中的衣服并不是（正如它在幻见中那样）欲望的对象－原因，它并没有召唤我们去窥探在它后面的东西，或去想象被它隐藏的某种丑恶的享乐。这就是为何这些照片中没有哪张揭示了它的人物，或者确切地说是没有哪张照片是针对人物而拍摄的。在这些照片中没有——或者说极少有——幻见存在的空间，也就是说，这些人物并没有暗示出一个虚拟的空间。它们也并不许诺帮助我们在未来获得一种知识。准确地说，这些照片是从一个空间中被切除（cut off）下来的，而这个空间只有在衣服占据着对象 a 位置的情况下才会诞生。衣服不是被呈现的缺失的形象，而是一个坚固的在场，一个抵制缺失被确认的屏障。如果这个倒错的旁观者在这些图像跟前一直保持着迟钝，那并非是由于他在认知意志（will to know）上的失败；相反，是对失败的拒绝，即对主体性的拒绝将这个性倒错者变成了一个惰性的客体，并完全献身给大他者意志的满足。

然而作为恋物的摄影师，如果说克雷宏波放弃接受其主体性分裂的话，他已然——以典型的性倒错方式——通过这些照片，使自身成为这种分裂的中介。那么谁——或者什么——成为这一分裂的主体呢？为了回答这个问题也为了避免潜在的误解，我们有必要回顾弗洛伊德曾多次做出的告诫：除了在某些"非常微妙"的案例中，[66] 恋物的建构本身并不能揭示出主体对缺失的确认和否定——这二者是同时发生的。这一分裂往往发生在产生恋物对象的否认（disavowal）和使主体能够将它放到一旁的承认（avowal）之间。我们看到在克雷宏波的这些照片中，这一分裂恰好出现在服装图像的两种状态之间：一方面它们是被恋物化的；另一方面它们又是"非恋物化"的，并被用来阐明这些衣服在功利主义构造上的各种特点。

我正想说明的是，这些照片所平铺、展示给我们的，

66　S. 弗洛伊德，《恋物癖》，第 156 页。

114

正是功利主义幻见自身。正如我们已经提到的，这个幻见最终是由一个假设所支撑的：有一个享受着某种无用快感的大他者。而我们会说，在保障并维系功利主义的诉求
115 （effort）的意义上，这种无用的快感就变得有用了。换句话说，在功利主义的幻见中，当大他者的快感被回溯性地当作主体欲望的原因时，这种快感也以“非常微妙”的方式被确认 / 否定了。这一同时发生的确认 / 否定正是使幻见主体分裂的原因。

然而在克雷宏波的这些恋物癖照片中，大他者的享乐仅仅是被确认了，克雷宏波作为旁观者却并未从中受益。因为这些照片像所有的恋物对象那样，“被打上了无用的封印”。[67]恋物建构的全部出发点在于满足大他者，而不是

---

67 J. 克拉弗赫勒，《一对性倒错夫妇》，第 226 页。

恋物者自己。所以对性倒错而言，恋物必须是“严格无用的”，他自身并不谋求任何有关享乐的权利，仅仅是为了大他者而操劳。因此，是功利主义幻见而不是克雷宏波本人，在这些规模恢弘的照片面前发生了分裂。因为将这些照片归为两类的划分——一些证明了衣服的有用性；另一些则严格否认它具有任何用途——恰好对应着另一种分歧：一边是功利主义的幻见或陈述(关于有用愉快的伦理价值)；另一边则是我们邻居的无用快感——功利主义幻见既造就它又同时忽略它。克雷宏波拍摄的这些照片并没有让大他者被假定的享乐转化成对功利主义来说是有用的图像，而是并列地呈现了这两种可能性（two alternatives）从而暴露出（功利主义）幻见所遮蔽的东西：它从根本上依赖于对大他者淫荡享乐的假定。这种享乐不可能被用途所驯化，而只能从外部威胁有用性的范畴。这并不意味着这些照片构成了一种激进的、破坏性的实践。显然，它们参与了这个功利主义的计划，不过它们参与的方式却让这个幻见的必要先决条件变得更加显而易见——至少是不那么拐弯抹角了。

到了 1926 年，也就是克雷宏波关于褶帐袍的课程开课的三年后，艺术院的主管部门突然叫停了这门课。由于这些课程所受到的欢迎从未减弱，对于这个解聘，克雷宏波有些不知所措。于是他写了一封表示疑惑的信给主管部门，
116 并在其中重申了他计划的整体情况以及原创性。他强调，他的教学不仅是为了理解褶帐袍，更是为了精确地为这个褶皱（the Fold）给出释义！[68]（褶皱的首字母被大写了，克雷宏波以这种独特的方式让普通的词语赫然入目。）从他们拒绝撤销停课决定的事实上，我们只能猜测主管部门对克雷宏波的企图已经知晓得太过清楚了。他双重而分裂的计划一边关切着衣服的有用性，另一边又将衣服的无用性恋物化，而出问题的正是这种令人难堪的在场（overbearing presence）。克雷宏波的讲座以及他的种种解释，或许过分清楚地证明了那个功利主义不得不熟视无睹的分裂。

---

68 勒纳尔，《特殊看护收容所主任医师克雷宏波自杀》，第 64 页。

5 吸血鬼、哺乳与焦虑

让 – 雅克·卢梭在《爱弥儿》中写道:

> 你希望让每个人担负起自己的首要责任吗?那就从那些做母亲的人开始,要她们担负起自己的责任来。这将引起的变化会使你感到惊讶。在这最初的堕落[母亲们轻视她们的首要责任,不再想去哺育她们的孩子]之后,一切罪恶相继出现。整个道德秩序将会衰落……但如果让母亲们俯身哺育她们的孩子,道德风气则将自行好转,自然的情感将在每一个人的心中萌发,国家的人口又为之兴旺。这是首要的一点,单单这一点就可使一切都融洽起来。[1]

玛莉·渥斯顿克雷福特在《关于教育女儿们的一些思考以及反思更重要的人生责任里的女性举止》中亦有言:

> 我认为照料自己的后代,是每一个有理性的生物的责任……母亲(如果没有非常重要的原因阻止她这

---

1 J. -J. 卢梭,《爱弥儿或论教育》(J. -J. Rousseau, *Emile, or On Education*, ed. A. Bloom [New York: Basic Books, 1979], p.46.)。

> 样做的话）理应给孩子喂奶。她的乳汁是适合孩子们的营养品，并且它的营养在一段时间里对他们而言都是相当充足的。[2]

我们将这两个——很可能是最突出的——例子作为代表，来标记一个在18世纪盛行的现象：对母乳养育的倡议。它甚至可以被我们称为启蒙思想的一个烙印。最近一些通晓历史的文学理论家将这个现象作为许多猜想的题材，意图将其与那一时期的政治的、哲学的以及文学的主题关联
118 起来。尽管我也主张去思考这些关联，但我既不打算尝试解释这一现象的外部原因，也不打算解释它的意义。因为这样做会忽视它最为关键的层面：围绕着这个现象的焦虑的光晕。正是这一层面使我们可能注意到，这种现象与18世纪兴起的一种文学形式之间，存在着尚未被彻底探讨的历史巧合和密切呼应。我所指的当然就是所有哥特形式的吸血鬼小说。我将说明，除非我们如其所是地看待母乳喂养的政治倡导——也就是将其视为吸血鬼小说的精确对应，否则我们就无法正确地理解它。

2　M. 渥斯顿克雷福特，《关于教育女儿们的一些思考以及反思更重要的人生责任里的女性举止》（M. Wollstonecraft, *Thoughts on the Education of Daughters with Reflections on Female Conduct in the more important Duties of Life* [Clifton, NJ: Augustus M. Kelley Publ, 1972], p.3.）。

首先，有必要先探讨一下焦虑。如果焦虑的原因是不能被确定的，这是因为它是最原初的现象。没有任何事物在它之前发生。我们也可以反过来说，唤起焦虑的正是某个没有前兆、无中生有的事物。焦虑载录了不当推论（non sequitur），即因果链的一个裂口。而正是由于尝试理解焦虑的这种优先性充满了困难，《抑制、症状与焦虑》（*Inhibitions, Symptoms and Anxiety*）成为一个令人困惑的文本，在该文本中弗洛伊德在他的“第一理论”（压抑先于焦虑）和他的“第二理论”（焦虑先于压抑）之间多次来回摇摆，同时还持续与奥托·兰克（Otto Rank）就出生能不能算是焦虑的原因展开争论。弗洛伊德认为不能算，但他似乎仍然采纳了兰克的一些观点。

尽管如此，对焦虑的一种定义的确清晰地出现在弗洛伊德的文本里：焦虑是危险的一个信号。这个信号是非同寻常的，因为它的运作没有使用任何能指。由于一个能指总是能够被否定，它所传递的信息就总是可以被怀疑。而焦虑与其说是一个能指，不如说是一种情感（affect）——一种特殊类型的情感——正因如此它无法被怀疑。尽管在常见的用法中，焦虑是与确信而不是怀疑联系在一起的。换一种说法，我们可以说焦虑所提示的是真实（real）。正

如我们已论述过，弗洛伊德——和康德一样，康德赋予了崇敬（道德律的信号）和恐怖（崇高的信号）以一种特殊
119 地位——将焦虑从其他所有由作用于主体的对象所导致的情感、感觉、情绪中区分出来。[3] 如果焦虑可以被认为是一种不祥的预感（presentiment），这只不过是这个术语在词源学上的意味，焦虑的出现先于任何“正常”“病态”意义上的情绪。[4]

焦虑——重申一遍，就像崇敬和恐怖那样——不仅不因任何对象而引起，甚至也不由任何对象的丧失 / 缺失而引起（这就是为什么焦虑可以与失望或悲伤相区别）。焦虑所提示的并不是一个对象或者它的缺失，而是一种缺失的缺失（a lack of lack），是符号性现实的失败——在这个现实中，所有可流转的（alienable）对象，即可以被给予或拿走、失去并寻回的对象，被组织并流通。然而多少有些反常的是，在提到这种与一个“缺失的缺失”的相遇时，拉康的确称之为与一个对象的相遇：它是与对象 a 的相遇。不过这个对象是独特的，它既无本质也不表意。它不能被交流抑或交换。简言之，它没有客观性（objectivity）。焦

3 正如弗洛伊德所言（“The Uncanny,” in *SE*, vol. 17, p. 219），怪怖伴随着“一种感觉的特殊内核”。拉康从概念上详述了这种焦虑感的特殊之处。

4 拉康在他未出版的关于焦虑的讨论班（1962—1963）中，在预感上使用了双关。

虑提示了与这个对象 a 过度接近的危险，它是这般的不可流转（inalienable），以至于像德古拉（Dracula）和其他所有哥特小说和浪漫小说中的吸血鬼那样，它甚至不能投下一个影子或者在镜子中反映出形象，并且，这个对象是如此非实体性（insubstantial），以至于它像茂瑙（Murnau）的影片《诺斯法拉图》（*Nosferatu*）中描绘的那样，能够消失在一阵烟雾之中。

如果焦虑的信号不能说谎，如果我们不可能被它的信息所误导，那么显然任何对焦虑的诠释都是肤浅和不恰当的。但如果诠释不是对焦虑恰当的回应，那又该是什么呢？回答这个问题的最佳办法就是重温那个已被过度解释的焦虑梦——伊玛注射之梦。拉康对这个梦的评注意在向我们展示，在焦虑面前必须怎样行动——以及必须避免怎样的行动。[5] 拉康将这个梦分成两部分，以两部分各自的高潮作为划分。在第一部分中，弗洛伊德作为一个不受制于任何“俄狄浦斯情结”的人而出现，他的研究完全是被不惜代价求

5　对这个梦的讨论出现于拉康的研讨班《弗洛伊德学说与精神分析技术中的自我》（J. Lacan, *The Ego in Freud's Theory and in the Technique of Psychoanalysis, 1954-1955*, ed. J.-A. Miller [New York and London: W. W. Norton, 1988], pp.146-171.）。而 E. 埃里克森对同一个梦的分析可以在《精神分析的梦标本》（E. Erikson, "The Dream Specimen of Psychoanalysis," *Journal of the American Psychoanalytic Association* 2 [1954], pp. 5-56.）一文中找到。

知的欲望所驱动的。[6]被这个欲望所驱动，他悄悄地接近了他派对上的客人伊玛，与她的阻抗（resistances）做斗争，
120 好奇地凝视她的咽喉深处，却只得到了极为可怕的发现。他所目睹的正是“世界的起源”[7]——一个相当于女性性器官的事物。这个本该被隐藏的东西显然有着惹人厌恶的怪怖表象。但它到底是什么呢？“一个巨大的白色斑点……扭曲的表皮组织……白灰色的疥癣。”几乎并没有什么。这是梦的第一部分的高潮，也就是与对象 a 的充满焦虑的相遇。

在这个相遇之后，这个梦唐突地转变为另外一种模式。在梦的空间里，神奇地挤满了弗洛伊德的医生朋友：M 医生、奥托、利奥波特（Leopold）。换句话说，这个空间变得“俄狄浦斯化”了。我首先想说的是，对对象 a——它在第一部分中突然出现——的转身回避界定了梦的第二部分。在第二部分中，弗洛伊德不再想去认识（know），他首要的欲望是不去知晓有关真实界的任何事情，因为真实界激起了他如此之多的焦虑。这个唐突的转向预示着弗洛

---

6 拉康在他的焦虑研讨班上（1963 年 7 月 3 日）声称：“俄狄浦斯并没有一个俄狄浦斯情结，他的罪在于他想要知道（wanted to know）。”

7 法国画家古斯塔夫·库尔贝于 1866 年创作的油画《世界的起源》（*L'Origine du monde*）——描绘了一位女性敞露的阴部——的收藏者正是拉康夫妇。——译者注

伊德从真实界那里逃离——伊玛，她白色的疥癣，以及无意识——到他医生同事们的符号共同体之中。

因此根据这个梦，对焦虑的恰当回应是逃跑。然而，假设这位精神分析与无意识学说的建立者将整个学科（回想一下弗洛伊德如何自豪地认为，这个梦会被人们在未来纪念，就好像它是精神分析大厦的奠基石）建立在对无意识的逃避上，建立在不想知道任何有关无意识的欲望上，这难道不是荒谬透顶吗？在我们的这个疑惑能够得到解除之前，有必要对第二部分中那个俄狄浦斯化的空间特质做出进一步的说明。这个空间充斥着父亲式的形象，充满了与禁令、规则和管制有关的氛围，然而它却纾解了之前那个逼仄且令人窒息——压迫（zusammenchnuren）着弗洛伊德与伊玛，使他们无法呼吸——的空间。那么这个纾解源于什么呢，以及，它是如何实现的？最简单地说，它在于针对真实界建立起作为壁垒的符号界，符号界从骇人的真实界那里庇护了我们。第二部分的高潮是（弗洛伊德在梦中）获胜般地说出三甲胺（trimethylamine）这个词， 121
而这暗示了正是这个词自身或者说符号界自身才是我们的救赎。

然而，为了能使符号界建立自身从而驱逐真实界，就需要一种对存在的判断[8]，也就是说，必须宣告它的不可能性，必须说真实界是缺席的（is absented）。换句话说，符号界必须包含对它所不是的否定（the negation of what it is not）。这一要求不无悖论性的效果，因为它最终意味着符号界将不只被它自身填满，同时还包含了这一过剩的否定要素[9]。根据这个推论——我们可以在弗洛伊德 1919 年的论文《论否定》（Negation）中找到——不可能的事物还必须同时被禁止。

很显然，符号界对真实界的否定直接抛出了一个特别的问题。被否定了的真实界不能够被一个能指所代表(represented)，因为按照定义，真实界没有一个恰当的能指。那么，这个否定如何能像这个需要所要求的那样在符号界之中发生呢？答案是通过重复，通过能指反复的尝试——及其尝试的失败——来标明自身。能指与自身的差异[10]、它

---

8 有必要对此处的“判断”(judgement)做一点澄清：在弗洛伊德那里，它指的是一种包括感知在内的智性功能(intellectual function)，以肯定与否定 / 吸纳与排斥两种决定方式来进行。判断仰仗于能指的运作，同时也假定了一个确定的现实自我(definitive reality-ego)，这个自我可以对内部 / 外部、好 / 坏、自我 / 他者进行区分——这就是愉快原则的自我。详见弗洛伊德的《论否定》。——译者注

9 有关精神分析的“否定之否定”，推荐阅读阿兰卡 · 祖潘契(Alenka Zupančič)发表在 *e-flux* 在线期刊上的文章《不是 –（我）母亲：论弗洛伊德的否定概念》(*Not-Mother: On Freud's Verneinung*)。——译者注

10 关于“能指与自身的差异”(The signifier's difference from itself)，在本书第 7 章中有进一步的阐释。——译者注

无法指涉自身的本质，导致它围绕着自身中所缺失的真实打转。正是通过这种方式——在对真实的划界之中——真实的非存在抑或对真实的否定就在符号界之中得到了指涉。

这同时也解释了拉康派的论点：怀疑是对真实界的防御（doubt is a defense against the real）。怀疑——来自能指与其自身的非一致性（non-coincidence），这意味着它不能对自身做出担保——载录（registers）了真实界的不可能性，因而能保护我们免遭它对符号界的侵入。M医生、奥托、利奥波特，出现在伊玛注射之梦当中的这三个可怜的权威形象将证明这一观点。他们本应当专业的检查与诊断却显得荒唐。无论这个人代表了怎样的诊断原则，它都很快会被另一个持不同甚至相反原则的人所违背。直白地说，作为其职业的倡导者，弗洛伊德的这些同事不怎么靠谱。然而在这里我们不是已经进入了那个经常被拉康提起的空间吗？在那个空间里，痕迹（tracks）都是为了被视为虚假而 122
制造出来的。包括福柯在内的很多人都注意到，律法是被用来打破的，禁令是被用来触犯的，但通过这种可触犯性（violability），律法却将我们绑定得更紧。律法具有一种无可辩驳的积极力量(*positive* force),对它的每一次触犯——在意图逾越它的同时也根据它定义了自身——都印证了它。

然而，像包括福柯在内的许多人所假定的那样，认为这样便驳倒了律法根本上的否定性特质却是错误的。因为违反律法中那些具体的、有名目的禁令绝不同于违反律法的另一个，也更基本的禁令——真实界的禁令。不同于第一个类型的禁令，真实界的禁令永不被律法所命名，但又刻写在它之中：它刻写在律法自我赋权的无能里。[11] 福柯主义者们简化了弗洛伊德关于否定的论点，认为它仅意味着“被否定的事物必须得到命名”，而未能意识到不可能的事物必须在没有得到命名的情况下被否定。

在精神分析的版本中，符号秩序通过实体化禁令中的否定以及规定符号性本身（symbolicity as such）的怀疑来抵御真实界。我们已经如是将弗洛伊德的梦的第二部分描述为一个俄狄浦斯化的空间，这不仅因为它实例化了对真实界的回避——也就是不想知道任何关于它的欲望——同时也因为这种回避使得一个无能的、可触犯的（换句话说，俄狄浦斯式的）律法成为必要。现在我们有必要承认，这个观点变得相当复杂。我们已将弗洛伊德逃离的那个事物

11　在《十诫》当中没有一条告诉你绝不能和你的母亲睡觉，然而这些戒律的目的不外乎就是要你远离与母亲的乱伦关系。从总体上，它们就是对这一条禁令的实证化（positivization）——拉康在《精神分析的伦理》（*The Ethics of Psychoanalysis*, ed. J-A. Miller, trans. D. Porter [New York: W. W. Norton, 1992], p. 68.）中得出了这一观点。

称作对象 a，然而那个标记了他对这个创伤之点的回避、
标记了真实界的缺失的事物也被称作对象 a，尽管在这之
前我们一直在避免这种说法。现在我们可以说，对象 a 标
记着对创伤性点位的回避和真实界的缺席。对象 a 既是真
实界的，同时也实证化了符号界言说真实界的失败，它既
是真实的也是想象的。而我们该如何解释这个术语的迷局
呢？如果符号界必须把它所缺失的根基——也就是说，真
实界的某些知识对它而言是无法触及的——刻写在真实界
中，那么我们就不得不承认，符号界从而也在刻写真实界
本身，因为正是在我们所不知道的地方，享受，也就是享
乐（jouissance）（一种在真实界中的快感）出现了。享乐 123
是一种“次生的所得”（secondary gain），我们从知识失
败了的地方得到它。[12] 如同拉康在《电视》的一开头所说的，
“讲述完全的真理实质是不可能的：词语失败了。然而正
是透过这种不可能性，真理驻留在真实界那里。”[13] 这个
说法论证了某种类似于莫比乌斯带的逻辑，因为归根结底
这意味着真实界是它自身的否定，也就是对它自身的禁止。
真实界在它自身的缺失中（它被排除于能指系统之外）遭

12 康德也注意到，对律法的遵从伴随着一种非病态的，也就是一种否定性的满足。

13 拉康，《电视 / 对精神分析建制的一次挑战》，第 3 页。

遇自身。[14]

那么在伊玛注射之梦里，弗洛伊德就并不只是逃离了无意识，或者伊玛欲望中的真实界：他驻留于它们（he holds onto them）。这便是为何精神分析能够宣称自身建立在无意识以及女人的欲望上，这正是因为它严格地载录（register）了它们的不可触及。因此，我们可以利用拉康派对升华的定义，认为精神分析将无意识和女人的欲望"提升"到"原物的高度"（dignity of the Thing）。而正是由于精神分析拒绝去诠释它们，才保留了它们，因为在它们被诠释的地方，它们便无存有。

但如果为了维系自身，精神分析不得不载录它自身根本性的"无能知道"（inability to know），那么它岂不是将自身付诸怀疑主义吗？由于弗洛伊德对真理一样的无知，我们是不是应当将他归到他那些愚蠢的前辈之列？不，精神分析并不是一种怀疑主义。这是因为它不仅宣称善（可以作为我们行动的标准）不能够被认识，同时还进一步强调，善必须不被认识。用拉康的说法，精神分析致力于成

---

14 关于真实界种种矛盾定义的"对立统一"，参见《意识形态的崇高客体》(S. Žižek, *The Sublime Object of Ideology* [London and New York: Verso, 1989], pp. 169-173.)。也可参见雅克－阿兰·米勒的《缝合(能指逻辑的诸要素)》("Suture [elements of the logic of the signifier]", *Screen* 18, no.4 [Winter 1977-1978], pp.24-34.)，这篇文章对否定的这一逻辑做出了富有影响力的解释。

为一个“没有信仰的信仰”（belief without belief）——信仰一个大他者，而这位大他者的存在却有赖于我们知识的匮乏[15]。

“只要人们不再固守于某些善的超验性观念——它能够指示人们何为他们的责任,那么恶的问题就值得被提出。直到那个时刻，恶的至高再现将会持续拥有它最伟大的革命价值。”[16] 由于彻底的怀疑动摇了每一个可能存在的主人位置以及每一种已被阐明的善，我们就此必须提出有关根本恶（radical evil）的问题。精神分析与启蒙思想的某种思潮共享了这一立场，在赞美恶的同时试图从权威跟前庇 124
护个人主体的自由。对精神分析以及这种起源于 18 世纪的思考模式而言，似乎正是这个主体对既定的社会秩序构成了最大威胁，因此这一崇高的恶就是主体本身的代名词。然而，我们不应太快地将这个见解等同于一种将个人和社会之间的关系视为浪漫主义式对立的标准读解。事实上，这种见解从根本上改写了浪漫主义的理念，因为它既不把主体视为社会堕落的外部原因，也不把社会视为对纯洁无辜的主体的腐蚀者。我们不应将主体与社会之间的关系看

15 换句话说，在知识欠缺的地方，就会出现大他者。这也是分析者去见分析师的根本动力。——译者注

16 拉康在《精神分析的伦理》第 70 页中所引用的这些话来自他的一位诗人朋友。

成一种外在的对立，而应学会思考它们之间的必要关联：主体的存在，同步于社会整合并再现它的失败。

正是对这一独特关联的表现，才令《弗兰肯斯坦》（*Frankenstein*）成为一个典范性的文本，而弗兰肯斯坦的怪物则成了现代主体的范例。尽管它使人们陷入一种幻象：要是社会能够更加善待这个怪物，那么他的暴行本是可以避免的；要是这个怪物在向失明的老德拉西（De Lacey）暴露他的真实本性时，年轻的德拉西没有冲进小屋，那么一切本可能被制止。但《弗兰肯斯坦》同时也揭示出这个幻象所赖以依存的真理：从本质上说，这个怪物的本性是无法被揭示的。正如一般意义上的现代主体，他栖身于那个有关他的知识被遗漏的地方。因此他的怪物性并不是偶然的，而是结构性的。

这就是为什么那种认为“维克多·弗兰肯斯坦创造了怪物”的普遍看法是错误的。如果这个怪物真是一个科学创造的产物，那么他本该在第四章的末尾被唤醒，但事实上却没有，一直到第五章的开头，他那邪恶的黄色眼睛才第一次睁开。如果弗兰肯斯坦真的在他的科学计划里获得了成功，这个成功应当被记录为一系列研究进展和发现的
125 顶点，以及一个努力与成效的因果链的最终产物。然而，

当这些发现都已记录在该章的结尾之时，这个造物却仍未被创造出来。弗兰肯斯坦的失败是显而易见的，在接下来那章的一开场，他尽力想让那个在他跟前的了无生命的东西获得生机。但恰恰是在这之后，在没有任何来自弗兰肯斯坦的示意或自主意识的情况下——发明人仅仅被描绘为一个被动的事件目击者——这个怪物才苏醒过来。对于这里的叙事步骤，似乎只存在一种解读：弗兰肯斯坦的发明失败了——而非那种标准解读所理解的，是他的发明出了岔子。只有在发明失败的情况下，只有在弗兰肯斯坦的科学抱负未能达到目标的时候，这个怪物才作为这个失败的具身化出现。因此，把这个怪物称作"弗兰肯斯坦的怪物"是有误导性的，这就像他是男主人公搞砸的发明，而不是他发明的残局；就像不正是因为缺失了"令我回想起自己的所有物，那属于我的部分"（belong to me aspect so reminiscent of property）（用拉康的话），才赋予了这个造物其本质定义——并使他显得如此怪怖（uncanny）。

为了应对焦虑的危险信号，主体必须逃离或回避真实界。他遁入一个符号的界域，然而这个界域只有通过其对真实界的否定，即通过其自我重合、自我担保的失败，它的藩篱才能保护主体免于与真实界的遭遇。主体——正如弗兰肯斯坦的怪物——正是维系着符号界、防止其崩溃的那个失败。但是之前我们在关于伊玛注射之梦的讨论中提到，拉康不仅清楚地说明了实现这一回避的合适的做法，同时也说明了不合适的做法。尽管拉康在某种程度上赞赏埃里克·埃里克森（Erik Erikson）的许多洞见，但针对萦绕在梦里的（焦虑）信号，埃里克森却惯于阐述一种不合适的应对，也就是对这个信号的某种充耳不闻（deafness）。而关于这个梦中的第二空间的特征描述，埃里克森和弗洛伊德之间显然有着一个重要差异。拉康将这个空间理解为一个符号现实，发挥着抵挡创伤性真实界的防御功能，并同时有益于主体的崛起及其非整合性（nonintegration）位置[17]；而埃里克森则认为现实是由健康的自我整合而成的，
126 因而对他而言，拉康的看法不着边际。因此，埃里克森对这个空间有着不同的理解：它是作为自我退行（regression）的场所。然而，与其将注意力放在拉康派精神分析和自我心理学（ego psychology）之间那显著且根本性的差异上，不如让我们关注拉康所选择的术语：他用文化主义这个词

17 非整合性的位置指的是拉康式主体的 *existence*，可以借助一些拓扑学的模型来理解这种迥异于欧几里得式空间的存在，例如莫比乌斯带、克莱因瓶和交叉帽。——译者注

来鄙薄埃里克森对弗洛伊德之梦的诠释。最令拉康反感的是，埃里克森期望通过深入弗洛伊德的生平及其文化背景从而发掘出某些额外的事实，以推进对这个梦的诠释，超越弗洛伊德所设置的局限。相反，拉康则反对没完没了地搜寻档案，这并不意味着他认为历史不重要，而是意味着历史主义仅仅能带来对历史的破坏：我们注定会注意到某些局限。而正在他说明这一点的时候，精彩的事情发生了：一位观众打断了他，并抛出了一个恰好相反的观点。正当拉康要我们面对这个使人无法呼吸的、威胁着伊玛和弗洛伊德的骇人真实界，正当他点明这种窒息——那急喘的呼吸声佐证了真实界那无法抗拒的在场——的时候，某女士（或者我们可以给她取一个更加便于描述的名字：文化主义女士，或者说历史主义女士）插入了以下评论："在过去，需要三四个人才能绑紧束身衣的带子。"[18]

我们在这里得到了一个回避真实界的绝佳案例，不过它却不是我们一直以来所瞄准的那个靶子。在存在的否定判断的位置上（拉康将之称为第二符号空间的建立，它宣告了自身的非真实状态："我不再是任何东西。"），历

18　拉康，《弗洛伊德学说中的自我》，第153页。（译按：窒息 [chokes] 和绑紧 [tightening up] 在法语中对应的词都是 étouffer。这里的意思是，历史主义者会把梦中的窒息直接和时代背景关联起来，将之解释为维多利亚时代的束身衣太紧。）

史主义女士对真实界的存在没有提供判断。她没有否定它，而是排除（foreclose）[19]了它的可能性。没有使她不安的焦虑，也没有威胁着伊玛与弗洛伊德的危险信号。在他焦虑的关头，弗洛伊德所面对的是符号现实中的一道裂缝，而诠释或者因果的逻辑都无法弥合它。弗洛伊德的反应不是去弥合，而是记录下它的不可弥合性，并据此设立（诠释的）限度。历史主义女士却没有碰到这个裂缝，她所看到的不过是一条不间断的能指链，而她解读它的方式就是把它们插入另一条因果链。

127 乳房的干涸

当我们思考18世纪的哺乳倡议时，我们所要抗衡的正是这种历史主义的诠释。因为有充足的证据证明这种倡议表达了一种深刻的焦虑，而这种焦虑正与这一诠释的极限密切相关。如果我们回到刚才所引用的卢梭和渥斯顿克雷福特的文本，就会发现每一个这样的倡导都将母亲的乳房看作一个保护盾，那么它要防护的是什么呢？如果没有这

19　拉康把 Foreclose 作为精神病（Psychosis）结构的核心机制，与官能症（Neurosis）的否定相区分，在临床诊断的语境下，该词可被译成“脱落”“除权弃绝”等。而此处的语境并没包含区分精神病与官能症的意思，所以我将其译为“排除”。——译者注

个保护盾，孩子将会被窒息和绞窄(strangulation)[20]所折磨。卢梭因此而责难，孩子“无法呼吸”是比“在羊膜中”被“勒绞”更为痉挛、紧张、压迫的体验——而所有这些都是母亲的乳房被剥夺后的结果。[21]渥斯顿克雷福特认为这样的孩子是“超负荷的”，处于一种难以纾解的身体疼痛中，而紧跟着这个观点，她继而表示“很容易区分出那些由母亲好好哺育的孩子（也就是由那些为履行哺乳义务而自豪的母亲所养大的孩子），如果他们不是被完全丢给保姆照料的话。保姆们当然是无知的，为了让孩子暂时保持安静，她们会迁就孩子所有的小任性。孩子们很快就变得乖戾，急于在一切事情上面得到满足”[22]。卢梭和渥斯顿克雷福特都把这种剥夺理解为母亲忽视其“哺乳责任”的结果，是一种对剥夺的剥夺（deprivation of deprivation）。随后他们对过度的母性奉献做出警告，再次重申了这一见解。卢梭告诫的正是那种“残忍”的母亲，她“使她的孩子深陷温柔之中”。这种对母乳喂养的鼓励所诉求的不是让孩子服从于母亲——恰恰相反——而是服从于社会律法。

20 医学术语，可指胎儿在腹中被脐带所缠绕，会导致缺氧，也可指一般的脖子被勒。——译者注

21 卢梭，《爱弥儿》，第43-44页。

22 渥斯顿克雷福特，《关于教育女儿们的一些思考》，第3、5页。

然而我们已然承诺，我们最终将证明吸血鬼小说正是这个现象的结果。似乎无可置疑的是，与吸血鬼的相遇总是充斥着焦虑。不过在某些分析那里，这种显而易见的事实也濒临被无视的风险，因为根据那些分析的定义，对这
128 种相遇的哥特式描写只不过是感伤小说的一种形式。正如我们此前说过的，焦虑并非一般的情感或情绪，而根据我们已论证过的原因，焦虑具有一种异乎寻常的状态。事实上，只有将哥特式世界视为一个剔除了感觉的世界，我们才可以理解它。如果吸血鬼文化（vampirism）让我们心跳加速、血脉贲张、呼吸急促，这并非是由于它使我们与牵动了我们的物体或者人相接触，而是因为它使我们遭遇到一种“不在场的缺席”（an absence of absence）——一位大他者——这将我们逼入窒息的境地[23]。与其使我们感到对我们自己的身体更加习以为常（more at home in our bodies），或者使我们与我们的身体相锚定，将之视为我们智性的中介物或者意义的制造者，吸血鬼文化为我们呈

23 在拉康的精神分析理论中，大他者是一种“不在场的在场”，也就是“a presence of absence”。值得注意的是，大他者不是什么神秘的对立于主体的外部力量（大他者与语言系统相关、与社会符号秩序相关，但不可直接等同于这二者），而是使主体得以产生的场所（locus），同时也是主体自身缺失的投射——大他者的存在从根本上支撑了主体的符号认同，而如果符号认同即阉割出现问题，主体可能陷入妄想症或精神分裂，如果连想象性的认同都出现问题，则主体有可能会无法识别自己的身体。——译者注

现了一种身体性的分身（a bodily double），我们既无法理解它，也无法将它识别为我们自身。

那么究其根本，吸血鬼文化这个现象包含着什么呢？首先会被提到的是，它关系着口腔关系（oral relation）[24]——通过吮吸行为而获取一种享乐——的问题。人们可能会自然而然地想到孩子与母亲之间的口腔－寄生关系，并把它看作吸血鬼文化的意象。然而，正如拉康——以及所有吸血鬼文化的叙事与图像学——所澄清的，孩子并不是那个吸血鬼。[25]触发焦虑的并不是那个贴在母亲乳房上的孩子的形象。孩子通过与一个部分客体（partial object）、一个欲望对象（object of desire）之间的关系来维系自身，但吸血鬼文化超越了这一点。一种幻见使其与部分客体之间的关系成为可能，而正是在这个幻见不再持续的时候，充斥着焦虑的吸血鬼文化现象登场了，它预示着作为欲望之对象－原因的乳房干涸了，也就是说，它预示着支撑着欲望的幻见的消失。吸血鬼文化警示我们欲望枯

24 “Oral relation”在中国内地通常被译作“口欲关系”，但根据拉康的阶段论（在关于焦虑的研讨班中有详细讨论，下文中出现的“乳房、凝视、声音、菲勒斯和粪便”正属于他所划分的驱力对象的不同阶段），这个阶段的儿童尚未被完全阉割，也就是说尚未进入欲望的关系之中，故译作“口欲关系”会产生误导。——译者注

25 在他关于焦虑的研讨班（1963 年 5 月 15 日）中，拉康短暂地评论过吸血鬼文化，认为它描绘了“乳房干涸”的焦虑。

竭的危险，它通过传达对乳房的迫切需要，以将我们从这种恐惧中解救出来。[26]

乳房——正如凝视、声音、菲勒斯、粪便——是一个对象，身体的一个附器（appendage），而我们正是通过与它的分离，从而使自身构成为主体。换句话说，为了构成我们自身，我们必须抛弃并排斥我们的非我（nonselves）。然而，关于弗洛伊德“否定”概念的讨论让我们明白，只有通过在我们自身之中囊括这个对我们不是什么（what we are not）的否定——也就是将存有的缺失（lack-of-being）
129 囊括到我们的存有之中，这一拒绝才能被完成。所以，这些弗洛伊德式的对象并不单纯被主体所排斥，它们同时内在于主体。简要来说，它们是外亲性的（extimate）[27]，这意味着它们既在我们之中却又不是我们。

正是因为主体被这种方式所规定——或者，正如我们接下来的说法，当主体以这种方式被规定时——它就在偶然中卷入了怪怖的维度。只要我们太过接近我们自身当中的这个外亲性的对象，这一独特的怪怖感就会出现。在对

26　尽管吸血鬼通常选择受害者的脖子作为他吸血的身体部位，但哥特小说保留了袭击真正目标所留下的种种痕迹，既包括威胁的模式（吮吸）也包括受害者的性别（女性）。大部分吸血鬼文化的视觉图像都聚焦在女性的乳房上。

27　雅克・阿兰－米勒在他未出版的关于“外亲性”（Extimité，1985—1986）的研讨班中，把只在拉康那里出现过几次的外亲性一词发展成了一个核心的理论概念。

这种怪怖进行理论化的过程中，弗洛伊德受到了他所提及的一些文学作品的影响，他强调了怪怖感与凝视之间存在着一种首要关系。但正如吸血鬼小说所证明的那样，当太过接近“外亲性的”乳房的时候，这种怪怖也会显现。

通常而言，当我们与它维持一段距离的时候，外亲性对象 a 作为我们缺失的一部分出现，正是由于它的缺席，我们无法变得完整，之后它便作为我们欲望的对象 - 原因而发挥作用。然而，当我们与它的距离被缩减，它就不再作为一个部分客体而出现了，而是——相反地——作为一个完整的身体，一个几乎和我们自己的身体一模一样的分身而出现，只不过这个分身拥有我们为了成为主体进而牺牲掉的那个对象。这可能意味着，吸血鬼并不只是一个威胁着（作为欲望的对象 - 原因的）乳房的造物，它还是受害者的一个分身——其扭曲的身体形式暗示着，它拥有某种过剩的客体：还是乳房，不过在这时候它则作为享乐的来源。布莱姆 · 斯托克的小说《德古拉》（*Dracula*）中令人惊悚的淫秽场景最为生动地为有关分身的主题提供了证明，我们在其中惊讶地目睹（小说中的人物）米娜 · 哈克（Mina Harker）从德古拉的胸口吸饮。米娜与这一外亲性对象的亲密使欲望乃至社会自身都陷入了危险。然而，阿尔弗雷德·希区柯克的《蝴蝶梦》（*Rebecca*）——18世纪“女性哥特”[28]形式的一个20世纪版本——完美地证明了另一个事实，那个“充实”主体、填补它缺失的对象，往往
130 是有损外表的一种剩余物。在这部电影里，悖论作为一种情节设计而发挥作用，直到丽贝卡死了以后，故事才揭示了她曾以为自己怀着的那个孩子其实是一种致命的癌症。

对《蝴蝶梦》的提及使我们想到，有乳房的吸血分身并不仅仅是一个有“过量”身体（“too much” body）的造物，它同时还是一个“过剩之身”（“body too much”），也就是说，作为这个主体的分身，它总是阻挠或排斥主体自身的行动。在《蝴蝶梦》里，丽贝卡的私人物品，她无处不在的首写字母（“R”），以及那些对她的才干与成就持续不断的指涉，创造出一种其本人在曼德利山庄持续在场的感觉。由于她死得毫不自知（dead-without-knowing-it）[29]，丽贝卡拒绝拱手让出自己的位置，因此由琼·芳

28 有大量关于“女性哥特”的研究，我尤其想要致谢M. A. 多恩对《蝴蝶梦》的分析（M. A. Doane, *The Desire to Desire* [Bloomington: Indiana University Press, 1987], pp. 123-175.），以及C. 卡安的论文《哥特之镜与女性身份》（C. Kahane, “Gothic Mirrors and Feminine Identity,” *The Centennial Review* 24, no. 1, [1980], pp. 43-64.）。

29 熟悉弗洛伊德的读者们将很快联想到，他曾有一个著名的案例，来访者不断梦见自己已故的父亲，而在梦中这位父亲却不知道自己已经死了。——译者注

登（Joan Fontaine）所饰演的那个无名之辈便无法接替她的位置——她无法进入这户人家的符号网络中。而最终这个年轻女子之所以能得到解脱，正是由于她与这个过剩之身、这个分身的斗争外在化（exteriorization）了。也就是说，直到丽贝卡的尸体在她的船底被发现的那个时刻（从而关于另一具身体的问题也被提了出来：那具身体以她的名义被埋葬在她的坟墓），这具"过剩之身"才以一种叙事冲突而不是此前那种心理冲突的方式被客观化了，而正是直到那个时刻，第二任德文特太太才逃脱了第一任的掌控。此时，其中一具尸体才有望且有必要被当作假原告而驳回她的控诉。

在这个语境中还有另外一部电影值得一提，因为它是最扣人心弦的例子之一，人们将在这部电影中找到伴随着怪怖感体验的那种焦虑。电影的标题《堤》（*La Jetée*）[30]命名了叙事开始的地点——（巴黎）奥利机场的导航堤——还命名了一种危险，来自它的威胁不仅完全地压垮了叙事中的角色（diegetic character），还压垮了叙事（diegesis）

30 《堤》是克里斯·马克（Chris Marker，1921—2012）于1962年拍摄的一部短片，全片由静态的照片构成，只有几秒钟的运动影像。马克是左岸派的代表人物，早年也是《电影手册》上的常客。他一系列杰出的纪录片和散文电影包括《美丽的五月》《远离越南》《没有太阳》等。——译者注自身：这种危险就是一块“现实的小碎片”、一段尚未丢弃和否认的童年记忆。尽管人们时常认为这部影片是关于主人公对记忆的需要（need to remember），但显然事实正好相反，这是一部关于遗忘之必要性的影片。[31] 在第三次世界大战的最后，主人公所生活的世界已危若累卵，它却不能“逃走”，始终困在一处。这是为什么呢？这个世界
131 勉强从核战争中幸存，但它不能幸免于主人公对遗弃这段记忆的拒绝。正是他让他的世界注定会毁灭，只要他的记忆仍在持续，这个世界就危在旦夕。

在各种层面上，《堤》都重现了焦虑梦里典型的“原地跑”现象：这不仅体现在电影持续静态的、毫无生机的图像上（在这个由静态影像构成的“照片－小说”中，没有运动的错觉，除了在一个瞬间，主人公不肯放弃其图像的那个女人，她睁开了双眼，注视着他——这不是一个焦虑的图像，而是欲望的图像），还体现在电影黑暗的背景——

31　弗洛伊德的定义认为，意识并不作为一种“记忆的痕迹”而出现，而是作为防御创伤的一面保护盾，这一定义通常被人从社会学的角度来理解，甚至包括弗洛伊德本人。换言之，意识“直接与外部世界相毗邻”（Freud, “Beyond the Pleasure Principle,” in *SE*, vol. 18, p. 26.）被看作一面保护盾，抵御着外部世界所造成的冲击。然而，伊玛注射之梦使我们认识到，意识是一面用来抵御无意识真实界的保护盾。（译按：拉康在第十一期研讨班中论及了《释梦》中的一个重要例子：“燃烧的孩尸”之梦。拉康暗示我们，做梦的父亲之所以醒来，不是因为闻到了隔壁房间传来的烟味，而是为了躲避无意识的真实界。）

这些背景将视觉领域限制在很小的框架内，以及叙事性的暗示中：这个世界至少暂时地幸存下来，但是它的存在被限制在地下狭窄的走道里，并最终被局限在叙事自身的循环时间结构里。主人公穿越时间，回到他还是孩子时所目睹的创伤性场景，在那里他认识到自己所目睹其死亡的人，正是他自己。这是一个原初场景，不过在这个场景中，死亡代替了出生。正如在原初场景中那样，这里的问题在于一个过剩之身的在场。但我们在这里得到的并不是幻见公式$\$ \diamond a$，而是$\$ a$：将两项分隔开的这段距离一旦萎缩，后果就是幻见结构的崩溃。

但是《堤》清楚地向我们表明，延迟或者说延宕（postponement）[32]，也就是面对怪怖时的典型反应——原地跑现象，并不像自奥托·兰克以来的理论家们所理解的那样，应当从认识论的角度来理解。这种迟疑不是因为“不确定”，而是因为“不合法”（illegality）。怪怖的在场载录了一种对禁令的抛弃，也就意味着一种对享乐不曾释怀的拥抱。在《堤》这部电影中，主人公允许自己与那个女人寻欢作乐。然而，对那些作乐的人们而言，事情并没有

32　参见弗洛伊德（Freud, “Negation,” in *SE*, vol. 18, p. 238.）：“判断是智性的活动，它决定了运动活动的选择，它中止了……延迟。”

那么顺利，因为结果证明当没有事物被禁止的时候，一切都被禁止了。精神病的违拗症（negativism）就是对这一点的例证[33]，病人从这个世界撤回了力比多投注（libidinal cathexis），产生出一种“世界末日”的精神病体验。由于
132 所有的肯定都建立在一个否定之上，那么只要主人公紧握着这个女人的图像不否定，那么他在《堤》这部电影里就没有任何可能的未来。

当然，我并不是在正式宣称《堤》是一部吸血鬼电影，只不过在教学上用它作为例子来说明焦虑、迟疑、延迟、偏离（digression）这些吸血鬼电影的特征是有用的。然而，为何那些叠印，那些多个图像所产生的古怪而扭曲的叠印（superimpositions）（时不时有图像重叠地出现，它产生的不是运动，而是重影 [doubling]）的确时常让我们想到那些翅膀般的——蝙蝠般的——形状呢？

我需要回到《蝴蝶梦》来说明有关焦虑现象的最后一个要点。和许多 18 世纪和 19 世纪早期的“女性哥特”相类似，这部电影也围绕着一个女人与一个女性分身的相遇

33　让·伊波利特在他关于弗洛伊德《论否定》一文的评注中区分了否定和精神病患者的违拗症，这篇文章刊载在拉康的《弗洛伊德关于技术的论文》(J. Lacan, *Freud's Papers on Technique, 1953-1954*, ed. J. -A. Miller, trans. John Forrester [New York and London: W. W. Norton, 1988], pp. 289-297.)一书中。

而展开，后者在一间老旧、荒废且风格过时的房子里阴魂不散。这种鬼魂出没的方式遵循一个程式：当整个房子都因为“非死”(undead) 的女性分身的在场而变得怪怖之时，在这个房子里总有一个房间被禁止或者被阻止进入，那是一个怪怖性的特别场所。人们可以把这个程式理解为一种典型的嵌套（en abyme）结构：房子的一部分，也就是那个被关闭的房间，是复刻的整座房子的缩影。因此在它的内部，怪怖的体验尤其强烈。不过，这种解读完全错失了要点。但我们很难在《蝴蝶梦》里错失这一点。在这部电影里哪一个才是被禁止进入的房间呢？不言自明的第一个答案是海边的房子。因为马克西姆禁止人们进入。但这个答案又极其古怪，因为这个海边的房子并不是一个房间，准确来说，它并非庄园的一部分，它是一个——不可思议的——额外空间，可以说它是从曼德利庄园中被减去的。但如果真的如此，如果海边的房子是从曼德利庄园中被减去的，那么按照推断，曼德利庄园就会缺少一个空间，而与此同时所有剩下的房间也将无法“填满”或者补全这座庄园。这就是关键所在。在曼德利庄园里有一个房间，它是一个例外的空间，其首要功能就是标记这种空虚（emptiness），而这个空间就是丽贝卡的卧室。海边的房 133

子和丽贝卡的卧室都具有一种异乎寻常的状态，只不过前者所标记的是一种过剩，后者所标记的是一种缺席或者说欠缺。

通过清晰地描绘这两个空间，《蝴蝶梦》朴素地向我们揭示了哥特小说里那个常见的“被禁止的房间”的悖论性功能：这个房间同时标记了过剩和欠缺、外部和内部，它既是整座房子里的一个特殊的房间，也是这一整座房子。这个被禁止的房间首先禁止的是房子里的其余部分，也就是说，通过将其自身从房子的其余部分中撤离出来，它设置了一个界限，使房子能自我构建为一个整体——只不过这个房间在这个整体中是缺席的。在这座怪怖的庄园里，正是对这个空的空间的开启，让风呼啸着，而活死人匆匆地在其中走过。也正是这个缺失（loss）为这座荒废的哥特式宅邸创造了一种独特的感觉，让人们感到所有其中已知的房间都尚未穷尽这里的空间，总还有一个另外的房间，也就是一个令人怪怖的额外的空间隐藏在视野之外。在这样的语境下，拉康如此频繁地提及一个孩子无意间的妙语——“我有三个兄弟，保罗、欧内斯特和我”——因为这句话准确地描绘了那个被禁止的房间所产生的这种怪怖现象，这个房间将自身从其他房间里抽离而出，只为在它们之中以一种剩余的形式出现。而为了完成刚才开始给出的这个论点：这个要素（这个房间），并非通过浓缩的形式复现（reproducing）这个集合（这座房子）进而包含它，而是通过否定它（这座房子）从而建构它。这个被禁止的房间是一个外亲性的对象，它是这座房子里最恐怖的部分——并不是因为它汇聚了整座房子所有可怕的特征，而是因为它没有特征：它是这座房子发生自我否定的所在。

但让我们回到《蝴蝶梦》中那两个被禁止的空间，因为它们的差异将有助于我们提出最后一个论点。丽贝卡的专属女仆丹弗斯太太管辖着她的卧室，让所有的事物保持如它的主人离开时那样。在一幕卧室的场景中，丹弗斯太太鼓励新的德文特夫人（琼·芳登饰演的角色）坐在化妆镜前面，正如以往夜宴后丽贝卡回到房间时那样。马克西姆的一张相片正对着丽贝卡那空荡荡的座位，而她的发刷也被放置在触手可及的地方。当丹弗斯太太细致地讲述她 134
如何为她的女主人梳头的时候，她的手也开始付诸她所描述的动作。这一幕场景的效果是什么呢？一种丽贝卡强烈的缺席感。在丹弗斯太太、镜头内丽贝卡的所有个人物品，以及化妆镜前那个没有丽贝卡就座的座位——也就是她的缺席得到指涉的位置——之间建立了一种关系。正如索绪尔的著名例子“8点45分从日内瓦到巴黎的火车”所告知我们的，某物只有被安置在一个差异性的网络中，才能被载录为缺失；只有当一个能指与其他能指相关的时候，它才是缺席的。因此，在这一幕场景中我们所失落的并非丽贝卡那独一无二的在场，而是她与其他种种事物（在这个空间中）相融洽的方式。如果丹弗斯太太被解雇而这个房间也被重新归置的话，我们就不会抱有丽贝卡会回来的半点期待。那样的话，她就是完全地死了，而不仅仅是缺席而已。换句话说，她的缺席并非作为存在本身——而是载录在意义（sense）或表意过程的层面上。

海边的房子里上演着一个相似的场景。在那里，事物也几近丽贝卡曾在时那样。尘埃与蛛网遍布每个角落。差异性的网络已然开始退却。马克西姆开始向他的新妻子，即第二任的德文特夫人诉说他最后一次面对丽贝卡时所发生的各种事情。就目前而言，这个场景和我们刚才检视过的那个惊人地相似。不过这一次，摄像机不再保持静止、不再让马克西姆（像丹弗斯太太那样）自行活动，它运动了起来，也就是说，它似乎“跟随”丽贝卡的一举一动。这一幕的效果相当不同于卧室里的那一幕，因为在这里我们所感受到的并不是某个从其位置上失落的事物的缺席，而是某种不得其所（out of place）的事物的在场。准确地说，这一幕是怪怖的。这一幕显得怪怖的原因并不是因为我们看不见丽贝卡，而是因为摄像机运动所表征出来的她的在场没有看见我们，也就是说，这是一种独特的摄影机运动，它并没有“响应”任何既定的运动模式。它无法被置于任何运动的差异系统，以及任何场域/反向场域、运动/静止或其他系统之中。这个摄影机运动在这样 135
一种差异的系统中没有任何可被指派的位置，因此它缺乏意义。而这就是我们对伴随着怪怖感出现的这种焦虑的最终定义：它是一种为回应一个存在，或者说，为回应没有意义的纯粹存在所引发的情感。[34] 追寻着丽贝卡行踪的摄影机运动是纯粹的标记，它表达着一个纯粹独断的命题，“那儿有”（there is），仅此而已。如果有人要通过将这个运动嵌入一个差异系统而令它充满意义的话，这个“那儿有”，也就是纯粹的存有，将不复存在。

如果弗兰肯斯坦的怪物——正如大部分读者所赞同的——是弗兰肯斯坦的一个怪怖的分身，那么为什么他被允许言说呢？为什么他会被允许尝试向我们说明他存在的

34　拉康描述了萨德作品中苦难的功能，最后这句话是对他原话的一个改写。拉康，《精神分析的伦理》，第 261 页。

意义呢？难道言说，或者说，这一对其存在的指涉性呈现（signifying display）不会摧毁它吗？

母乳哺育和自由

该图为译者添加。来源：The Morgan Library & Museum

在《文明的建筑》（*Architecture civile*）——18 世纪“空想”建筑师让·雅克·勒克（Jean Jacques Lequeu）的绘画作品集——中，我们找到了那个著名的图像：一个相当健壮的女人躺在一座拱廊底下。这幅绘画选取了能描摹出她双乳轮廓的角度，而在拱廊之上可以看见一只正在飞翔的鸟。名为“他是自由的”这幅画翻转了吸血鬼文化——这只简单的小鸟取代了令人害怕的吸血鬼，而这对饱满的双峰则取代了对乳房干涸的恐惧——并将我们带回到本文的核心关切：对母乳喂养的倡导与定义一种崭新的、革命性的、作为自由的主体之间的关系。我们已然论述过，这一倡导必须被看作对焦虑的一种表现，尤其接近于吸血鬼小说中所表达的内容。我们也已论及，焦虑绝不能被诠释，也就是说我们绝不能为它去寻找一个外部的原因。然而，这并没有阻止我们去追问，为什么在18世纪晚期以及19世纪早期会产生如此之多的焦虑呢？对于这个问题，我们能够在不求助于任何外部现象的情况下给出答案。正是作为自由的主体的这个定义确保了这一焦虑的加剧。也就是说在18世纪，人们从主体中分离出一个分身，而这导致了它的毁灭变得不再可能，不同于那些不朽灵魂的陈旧观念， 136
这个分身使主体能够从世界中脱身而去，同时却不依附于其他的来世准则（otherworldly principle）——这是人们理解中作为灵魂的分身要承受的不幸后果。不同于另外的准则，启蒙运动的分身被构想为一个空无，它不是别的什么，而只是对主体与这个世界依附关系的一种否定。可以说，这个分身保障了主体的*自主性*（autonomy），也就是保障了主体从一种可悲的存在中逃脱的自由——在那样的存在中主体可能会被其他事物、人或者种种传统所摆布。然而，一旦这个分身被如此分离出来，也就是说，一旦当它从这个世界中被释放，主体就会不可避免地时不时地“撞见它”、有些过于逼近地接近它。每当这种情况发生时，焦虑就会再一次地提醒我们保持距离。而这也意味着，有时候真实界会没有预兆地突然将我们击倒，或者说，有的时候我们并没有被给予机会来保护自己幸免于它的来袭。弗洛伊德自己也作此暗示：的确会有一些偶然的情形，在那些时刻，焦虑被遗漏了，它没有出现以促使我们做好准备应对过于逼近的真实界。在这些情况下，结果往往是灾难性的。我们也许认为焦虑伴随着现代主体的出现而增加，而正是这种在符号界之中对真实界的囊括（inclusion）、在现实之中对否定的囊括，向我们发出了警告，它不仅动摇了社会，也容许我们采取应对来抵御一种更加灾难性的对抗。

我们必须采取的应对已经被表达清楚了：我们绝不能停止书写真实界的不可能性，也就是那“全部讲出来”的不可能性。正如拉康在《精神分析的伦理》(*The Ethics of Psychoanalysis*) 中所指出的，康德对美的理解最具表现力地书写了这种不可能性。符号世界——弗洛伊德的伊玛注射之梦的第二个空间——严格地平行于康德关于美的感性论[35]

35　对于 aesthetics 的译法，学界一直有所争议。仅从最通俗易懂的现象层面出发，现当代艺术显然无法用“美”这个概念作为核心来理解或感受。因此，有一部分学者主张用“感性学”来还原 Ästhetik 的原初含义，但这个译法显然也不尽如人意。——译者注

（Kantian conception of the aesthetics of the beautiful）。正如我们所知，在整个 18 世纪，美学问题都占据优先地位。在关于这个主题的广泛研究中可以辨识出一个重要的转变：美学领域一般被认为是排除了主体的。例如，试想一 137
下狄德罗极富影响力的名言：“像帷幕未曾升起那样举动”[36]，这就意味着将主体从美学的领域中剔除，而集中建立这个领域的统一性和同质性。但当其他人是为了更好地影响主体、取得最大化的情绪性效果才将他 / 她排除之时，康德彻底地改写了美学理论，他认为把主体排除是为了保护他 / 她——从而维持作为自由的主体。而得出这一点正是通过定义美的对象：他认为我们不可能将美的对象归结到任何确定的概念之下，也就是说，关于美的对象，我们不可能道出全部所以然。因此，康德把美看作有关一种限度的能指（the signifier of a limit），一个抵御真实界的屏障。而通过美（的中介），这个对象 a，也就是这个保障了主体之自由的空无就被禁止言说了——从而也避免了遗失。

正如我们所知，在康德的革命之前，权利的问题是被“垂直地”界定的，一个超越了人的力量赋予并保障我们

36　狄德罗的原话是要我们想象在舞台的边缘，有一面巨大的墙将演员和观众隔开，“像帷幕未曾升起那样举动”就意味着不为取悦他人同时也忘我地表演。——译者注

的权利。通过康德的革命，有些人已经提出争论，权利的问题是被“水平地”界定的，人们认为一个个体的种种权利只受到其他人权利的限制。[37] 这就使一个主体的（权利）限度来自他的邻人，是邻人阻碍了他得到所有他本可能得到的事物。这种权利观念的问题在于——诚然，如果它不是唯一的现代观念（*the* modern conception），也是其中之一，而且显然它并非来源于康德的主体理论——它只把权利视作一系列的要求，而这些要求能完全用语言来表达，对主张这些权利的主体来说，它们是完全已知的。这种权利观将一个主体、一种意识[38]与别的主体、别的意识相对抗，并通过判定哪个要求对普遍意志而言最为有利来裁决所有的冲突。这种将权利简化为要求的观念导致了主体欲望问题的消失。该权利观消弭了这一点：主体依存于语言所无法诉说的东西，依存于这个不可言说的分身（object *a*）——

---

37 有关存在于一种垂直的和一种水平的权利观念之间的虚假选择，可参见 L. 费里的《权利——古代与现代之间的新争议》(L. Ferry, *Rights—The New Quarrel between the Ancients and the Moderns* [Chicago: University of Chicago Press, 1990])。

38 在她关于《核崇高》(F. Ferguson, “The Nuclear Sublime,” *Diacritics*, [Summer 1984], pp. 4-10)的文章中，弗朗西丝·弗格森认为现代权利的激增产生了这种“意识冲撞意识”的体验。而我想说的是，这种错觉更多地基于将权利简化为要求的这一转变，它并非权利领域扩张不可避免的后果。关于欲望与权利之间关系的更多讨论，参见 J. 柯普洁的论文《由选举权定义的主体》(J. Copjec, “The Subject Defend by Suffrage,” *Lacanian ink* 7 [Spring/Summer, 1993])。

而它也正是我们的自由坚不可摧的支撑。因为，只有在 S_2 的“孤独时刻”，也就是回溯性地决定着我们的意义的最终能指“尚未到来”的时候，我们的行动才能由自我利益以外的其他事物所决定。

因此，正如我已经论述过的，如果说对母乳喂养的倡 138
导不该被理解为一个要求，而应当被理解为一种对欲望的对象－原因的迫切呼唤，那么只有通过保障主体的自由才能恰当地回应它。但如果我们认为，对焦虑充耳不闻的历史主义只不过是一种当下的威胁，那就天真了。显然，这一同样的历史主义回应有可能是与充斥着焦虑的呼唤声同时发生的。可以肯定的是，有不少人将有关乳房干涸的焦虑理解为一种要求：女人应该被归入母亲的范畴，生物学意义上的家庭应该成为社会的初级细胞，纵使这些要求——要女人放弃她的欲望，要人们将自己的信念寄予在性关系上——完全走向了这个自身可能性才刚刚开启的政治计划的反面。

在当代的这一类对母乳喂养颂扬的历史主义回应里，维克多·弗兰肯斯坦可能是其中最有启发性的范例。正如许多批评家所指出的那样，《弗兰肯斯坦》是一部关于母性（motherhood）的小说，而弗兰肯斯坦在其中扮演了一个糟透了的母亲角色。不过，到底是什么让他如此糟糕呢？并不是因为他拒绝了“他的孩子”的要求，而是因为弗兰肯斯坦把他的呼叫（cry）解读成一个要求。此前我们曾反问过，这个怪物证明自身存在合理性的尝试不正好将会毁灭这种存在吗——明知这是必然的结果。在这里我们必须注意到，怪物正是将辩护提供给弗兰肯斯坦，而这并非一种巧合，只有弗兰肯斯坦一个人听到了怪物冗长的讲话，而怪物所说的全部都以引用的方式被陈述，因为我们（与沃尔顿一同）是从弗兰肯斯坦（而不是怪物）那里听到他所说的。如果弗兰肯斯坦能够一字不漏地引用这段长篇大论，我们只能猜想这是因为他从字面上来理解这个怪物（takes the monster literally）[39]，为了搞清楚怪物想要说的，也就是怪物的欲望，他拒绝去质疑怪物所说的话。

换句话说，对弗兰肯斯坦而言，这个怪物并非我们所认为的那样，是一个怪怖的存有，对弗兰肯斯坦这样一个科学家来说，没有无意义的纯粹生命（pure being）——没
139 有欲望。除了初次看到这个实验失败的怪物式化身而感到

39　需要注意的是，这里弗兰肯斯坦是按照字面意思理解怪物的字词，也就是说弗兰肯斯坦忽略了怪物的欲望，这与作者在导论中对读者们提出的要求“按照字面对待欲望”正好相反。——译者注

震惊以外，弗兰肯斯坦像对待其他有生命的事物那样对待这个生物，将它们的权利视为侵蚀他自身权利的一种威胁。所以不足为奇的是，他把怪物的呼叫解读为一种要求，而且是一类具体的要求：对一种性关系的要求。如果他拒绝同意这一要求，这并不是因为他怀疑它的正当性或可实现性（attainability）。事实上，我们能够料想他对这种关系深信不疑，他相信一个主体必须成为另一个他者的补足，或者，与他者参与到一场至死方休的斗争当中。而后一种是他唯一能够想象的与怪物的关系，于是他拒绝了怪物，认为怪物的利益只能意味着他本人的损失。

在这些情形下，这部小说只能像这样结束——伴随着弗兰肯斯坦通往地球尽头的忧郁旅程。因为失去了对象 a 的镇重物——赋予事物以其唯一价值（也就是它们的可欲性）的欲望的对象 - 原因——主体就注定要迷失在对接二连三的事物的追求中，而没有任何自由的希望，也就是说，对主体而言，没有任何可能去选择一条不受到种种事物支配的道路。在某个时刻，弗兰肯斯坦谈到这个怪物时把他叫作“我自己的吸血鬼”。我们知道，这与其说是那个令人恐惧的、具有威胁性的分身的哥特式形象，不如说此时在他的头脑中萦绕的是更加接近于小孩吸吮母亲能量的通俗意象。现在我们认识到，如果他能感受到吸血鬼们在许多他的同时代人那里所引发的焦虑，他的境况或许会更好。

6　无能的大他者：歇斯底里与美国民主　

特氟龙图腾

你并不必事先了解整栋建筑的平面图才能以头撞墙，事实上，正是你的无知担保了这些意外的发生。当我观看电视上的各类节目时，发现它们喜剧性地反复进行着与我们所谓“特氟龙（Teflon）总统”[1]的斗争，我不禁回想起拉康的评论——某种意义上它反讽地效仿了约翰逊博士（Dr. Johnson）对贝克莱主教（Bishop Berkeley）的反驳[2]。晚间新闻反反复复播放摄像机捕捉到的每一个白痴般的错误、每一个厚颜无耻的谎言，并直接与反驳总统言论的图像并置，从而暴露总统言论的虚假性。然而，尽管通过这种方式能够一个接一个地断然驳斥他的言论，但媒体却不能——连它自己都在将信将疑中审慎地承认——威胁到总

1　里根作为一位极富魅力的美国总统，总有避免任何指摘的能力，就像特氟龙涂料的不粘锅一样，任何多余的东西都不会粘住他：无论他的对手揭露多少他的丑闻，选民们都会原谅他。——译者注

2　贝克莱主教认为“存在即被感知”，他据此否认在精神以外的任何物质的存在。英国文人萨缪尔·约翰逊博士听闻友人认为这种思想虽不正确却无法反驳的时候，他用力踢向一块大石头，并在脚被石头弹回来的时候表示“我据此反驳！”约翰逊博士的这一反驳显然也是无力的。——译者注

统自身的地位。从所有这些证明其说辞无能且虚伪的证据之中，罗纳德·里根（Ronald Reagan）几乎毫发无损地走了出来。就像美国拥有了自己的都灵裹尸布（Shroud of Turin），对所有从纤维分析中得出的质疑都保持免疫。

我们可别沦落到懒惰地进行谩骂的地步，切莫仅仅意识到在这个问题上电视被证明是更大的蠢蛋，分析注定会失败，除非能够指明其中确切的错误。而在这个例子中，我们必须（更准确地）指出，电视最终暴露的是自身的“现实主义愚昧”（*realist* imbecility）[3]。这一弊病在《〈失窃的信〉研讨班》（The Seminar on‘The Purloined Letter’）上得到了自己的临床命名，拉康用它来解释，警方为何无法找到从方法上就已经误导的搜查目标：女王失窃的信件。那些警察为何没能找到那么一目了然的目标呢？因为他们在错误的地方寻找它。只有在不可见性不仅是一种物理条件，更是一种精神条件的时候，某物才能在众目睽睽之下（那正是那封信的藏身之处）被隐藏起来。
142 警察对地理性的空间进行了地毯式搜索，但完全忽视了“主

3 拉康的《〈失窃的信〉研讨班》（J. Lacan, “Seminar on ‘The Purloined Letter,’” trans. J. Mehlman, in *Yale French Studies*, no. 48, [1973]）是这篇文章的部分翻译，发表在他的《文集》中，拉康对此的论述还有一个更早的版本，可参见《雅克·拉康第二期研讨班：弗洛伊德学说与精神分析技术中的自我》。

体间的"[4]或者说能指性的空间，而那是这封信未被察觉的所在。因此，现实主义愚昧正是在为"指涉性充盈"（referential plenitude）服务的过程中所犯的一种错误。正如巴特在他的论文《现实主义效果》（The realistic effect）中所描述的，这种愚昧源于对"符号的三方参与的本性"（tripartate nature of the sign）[5]的篡改，即为了指涉物（referent）而割舍（sacrifice）所指——也就是主体间性真理的维度。[6]此外，严格来说要割舍所指的话，需要先抹除陈述（statement）中能述（enunciation）的痕迹。换言之，为了维持"指示性的幻觉"（referential illusion），也就是为了使人们有可能相信，仅凭指涉物就决定一句陈述的真理价值，必须抹去发声者（enunciator）。自19世纪以来，正是对抹除著作者声音这一指涉痕迹的信念，导致了"客观"历史的统治。现实因此变得自明（free standing），它独立并先于任何人所可能做出的陈述。历史因而顺从于现实，它从"那时发生了一些事情，那里存在着一些事物"的事

4 这里所说的"主体间的"并不是心理学意义上的，它所指的并不是那种能够彼此认同对方立场或想法的主体间关系。

5 由皮尔斯主导的一种符号学理论认为，符号的本质是一种三方的关系，分别是符号的物理形式、符号所对应的（客观世界的）对象，以及符号的使用者。——译者注

6 R. 巴特，《现实主义效果》（R. Barthes, "The realistic effect," *Film Reader* 3 [1978], trans. G. Mead from "L' effet de réel," *Communications* 11 [1968], pp. 84-89.）

实中浮现。历史唯一的功能就是告知我们曾发生过的往事。

巴特在 1968 年关于“现实效果”的论文中举出图坦卡门（Tutankhamun）展在当时的成功来证明，历史赋予事物“曾在”（having-been-there）的特质如何持续地引发最为可观的反响，又如何持续地构筑我们的世界，并指挥我们的行动。他出色地为指涉物的现代泛滥提供了例证，唯独缺乏说明其中可谓荒诞的维度，为此，美国电视节目又一次提供了一个更新的例子。临近 1989 年末，主流的本地电视台一时之间都将自己的摄制组和新闻工作者派遣到科罗拉多州的阿斯本。是何原因如此兴师动众？各家电视台都是为了获得一个特别的影像：邦尼饭店门口，伊凡娜曾
143 与唐纳德·特朗普（Donald Trump）对峙的那片空地。[7] 而正是由于愚昧地忠实于指涉物，电视新闻在与里根的战斗中沦为受骗者。新闻工作者们如此地痴迷于去弄清总统的谎言和错误——让我们将这些称为里根的指涉性失败（referential failures）——以至于他们忽视了去思考整件事情的主体间性维度，他们忘记了把美国观众对里根强烈的爱纳入考虑。如果你对爱有所了解的话，那么就必然也懂

7　此处存疑。根据互联网上可查到的媒体报道，1989 年特朗普一家在阿斯本的这家饭店用餐，期间，他的第一任妻子伊凡娜·特朗普和他后来的第二任妻子马拉·梅普尔斯（Marla Maples）狭路相逢，两人在饭店发生冲突。——译者注

一点拉康，你明白他所说的“爱就是给出你所没有的东西”（love is giving what you do not have）。拉康的意思是，一个人爱另一个人是爱对方身上某种溢出了的东西(something more than the other)，某些超出了对方的外显（manifestation）、超出了一切他所能给予的却又无法名状的东西。我们接受一个人的礼物和照料是因为我们爱他，而不是因为他给了我们这些礼物而爱他。正是因为我们爱的是某些超越了礼物的东西，而非礼物本身，我们有可能厌恶这些礼物，或在对方的外显中挑出毛病，但依然爱对方——正如歇斯底里的行为向我们所证明的那样。这个被人所爱的不可名状的过剩、这个超出其外的东西，就是拉康所说的对象 a，我们可以说电视并不需要了解任何拉康的理论也会被这个对象撞倒。电视所攻击的是总统的陈述（statements），却完全无损于对象 a，也就是能述的位置(instance）——而它正是“现实主义愚昧”总会且必然（作为其可能性的条件)无视的。正是这个对象让里根成为里根，正是在这个对象之中——显然不是在他的陈述里——人们发现了他的一致性。美国人不是因为里根所说的话而爱他，他们爱他，仅仅是因为他是里根。

重点在于，不要将对象混淆于某些诗意的、本质主义的主体观。这个对象并不先于陈述，相反却是它的回溯性效果，或者说是超出了说出来的东西的剩余，并且这个剩余“总是回到相同的地方”，回溯性地——无论与产生了
144 它的陈述是如何地自相矛盾——命名了同一个事物。这就是为什么任何仅仅诉诸指涉物的举动、任何对主体言论的反驳都不能够驱散它——因为它假定了一个无须自我等同却又同一的主体（a subject that is the same without being self-identical）。

人们普遍注意到，美国对新闻媒体的欠缺尊重与它对里根的爱相互平衡。人们也注意到，像英国、法国和美国这些“自由资产阶级国度”（拥有长期民主制度的国家）对警方不甚抱有好感。[8] 这些观察并不是无关要紧的，因为这可能暗示着正是因为媒体类似警察那样的行径，才使他们惹人不悦。不过，需要澄清的是“像警方那样行动”到底意味着什么，我们因此会涉及一种特定的小说类型——它最初且最主要诞生于英国、法国和美国[9]——而这类小说

8 参见 E. 曼德尔，《愉悦的谋杀：犯罪故事的一种社会史》(E. Mandel, *Delightful Murder: A Social History of the Crime Story* [London: Pluto Press, 1984])。

9 R. 阿莱文，《侦探小说的起源》(R. Alewyn, “The Origin of the Detective Novel,” in *The Poetics of Murder*, ed. Glenn Moste and William W. Stowe [New York: Harcourt, Brace, Jovanovich, 1983], p. 65.)。每当侦探小说和民主之间的联系被建立的时候，人们通常将这种联系归结于证据法的确立。比如，可参见 H. 海克拉夫，《为了快感的谋杀》(H. Haycraft, *Murder for Pleasure* [New York: Appleton-Century,1942], pp. 312-318.)。

总是意欲诋毁这些行动：它被称为侦探小说。为了褒扬后者，这种小说系统性地从警方的法则（law）中分化出侦探的法则。而我的假设则是，侦探小说是现代民主的一种产物，因此，我将论证侦探的法则如何导向（subtend）了民主，同时我将解释它又如何受到来自警方的法则也就是科学现实主义法则的戕害。

当然还有一些人会继续坚持将侦探小说的源头追溯到希腊喜剧，但大部分批评家都愿意承认，作为一种历史性地形成的特殊形式，侦探小说仅仅从1840年代才开始伴随着埃德加·爱伦·坡（Edgar Allen Poe）这些作家问世。然而，持前一种信念的人通常会争论说，这个类型是由科学理性的兴起以及实证法（laws of evidence）的确立而带来的。紧接着他们会提出，侦探小说颂扬了科学理性，而侦探正是实证主义思想的范本。该论点的拥趸所忽视的是，在侦探小说中，科学理性仅仅以被嘲弄和被颠覆的方式而出现。他们所一直无视的是，侦探参与的是一场“符号突变”（symbolic mutation），而这场突变在别的地方被称作民主革命。[10] 不

10 在这里我要致谢克劳德·勒弗尔的杰出著作所带来的帮助。勒弗尔并没有仅仅将现代民主制度理论化为一种政府形式，而是提出了更为根本性的认识：它还是一场“符号秩序的突变”。在接下来的章节，我将会更充分地描绘这场突变所包含的事物，而它又如何开始被第二场突变所取代。

过，我并非认为在科学革命与社会革命之间没有联系，事实上联系的确存在。

145 为了理解这种联系——以及这两项之间差异的微妙性——让我们回到“特氟龙总统”的现象上。设想一个与我们所提出的观点不同的看法是有可能的：人们可能相反会认为，随着美国电视观众继续相信这位总统，哪怕对他的言辞越来越起疑，他们正重复着——以一种独特的 20 世纪的方式——17 世纪晚期哲学家勒内·笛卡尔（René Descartes）的姿态。因为笛卡尔所做的难道不就是揭示一个位置（根据语言学的理论，我们一直把它称作“发声位置”[enunciating instance]）的存在吗？这个位置超出了主体所可能做出的一切说明或陈述内容。我思（cogito）不是别的，它正是这个发声的位置，笛卡尔将它孤立出来，而这成就了他意义非凡的、产生历史性影响的观点：纵使一个人所想的一切，所说出的一切，都可被怀疑、可被证明对某些错误或欺骗负有过失，但怀疑的位置（the *instance* of doudt）——这个思想或言说的位置——却无法被怀疑，在所有犯错的指控跟前，它始终是无罪的。

美国人并不是第一次被怀疑抱有笛卡尔式的同感。例如，在《美国的民主》（*Democracy in America*）第二部分的一开篇，阿列克谢·德·托克维尔（Alexis de Tocqueville）断言，笛卡尔主义是民主政治思想的自然模式。[11] 与其仰仗他人的权威，仰仗前辈学者所确立的知识传统，德·托克维尔认为民主制之下的民众宁愿将他们的想法建立在常识上，或者说建立在那些清晰而明确的观念上，而从原则上，任何愿意对自己的想法进行彻底怀疑的人，也就是任何愿意自觉清除其所有主观色彩（subjective particulars）的人，都具备这些观念。当然，这一根本性运作所提炼出的是一个纯净的主体模式，简单地说，也就是属于现代科学的那个去自然的（denatured）、普世的主体。有些人可能会提出反对意见，认为笛卡尔的思想中有不少非科学的把戏，比如他利用上帝作为伎俩来欺骗科学，但这种看法不过是一种误解，因为笛卡尔的上帝只不过说明了（上帝这个）“大他者正如你一样”这个原则。而现代科学也正建立在这一 146
原则之上——根据这一原则将形成一种完全共识（total consensus）的可能性。

11 A. 德·托克维尔，《美国的民主》，第二部分（A. de Tocqueville, *Democracy in America*, part 2 [New York: Knopf, 1945], pp. 37.）。雅克－阿兰·米勒在他未出版的研讨班《外亲性》（*Extimité*，1985—1986）中强调了笛卡尔主义和民主之间的关系，他同时概述了它们两者与精神分析之间的亲缘关系。相比德·托克维尔，米勒的讨论延伸得更广，也更加理论化。

然而，这不仅与科学相关。这一原理同样也激发了 18 世纪种种伟大的民主革命，作为科学之父的笛卡尔也成为美国革命之父。因为若不是笛卡尔孤立出这个抽象位置，人们就不会想到要为一个普遍主体——其价值并不由种族、信仰、肤色、性别或者生活中的身份位置所决定——的种种权利而斗争，人们也将不会想到要代表全部主体的自由与正义而发动一场以没有特征的民主主体为名的战役。

美国对自身“根本无罪性”（radical innocence）的意识极为深刻地根植于一个信念：有一种基本的人性，共享这一人性的公民尽管是多样的却不会将之改变。民主是一个全称量词（universal quantifier），美国——“熔炉”“移民国家”——通过它将自身构建为一个国家。如果我们全体公民能够被称为美国人的话，这并不是因为我们分享了任何实证的特征，而是因为我们被赋予了权利去摆脱这些特征，也就是在律法面前将自身呈现为一种非具身（disembodied）的权利。我抛开了实证性的身份（positive identity），因而我是一位公民。这是民主的独特逻辑。这个逻辑同样也能够被用来解释特氟龙总统的现象。一个被国旗煽动起情感的美国公众，对国旗所代表的基本民主原则的信念也会增倍。里根在很大程度上要为煽动这一情绪而负责，他成为一个象征库（emblematic repository），同时他最为显著地受益于这种信念——相信存在着一个我们得以认出自身的珍贵、普遍而“无罪”的位置，它超越了所有从这个位置上做出的那些形形色色、半信半疑的陈述。

于是，现在我们有了针对同一个现象的两种不同解释。
在这两种情况下，我们认为针对里根的种种责难都没有击
中要害，因为它们都只是针对一个具体的人——他的阶级
从属以及盟友（布鲁明戴尔 [Bloomingdale] 的朋友们），
他作为一名演员的职业背景，他的“心理素质”（他对“干 147
涉”行政事务的不情愿，对回忆起细节的无能或不乐意）等。
然而，通过在对象 a 和我思之间、在精神分析的解释和哲
学的解释之间建立平行性，难道我们不会重新招徕那个最
常见的、对精神分析的控诉吗：精神分析是非历史的，它
为推崇一个抽象而普遍的主体，而忽视了具体的个体。这
个控诉又在多大程度上成立呢？

我们必须首先想到的是，“普遍主体”这个概念本身并不是非历史的，正如我们已提到的，笛卡尔在 17 世纪末才将它引入，所以相反地我们必须承认，它是一个现代的、具有历史特殊性的概念——而没有这个概念，精神分

析将会是不可想象的。因为精神分析同样在处理一个有关非实在的主体（nonconcrete subject）的问题，唯名论者宣称，在每日的现实中遇到的所有个体都是特殊且确定的，而精神分析却将自身建立在对这个观点的否定上。在精神分析看来，主体从来不是完全确定的，并把这种不可确定性作为主体的真正特性。这便是为何对精神分析主体概念的历史主义回应如此地误导人。这种回应——许多当代理论都以此为特点——将普遍主体理解为一个模糊的概念，只要稍加努力以及更贴近的历史知识，就能赋予它以更加明确的属性。这种草率的历史主义未能理解的是，普遍主体并不是一个模糊的概念，而是查尔斯·皮尔斯意义上的一般（general）概念。也就是说，这个概念并非不充分地或者说错误地描绘了一个其结构已实际确定了的主体，而是准确地揭示了一个在某种意义上具有客观不确定性（objectively indeterminate）的主体。与对普遍主体的流行批判相左，精神分析强调这个概念的政治重要性。

然而，尽管我们承认了精神分析主体观与笛卡尔式主体观之间的相似性，但我们也已经开始强调它们的差异了。因为如果这两者都宣称自身缺乏实体性及确定性的存在的
148 话，那么也只有精神分析的主体能够在严格意义下被称为

不确定的。与之相反的是，我思是一个确定性的位置。这之间的差异该如何解释呢？在爱的面向下的对象 a，就是我思。

让我们再一次援引拉康的公式：爱是一个人给出他 / 她没有的东西。不过，这一次让我们把视角放在回顾需求（need）、要求（demand）和欲望这三者的差异上。在需求的层面上，主体能够通过大他者拥有的某些事物而得到满足。一个饥饿的小孩能够被食物所满足——也仅仅是通过食物。如果母亲错误地领会孩子哭的意义，给了他一块毛毯，那么她当然就不能满足这个孩子。能满足需求的总是一个特殊的客体，比如营养或者温暖。这个问题并不是无所谓的，一个事物不能被另一个事物所替代。而爱位于下一个层级上，也就是处在要求的层级上。对一个通过哭喊来表达对爱的要求的孩子而言，给他毛毯、食物或者哪怕是责骂，都不会有多少区别。客体的特殊性（particularity）在这里被废除了，几乎任何事物都可以满足——只要它来自要求被传达的那一方。换句话说，不同于特定的需求，要求是绝对的、普遍化的。无关紧要的客体全都被当作大他者爱的信号而接受。不过，这意味着什么呢？它意味着客体开始代表了某些比它们自身更多的东西，也就是说，在这里大他者似乎给予了某些比这些客体更多的东西。这“多出来的东西”（something more）是什么呢，那么爱又是什么呢？这更多的东西正是大他者（或主体）的存有中尚未确定的部分（用拉康的术语来说就是对象a），也就是说，大他者（或主体）就是这个“多出来”的部分，但它并未拥有（have）它，因此也无法给出它。然而，爱的欺骗性在于，大他者能够给出对象a，它能够将自身存有中不确定的部分交付给主体，而主体也因此成为大他者唯一（solo）的满足、它存在的原因（reason to be）。这个关系是相互的，与此同时主体也将它所缺失的东西交付给大他者。最后是欲望的层次。在这个层次上，大他者保留了它所没有的东西，并没有将它交付给主体。于是，主体欲望所针对的是一种特殊的绝对（particular absolute），绝对
149 的意思在于，如同要求那样，主体针对的是超越了特定客体的“更多的东西”；特殊在于，大他者拒绝交出它，这也就意味着它对大他者而言始终是独有的——也就是不可让渡的（nontransferable）。

让我们回到我们的讨论：我思的确定性源于大他者之爱。在我思的确定性以外，爱的逻辑解释了一个不同寻常的事实：当笛卡尔开始通过我思来建立他的确定性并对我

思的全部想法进行怀疑的时候，他（以及由他所赋权的历史主义）却最终默许了我思消失在其想法及陈述的真理之下。只要这些无关紧要（indifferent）且可疑的（doubtable）客体是从我思那里来的，它们便被接受了——既作为大他者爱的能指，也作为那些将一个我思与另一个我思相联结的真理和互通性（communicability）的能指。

但美国的情况稍微有所偏离。在这里我们特别强调为了颂扬差异与特殊性而抗拒属于我思秩序的普遍化。但这并不意味着我们已经放弃去爱我们的领袖。不幸在于，我们依旧参与到爱的欺骗当中，认为大他者将会给予我们它所不可能给予的东西。简言之，我们依旧要求有一位主人（master），不过这位主人与那个维系着我思的大他者有显著的不同，因为我们需要这位主人郑重地认可我们的独一性（singularity），而非我们的共性（commonality）。然而，在向被选举出来的领袖提出这个要求的时候，美国人遭遇了一种进退两难：每个委派（accreditation）的信号（sign）[12]都取缔了它们本以为在证明的差异，因为正是通过证明差异、通过沟通差异与差异，任何信号都自动地普遍化了它们所在代表的东西，也就因此抹杀了自身的独一性，那么，

12　指选票。——译者注

该怎样才能同时既维持与一位主人的关系又保留自己的独特性?

用精神分析的术语来说，美国的解决方案是歇斯底里式的：它选出了一位明摆着并不可靠的主人——在有些情况下，甚至是不称职的主人。若仔细观察，有时候看起来似乎是障碍的东西其实是一种解决：美国爱他们的主人们，
150 不仅不顾忌他们的虚弱，而且恰恰因为他们的虚弱。我们可以这样认为：以多元主义（pluralism）为特征的美国民主制度有赖于我们对一位*无能的*（unvermögender）大他者的忠诚[13]。如果这位大他者所说或所做的一切未能履行我们所寻求的委派，如果大他者所有的回应都被证明是不恰当的，那么这样一来我们的差异性就得到了拯救，它将完好如初，如同我们的忠诚一样未被削弱——而我们的要求，锁定了大他者而不是它的反应。事实上，正是要求与回应之间的错位——我们对大他者回应的期望的落空——维系了我们的差异性以及我们的忠诚。在我们与我思的关系中，我思的全部陈述都被视为真理，不同于

13　在描述她的父亲时，杜拉使用的短语是“ein vermögender Mann”（手段很多的男人），而弗洛伊德从中察觉的却是“ein unvermögender Mann”（没有办法、无能、阳痿的男人）。通过给出这个描述，杜拉表明她要求有一位主人，而通过进一步诠释她的描述，弗洛伊德指明了歇斯底里者偏好的主人类型。

此的是，我们与这个无能的大他者的关系确保了它的陈述都将被视作谎言。

那么，电视新闻——为了总结我们对特氟龙图腾的思考——并不像我们最初认定的那样，是为了让里根声名扫地而指出他陈述中的错误。相反，通过折损他的信誉，电视新闻意图使我们保持对他的关注。正如杜拉投身于成全她那无能的（invalid）父亲[14]，为了使那个召唤了主人的美式要求保持活力，新闻也将自身投入了歇斯底里的电视展示当中。

不过必须澄清的是，从某种意义上，这个支撑着这一特定的、与主人的美国式关系的悖论，是民主本身所特有的。民主将主体歇斯底里化了。许多无法弥合的悖论都可以证实这个观点，但我们将只提出其中的一个，也就是普选权（universal suffrage）的实践所产生的悖论。而根据这一权利的相关条款，每一位公民都被给予了机会去表达他或她的个人意志；每一位公民都被给予了重要的一票。悖论在于，它只能被计为一（one），也就是只能作为一个抽象的统计数据。个体的特殊性因此恰恰就在这一表达的行动中

14 在杜拉的案例中，她认为自己充当了父亲婚外恋的道具：父亲拿她与 K 先生交换 K 太太。——译者注

被取消了。[15]一个人的差异性，如果根据定义就是那种没有得到承认的东西，那么任何的承认都会偏离目标，留下某些不被注意的东西。民主的主体因而被持续地歇斯底里化，分裂在寻求命名它的能指与拒绝被命名的谜团(enigma)之间。

151 民主的美式形态的问题在于，无论它如何公然地谴责大他者的行动，它仍然继续信仰着大他者所拥有的权力，相信大他者能够认可其公民自我声称的那些不胜枚举的差异。而这种信念催生了一种“微小差异的自恋”，弗洛伊德以及所有其他“布尔乔亚个人主义”的批评者们早已就这一点警示过我们。这种自恋助长了面对差异时那种固执而危险的防御，而这将因此把我们从我们的邻人那里彻底孤立出来。然而，对赋权大他者（the Other-who-authorizes）的信仰，使我们深信（无视每一种相反的迹象），这种隔绝从原则上是能够和平地维持下去，同时大他者主持着一个非冲突的空间：在那里，全部的差异都能和谐共存。

拉康对美国的自我心理学及——更进一步的——“美国生活方式”的系统攻击，也是为了保卫一种不同的差异

---

15 勒弗尔利用这个悖论提出了一个不同的观点：普选权阻挠了“人民”的观念被具体化，因为数字有害于实质(substance)。它们将“人民”的形象去实体化了(C. Lefort, *Democracy and Political Theory* [Minneapolis: University of Minnesota Press, 1988], pp. 18-19.)。

观而展开的。这种差异观所认为的差异并不要求在当下就得到关注与承认，相反，这种差异在时间的流逝以及与他者的关系之中等待着被剥离（exfoliated）。只有当我们放弃了对大他者的吁求之时，也就是当我们接受了并没有“大他者的大他者”（no Other of the Other）这个事实的时候，这种别样的差异方能出现。没有什么能担保大他者的确定性、一致性或完整性。大他者并不拥有我们所想要的东西，也不拥有可以确认我们存在的东西。

从类似里根 / 新闻的关系这些本土现象，再到我们对法律所扮演角色的基本设想，方方面面都明显地说明，美国还未抵达能够理解这种差异观的关口。在美国，为了不妨碍每个主体的个体性茁壮发展，人们假定民主的原则（the law of democracy）在于退居幕后，越退后越好，尽可能少地进行干预。人们推动大政府退场，驱使它声称自己仅仅作为监督个体保护的中立方。为了阐明这个原则，我想提醒读者想一想美国一直以来从很大程度上进行空间布局的方式。在 1785 年的土地条例中，托马斯·杰斐逊（另一位“民主之父”）颁布法令，西部的领土将会按照一个网格 152
状方案（grid plan）来布局，而这一方案取材自一些重要的东部城市。如果要说什么是一种笛卡尔式的姿态，那么这就是，因为网格忽略了所有地形学上的特征，使美国屈从于一个抽象的法律。为之辩护的一种观点认为——也是它能被如此广泛地接受的原因，这个方案被认为是合法分割空间的方法中最不突兀也最为中立的那个。网格并没有在事先规定建筑、城市或者任何将要占据特定象限的事物的种类，它被理解为一种没有规划的方案（a plan without a program）。

这样一种律法观念的背后是一个信念，即相信有一位可提供保护的（针对我们将马上提到的情况）、前后一致的大他者，它从原则上能顾及其公民的所有要求。精神分析的律法观却与之不同，它眼中的律法表现出某种异乎寻常的暴力，并不仅仅表现得“中立”。在法的自身内部有着某种目无法纪（lawless）的东西——参照网格的形象，让我们把它称为百老汇（Broadway）[16]。可以说，拉康对“美国生活方式”的批判其矛头直指我们对“百老汇”的抑制。在美国人的观念里，正义只需要被分配，而与之对立的是，精神分析的观念相信，正义必须被创造出来。

16　众所周知，纽约的街道按照网格状来设计，以数字为名，比如著名的“第五大道”。而广义上的百老汇横跨了数条街道，剧院林立，事实上早已溢出了这种网格规划。——译者注

权力的现代形式

> 在人的种群之上存在着一种巨大的保护性的权力……它绝对、细微、严明、节制且和煦……它为（它的公民们）提供安全保障，为他们事先预备和供应必需品，应对他们的主要关切，指导他们的工商业活动……我一直认为，刚才描绘的这种严明、悄然且温和的奴役办法（servitude），可能比人们通常想象的更容易具备自由的外部形式，甚至可以将自身建立在人民主权的幌子下。[17]

这是作者德·托克维尔在《美国的民主》中最有名的 153
段落之一。不过，它可能会给我们中的有些人带来一些怪怖感（uncanny）。得益于福柯的分析，我们已经相当地熟悉这种“温和且节制”的全新律法形式所带来的矛盾效应，因为在《规训与惩罚》激动人心的开场，我们就见证了一种为其臣民谋求福利供给的权力形式如何全面地取代了一种压制性的权力形式。但这一比较使我们不得不注意到一个令人不安的关键性差异：当1835年德·托克维尔写作此书的时候，他害怕出现的这一新的专制形式（despotism）

17 德·托克维尔，《美国的民主》，第319页。

还尚不存在，然而当福柯写作《规训与惩罚》的时候，极权主义政体已经催生了法西斯主义以及一系列其他的专制恐怖。那么，福柯怎么能够继续以定冠词“the”为前缀谈论现代权力形式，就像只有这一种形式呢？我想要批判的并不只是他的历史盲点，更是他对规训权力的理解本身（因为它正是这个盲点更根本的来源）。福柯对它的呈现，就像它是一种永久可行的权力形式，好像它的持久延续并不会必然导致自身招致极权主义的颠覆。而由德·托克维尔推动的论点则更具优势，因为它将民主的监护形式理解为不稳定的：要不被对新自由的拥护所推翻，要不被一种新的专制主义所完全取代。

有关这一现代权力形式的基本论点——除了在德·托克维尔和福柯那里共有，还有其他别的作者——具体是什么呢？使这种权力成为可能的是历史上对君主制的推翻。从这个时刻开始，权力不再与国王的身体或者其他任何的来源结合在一起。所有与旧社会秩序——与它的传统、知识、传承物以及它的“父亲们”——的联系都被彻底地切断了，新的秩序在它们消失的地方被构筑。不过，如果权力不再与一个来源（source）相结合，如果没有权威来行使权力，那么是什么将现代权力的行使合法化了？它像是为自己立

法，不凭借任何来自外部的支撑。社会在生成权力的同时， 154
权力也在生成社会——我们在这里遇到的是述行性话语（performative utterance）的典型回路。现代权力内在于建构社会秩序的种种关系之中。正是现代权力的这一侧面——其非人格的（impersonal）且无处不在的本质——最令人不安，因为它让主体面临陷入一种宰制网络（network of domination）的危险。然而，通过主张社会领域不可能被总体化，即主张社会领域由大量不同的，甚至相互冲撞的话语交织而成，福柯的理论似乎为逃脱这种宰制的总体性提供了一个出口。在话语冲撞造成的裂口里，在宰制网络的空隙间，抵抗的载体（pockets of resistance）得以形成。

我相信总有人会稍作停顿，对这些矛盾话语是否必然在事实层面引起抵抗而抱有怀疑，或许是因为福柯将所有的精神分析师都逐出了他的共和国。因为人们似乎有理由预期，同一个主体被召唤去占据不同的主体立场，将引发这些立场间的彼此冲突，然而精神分析却发展出一种逻辑，使我们理解一个主体如何有可能同时维持两种矛盾的立场，也使我们理解一个主体如何可能在持一个立场的同时压抑它的反面，更使我们理解一个社会如何能够建立在对其所包含的种种矛盾不予承认（nonrecognition）的基础上。

在这里引发我们兴趣的正是上述最后的那种可能性，因此我们要回到《图腾与禁忌》，在该书中弗洛伊德通过描述社会的图腾形式，详细阐述了这一可能性的条件。这个社会是如何形成的呢？原父——那个将所有权力和享乐都独占了的父亲——被兄弟们杀死了。[18] 为了铭记作为既成事实的弑父，也为了使兄弟们自我保证他们将从此人人平等，也就是为了确保没有人会占据死去了的父亲的位置，社会在儿子的旗帜（指父亲的缺席）下得以建立。既然原父是享乐也就是过量享乐（excess enjoyment）的法则，那么他的缺席的能指就将是承诺守护社会的儿子，他将使社会免于享乐回归的创伤。儿子代表着对过量享乐的摒弃，或者说，代表着享乐的干涸，因此他也代表了平均地分摊
155 愉悦感的可能性。按照拉康的术语，儿子所驱逐的事物正是对象 a，如果读者能回想一下，便能明白它正是主体中过剩的部分，也就是那个令主体与自身相离心（excentric to itself），或者说是使主体有别于自身的那个东西。对过

18 我的这部分讨论建立在对原父和理想父亲或俄狄浦斯父亲的区分上，该区分来源于 M. 西尔维斯特的文章《精神分析中父亲的功能》(M. Silvestre, “Le père, safonction dans la psychanalyse,” *Oricar?*, no. 34 [July-Sept. 1985], pp. 14-40.)。西尔维斯特自然在文章中详细阐述了拉康在《精神分析的另一面》(J. Lacan, *L’envers de la psychanalyse* [Paris: Seuil, 1991], pp: 117-135.)的“俄狄浦斯、摩西和部落之父”(“Oedipe et Moïse et le père de la horde”)一节中做出的原有区分。

量快感的驱逐使儿子成为一位理想父亲，用德·托克维尔的话来说就是“温和且节制”的，而用佩吉·诺南（Peggy Noonan）的话，则是“更友善也更温柔”[19]。朝向他所在的那个位置，也就是知识的位置，我们提出了所有的问题，因此在我们的想象中，他常常拥有一种教育者的品质（设想一下，例如诺南的理想型：美国新的“教育总统”）。紧随着对原父的谋杀，在毁灭性的不确定性，也就是合法性的危机中，这位理想的父亲树立了一种被极度渴求的确定性。

就目前看来，福柯对现代权力的描绘与弗洛伊德的版本很相近。正如福柯声称的——他单拣出一个历史时刻，而非针对这一较早的权力形式的整个结构——《规训与惩罚》的一开篇，并不是在描绘君主制的景观，而是原父那淫秽且创伤性的享乐场景：它由兄弟们所建立的社会（the society of brothers）回溯性地建构出来。为了满足他（原父）的享乐，达密安（Damiens）被四马分尸，焚尸扬灰。[20]随后，福柯在文本中通过详细记述“巴黎年轻囚徒所”的规则片段来记录他的弑君。在阅读这些规则的

19 乔治·布什的演讲稿写手，想必人们有可能已经忘记她了。

20 这里提到的事件即福柯在《规训与惩罚》一开头描绘的 1757 年对弑君未遂者达米安的公开处决。——译者注

过程中，我们能够注意到律法此时已采用了一种保护性的形式：它指导、监视、守护、操持着犯人该如何度日。不仅如此，它还建构了完整的一天（the day）以及在这一天中的囚犯。律法表现了符号界那肯定性的（affirmative）且实证性的力量，通过命名，它使这个世界得以生成（come into being）。拉康称这一律法形式为父性隐喻（paternal metaphor），或父姓（Name-of-the-Father）[21]。知识和权力的符号性联合使囚犯沐浴在可理解性（intelligibility）的光芒之中。正如我们已提到的，囚犯完全地臣服于新的律法，因为它既是自身存在的原因，也是自身可见性的原因。不过，福柯所分析的这个规训化的社会从未远离被僭越的可能。权力被颠覆的可能性如同幽灵一般，萦绕在这个结构当中。这是为什么呢？

156 福柯的观点再次认为，正是话语的多样性保留了这种颠覆的愿景。然而，弗洛伊德对社会图腾形式的分析却给出了一个不同的答案。这位理想父亲——兄弟社会中的领头者——只有通过禁止过量的享乐，才能确认并成就联盟

21 1951 年，拉康在讨论弗洛伊德的案例时，首次使用了“Nom-du-père”这个说法，后来拉康以“Des noms-du-père”为题开设了一期研讨班，不过只开了一课后便因故中断。根据米勒的解释，之所以使用复数的 noms，正是拉康在强调父亲的符号职能，而非指向一个真实的父亲。——译者注

的管理法则，换句话说，只有通过驱逐对象 a，也就是标记了可理解性坍塌的那个临界点，才能成就知识与可理解性的法则。福柯意欲通过驱逐压制性父亲的观念，在此之上建立自己对规训式权力的分析。他认为自己通过描绘一种温和而节制的律法，即精神分析术语中的理想父亲，就足以完成这个任务。但问题在于，清除了原父——那个独占并控制享乐的人（the one who commands *jouissance*）——并代之以理想父亲（知识/权力的律法），福柯又召回了那个他意图逐出的原理：禁令的原理。因为，理想父亲正是那个禁止——享乐的父亲。他之所以能够庇佑和保护，正是因为他禁止了过量的愉悦。根据弗洛伊德的观点，正是他的种种禁令——而不是其他相对立的话语或主体位置——给予了主体一丝希望；正是这些禁令暗示了触犯的可能性。在对过量享乐的禁止中，它们似乎成了享乐唯一的阻碍；主体/囚犯得以自由地去幻想解除它们，以及解除之后他所能得到的慷慨愉悦。

然而，我们如何能确定福柯就是不正确的？为什么不同话语间的潜在冲突就不能提供僭越的可能性？因为在一个图腾社会里，即一个受保护性权力统治的社会里，话语间的矛盾在很大程度上不被承认并且被有意识地防范。图腾社会是多元化的。美国就是一则范例。在这种博爱中，兄弟们的自主性和独立性得到了严格担保。这个场域可能充斥着矛盾，但这些矛盾却丝毫没有干扰到社会。这并不意味着社会秩序保持着稳定，我们刚才曾提到，事实并非
157 如此。正如弗洛伊德在《文明及其不满》中所阐明的，一个人越是放弃享乐，他就越发地陷入放弃享乐的强制中(the more one renounces enjoyment, the more one is obliged to renounce it)。对愉悦的每一次割舍（sacrifice）都增强了对割舍的要求。在一个由节制性的权力——一位理想父亲——所统治的社会，禁令会变得越来越多。看看每天围绕着我们的大量新增的禁令：各种屏障——从大门、壕沟到警犬——开始包围我们的家，并禁止任何陌生人的进入；到处张贴着禁令，从墙上到牛奶盒——不要在这里或那里抽烟，不要吃这个或那个，最重要的是不要虐待你的孩子。保护性权力从根本上说就是原父(享乐之人)之死的能指，如果需要对这一点的任何证明，那么没有什么比当下人们对儿童虐待的困扰更恰当的了。原父首先是那个引诱了孩子的父亲——至少在精神分析那里，他最时常以这样的面貌出现在歇斯底里来访者的抱怨中。针对原父所发起的反对，也更广泛地可见于渐增的、对他人之愉快的厌恶当中。

事实上在当今社会，难以忍受的他者就是快感。近来越发增加的也正是禁令。这些机制构成了福柯称之为监视（surveillance）的现象。

在这里读者可能已经认出了我们此前所说的无能的大他者，理想父亲就是一个毫无办法的人（a man without means）。成为欲望主人——也就是理想父亲被假定该有的样子——的唯一途径，要不是变得无能，要不就是死去。这位父亲所建构的兄弟社会（fraternity）同样也是无能的，避免兄弟间的纷争所需的禁令让它瘫痪了。詹姆斯·乔伊斯的《柏林都人》（*Dubliners*）是文学上最佳的例证。语言、国家与宗教。三位理想父亲，一个禁令的泥淖。这样一个社会无法永远持续。最终，理想父亲的律法被废止，暴虐的原父归来。一个极权主义的政权着手接管。

关键在于要认识到极权主义并非简单地恢复了某些早先的专制形式，譬如，倒退回一个特别野蛮的君权秩序。
正如我们一开头就提到的，如果极权主义是一种特定权力 158
的现代形式，这是因为它有赖于民主革命对个体的赋权：民主革命赋予了人民（people）而不是国王或其他领袖以权利。福柯认为，极权主义领袖的权力是“从下而来”的，他的权力纯粹是人民授予他的——通过将他树立在他们自我理想的位置上，正如弗洛伊德在《群体心理学与自我的分析》（*Group Psychology and the Analysis of the Ego*）中所言。而这一点是如此显而易见，以至于古斯塔夫·勒庞（Gustav Le Bon）觉得没必要花费太多篇幅去讨论极权主义领袖，而弗洛伊德也同样不感兴趣，尽管作为一种批评，他提及了这一点。不过，勒庞的视角着重于一个群体中内部成员之间的关系，但弗洛伊德却强调，正是他们与领袖之间所共有的、预先存在的关系，决定了这个群体的极权主义构造。

然而，精神分析并不如人们有时提到的那样，认为所有的群体究其本质都基本是极权主义性质的。相反，它提出了一种分析，有助于我们理解极权主义是如何——但并非不可避免——伴随着民主政治而产生。不过在何种条件下，我们能够使民主得以维系，而预先阻止极权主义的发生？勒弗尔的准则依旧是最佳的："（只有）当权力证明它不属于任何人的时候（belongs to no one），它才是民主，或仍然还是民主的。""……当权力证明它不属于任何人的时候"[22]这个措辞是准确的，但需要作详细说明，因为这句话本身就有不只一种诠释的可能。我们不是已经论证

22　勒弗尔，《民主与政治理论》，第 27 页。有关这两种"无人"之间差异的逻辑，我已在我的文章《选举权所定义的主体》（"The Subject Defined by Suffrage," *Lacanian ink 7* [Spring/Summer 1993], pp. 47-58.）中以一种稍稍不同的方式进行了扩展。

了，图腾社会建立在这一相同的法则——从兄弟们的共同体之中将原父驱逐——之上吗？福柯不也已经就现代规训社会做出了同样的论断吗：全景监狱的中心塔无须有人去占据，而权力若要行使，也无须有人占有权力。然而，我们也已说明图腾社会如何引发对民主的颠覆，并同时批判了福柯对现代权力不同形式的一概而论——因为他没有从极权主义对民主的颠覆中区分出民主政治。但不正是这个“无（需有）人”（no one）的理念合理化了他的一概而论吗？答案是否定的，但肯定多少使这种一概而论变得容易了——在福柯理论的助推下，被证明至今仍具有诱惑性的正是这一潜在的悖论：恰恰是在权力开始不被任何人拥有的时候，每一个人都变得屈从于它。我们或许也在一开始 159
就表明了，福柯理论中的“无人”似乎与勒弗尔的“无人”不尽相同。

福柯所说的“无人”占据中心塔，到底意味着什么呢？

> 权力由谁来行使并不重要。随机选取的任何个体都能操控这个机器……同样地，是什么驱动了他也无关紧要：轻佻的好奇心，孩童的恶意，哲学家对知识的渴求，抑或在偷窥或惩罚当中获得愉悦的

变态心理。[23]

换句话说，这个无人更准确地说是无须特定的人（no one in particular），也就是任何人都可以。或许我们太过于强调一句与边沁全景监狱有关的陈述有些不太公平，毕竟这一建筑装置可能并不足以支撑福柯复杂的理论。不过关键仍然在于，在他的理论中，正如在此处一样，权力“不属于任何人”的概念与一个观察是相关联的，那就是现代权力——或律法——的形式没有外部的担保，它看上去像是自我担保的。这意味着权力的话语或者法律条文并不从说出它们的人那里获得力量，话语所拥有的强制力（force）并不凭借发声者（enunciator）的任何特质、权力或意趣。事实上，话语或者陈述宣告发声者的所有特质、权力或意趣都是无效的，为了用自身同义反复的真理（tautological truth）填补这一空洞而无个性的空间，它抹去了任何偶然的特征。发声者重合于他的功能，即发声者的功能，官僚机构创造了它的产物，也就是无名的非人格化的官僚，“将权力自动化并去个体化”了。

23 M. 福柯，《规训与惩罚》(M. Foucault, *Discipline and Punish* [New York: Vintage, 1979], p. 202.)。

从这个角度来说，现代权力的悖论看上去显得越来越熟悉了。这不是同一个悖论吗？也就是那个清楚地出现在19 世纪的科学陈述、历史叙事、格言当中的悖论，在这些 160
表达形式中，真理的标志不就在于抹除所有能述的痕迹吗？如果福柯的作品如此易于被人们当作 19 世纪的小说理论来接受，这是因为现实主义小说早已在他的术语中被理论化了。叙事者并非任何特定的人，它不过是一种一般化的意识，而这一点已成老生常谈。尽管福柯以及其他人煞费苦心地想要消解那些针对他理论的“妄想式”的诠释，权力却仍然如他所描述的那样，似乎是不可逃脱的，而这无疑要归因于这一事实：通过一种中立的、一般的形式（也就是无来源）来进行自我宣称，权力的话语似乎在其行使的过程中裹挟住每一个人。

当勒弗尔说权力不属于任何人的时候，言下之意却不同于福柯。他所说的权力不属于任何人（belongs to no one）指的是法律*并无担保*（there are no guarantees）这一事实，而并不是说法律是自我担保的。勒弗尔认为，民主是“确定性的终极标志的消解”。产生现代主体的权力话语——律法——既无从担保自身，也无从担保主体的合法性。当主体寻求正当性与赞同的时候，它意识到无人能够作证。现代主体遭遇到的是大他者的盲点，也就是强大的大他者在某种知识上的欠缺（lack of knowledge）——一种无知。

历史学家们无疑正确地指出了19世纪出现的一个情况，那就是信息的大规模收集。当每一个主体作为一种社会价值而变得可见的时候,它也成为一种严密监视的对象。然而，我们必须记住的是，当这种信息激增之时，证实主义（verificationism）就崩溃了。其后果又是什么呢？出现了大量不能被验证的信息。正是这两个条件的结合——而不只是因为单个主体成为一些新的“人类科学”的对象——产生了现代民主主体。正是由于权力从知识那里被分离出来，这股诞生主体的力量才是盲目的，而主体可贵的独一性（singularity）也归因于此。因为如果在大他者那里存在着知识上的欠缺，那么主体那里就必然会有一种意义上的剩余（surplus of meaning）、一个大他者不能解释的超出
161 部分，也就是说，在主体那里有某些逃脱了社会承认（social recognition）的东西。

我们该怎样总结呢？不确定主体（indeterminate subject）所栖身的空间将永无可能和睦，民主制并不是乌托邦。首先在先前普选权的例子中，我们所涉及的那些随

普选权而来的悖论造成了一种巨大的官能症式的不满足。现代权力的杰出形式似乎就是“现代神经质”（modern nervousness）的来源。除此之外，随着那个“标记了确定性的地方”被抹除，享乐爆发，如果不是酿成了更多的不满的话，民主制度至少也是为了承认矛盾缓和的不可能性而设的。因为正如弗洛伊德在《图腾与禁忌》中所言，“各种性需求不可能将人们团结在一起”，它们将他们分开了。[24] 换言之，一旦享乐在系统中获准，就不可避免地会造成一个冲突的空间，一个无法像网格那样平整的空间。但正是这种冲突维系了民主。正是这种不满，这种针对主体之定义、主体与其他主体之间关系的定义而展开的斗争，阻止了我们将这些定义拱手让给大他者。正因为我怀疑，故我是一个民主公民（democratic citizen）。

24 弗洛伊德，《英文标准版》，第 13 卷，第 74 页。

163

7　密室或孤寂的房间:黑色电影中的私密空间

侦探小说的精算学起源

我们至少可以从沃尔特·内夫（Walter Neff）作为画外音的叙述中得知，巴顿·凯斯（Barton Keyes）是一位一流的侦探。在内夫讲给凯斯的这段话中，饱含赞赏以及对他那非凡的侦探天赋的回忆。在这些回忆里，有一段往事显得独一无二，这不仅是因为内夫自己曾有罪于卷入这起案件。在回忆凯斯做出权威性推理的场景时，内夫显然倾注了他所有忧喜交加的情绪——因为正在接受调查的正是他所参与的骗保案——同时倾注了他与凯斯相处时那特有的钦佩与自豪。在这个场景中，内夫与这位他将不予追随的良师益友之间那种种爱恨交加的关系被戏剧化了，而要对凯斯的推理逻辑做出评价也因此并非*无矛盾的*（*un*ambivalent）。

凯斯的上司诺顿先生在太平洋全险保险公司拥有最大的一间办公室。这个愚蠢至极的人，正自鸣得意又出人意料地向凯斯、内夫和刚刚成为寡妇的迪崔克森太太宣布他那经不起推敲的结论：迪崔克森太太没有权利从她丈夫的死亡中获得那笔保险金，因为很明显这是一起为了诈骗他公司而策划的自杀。正是通过暴露这个结论的愚蠢和漏洞百出，凯斯的表现才获得了力量。诺顿先生对自己的反对者毫无耐心，甚至可以说得上是轻蔑，他那狂躁的姿态强化了凯斯了不起的修辞天赋——而他的反驳从一开始就给了对方的推理一个直截了当的否定。这个致命一击是什么呢？是诺顿对统计学的无知：

> 你这辈子还没读过一本保险精算表，我说是吧？ 164
> 在你手边光是关于自杀的就有十本。自杀的人：按种族分、按肤色分、按职业分、按性分、按自杀的季节和一天里的时间段分。怎么自杀的呢：服毒的、一枪崩了的、溺死的、一跳了结的。那些毒死自己的情况，又可以根据毒药的种类进一步细分：腐蚀型、刺激型、毒气型、麻醉型、生物碱型、蛋白质型等。而那些一跳毙命的情况也可以细分为从高处坠落的，卷进火车车轮下、卡车轮胎下、马蹄子下，当然还有汽船下的。但是，诺顿先生，在所有记录下来的案例里，还不曾有哪个人是从火车最后一节车厢上，面朝正在行驶的方向往后跳下去自杀的。

凯斯的这段话以一种决定性的意味出现在电影《双重赔偿》（*Double Indemnity*）[1]的高潮场景里，然而，所有修辞的力量以及这一论据在叙事层面上引发的后果都不应使我们无视，这段话中存在着一些不太令人满意的东西。依靠统计而得出的观点如何就成为致命性的论据？什么样的力量可能从统计资料出发而得出数学上的概率？每一项研究都起始于我们不再将某件事视为理所当然之时。而我的探讨则根据影片中的这个场景带出的一个问题而展开：在这个终极的分析当中，数字与破案之间到底是何种关系？

要回答这些问题，我们可能首先需要将侦探小说与理性主义的出现相联系。例如，马乔里·尼科尔森（Marjorie Nicolson）就在她对侦探文学的描述中给出了这一关联，她这样说道："……忽略线索以将他自身完全投入思考之中。就像他伟大的先导（笛卡尔）那样，从整个宇宙之中抽身而去，脑中只剩罪犯一人。仅仅借助逻辑的力量，他已经重新建构了宇宙，并将自身代入反面人物的位置上。"[2]——然而，这里她具体所指的是对立于英国侦探小说的法国传统，前者的首席代表夏洛克·福尔摩斯，"勤快而仔细地

1 比利·怀尔德执导的经典黑色电影，1944 年上映。——译者注

2 M. 尼科尔森，《教授与侦探》(M. Nicolson, *The Professor and the Detective* [1929], in *The Art of the Mystery Story* [New York: Simon and Schuster, 1946], p.126.)。

收集所有可能的线索，不轻视和遗漏任何事物，把他所遇到的一切都装进他那些小箱子和信封里”，尽管如此福尔摩斯也被公认为并非唯经验马首是瞻的人，他的视线总能溢出犯罪现场之外。如果他能看到别人所忽略的东西，那是因为他的调查是从他们似乎没有掌握的理性范畴出发的。从 C. 奥古斯特·杜邦[3]到艾恩赛德[4]，可以说侦探的传统是扶手椅上的理性主义者，他们为人们所熟知的远非感知上的敏锐，而是其怀疑主义，侦探是撤离出知觉世界并对各种知觉保持无限怀疑的人，这样他才能对先行观念之下那些清楚而明显的判断更加警觉。 165

凯斯就是这个类型的一名侦探：对一切事物和所有人都保持怀疑，包括当一个他曾接近过的女人询问他今天星期几时，只有当他查看了自己的日历并确定它的确是今年的日历之后，他才愿意回答。他唯一相信的是他心头掠过的那丝奇怪的感觉，告诉他什么地方不太对劲。这种感觉——他称之为他的“小人儿”——从不出错，那么如果不将之视为笛卡尔传统的剩余物、某种疑病症版本的我思

3　法国小说家、诗人爱伦·坡笔下的人物，被广泛视为侦探小说最早的原型形象，他也是拉康曾经分析过的《失窃的信》中的主角。——译者注

4　20 世纪六七十年代，美国 NBC 电视台推出的一套同名电视剧中的人物，是一位坐在轮椅上的神探。——译者注

（cogito），我们又该如何理解它？如果凯斯对保险精算表上一系列统计的详述带给我们某种不满的话，或许正应该归咎于一个事实，那就是相比于被经验统辖的人，理性主义者总是更不容易兴奋、更少带有情感色彩。正因为他们是理性主义者，侦探跟保险理赔员非常相近。或许詹姆斯·M. 凯恩（James M. Cain）[5]早已洞悉了这一点，他在《邮差总按两次铃》和《双重赔偿》里两次都以相同的方式处理破案与保险。

这一洞察贯穿在凯恩的作品中，因为破案与保险之间的关系可以从历史上建立。侦探小说的兴起被证明与伊恩·哈金（Ian Hacking）[6]所说的“数字的雪崩”（the avalanche of numbers）相重合。根据哈金的研究，在1830—1848 年（这正是侦探小说开始出现的时期），一股
166 对统计的热情——关于事物的和关于人的——点燃了西方国家，而印刷数字的指数式上涨体现了这一点[7]。对数字的

5　詹姆斯·M. 凯恩，美国冷硬派犯罪小说家。除了《双重赔偿》（该小说由另一位侦探小说大师雷蒙德·钱德勒改编成电影剧本），他最负盛名的小说《邮差总按两次铃》描写的也是杀夫骗保的故事，被好莱坞翻拍过数个版本。意大利导演卢奇诺·维斯康蒂在 1943 年也拍过这个故事。——译者注

6　伊恩·哈金，加拿大哲学家，主攻科技哲学，代表作有《驯服偶然》（*The Taming of Chance*，1990）。——译者注

7　I. 哈金，《生命权力与印刷数字的雪崩》（I. Hacking, “Biopower and the Avalanche of Printed Numbers,” in *Humanities in Society* 5, nos. 3-4 [Summer/Fall 1982], p.281.）。

这一新渴望回应了各类民主革命计算人口的要求。对数字不断增长的兴趣是一把双刃剑。首先，它是侵蚀性的：数据侵蚀了君主制身体的意象，而这种意象曾经将那些旧的、前现代的民族团结在一起[8]。其次，它是建构性的：通过个体化公民身体，数据被用来创造越来越多不同类别的人。正如凯斯的讲话所阐明的，在数字雪崩之后，存在的再也不是尝试自杀的人和没有尝试的人那么简单了。取而代之的是那些尝试服毒自杀的人，又根据毒药的类型进一步细分，接着根据种族、肤色、职业等再细分——和其他所有没有尝试这么做的人。

整个科层体系围绕着数字而发展起来，统计、建立参照系并对它们进行分析。然而，被这些科层机构所操控的并不仅仅是数字，被操控的首要是人，他们的幸福和健康。对数字的兴趣从属于现代民族国家对其人口福利的关注，他们的福祉与国家自身息息相关。这些数据计算出的正是公民的"幸福指数"[9]，而目标则是建立保障抵御一切形式的不幸福、意外和灾祸。数据所结构起来的现代国家就像

8　哈金的作品并没有指出数据的这一影响，是 C. 勒弗尔在《民主与政治理论》(C. Lefort, *Democracy and Political Theory* [Minneapolis: University of Minnesota Press, 1988], pp.18-19.)中对数字所作的评论引起了我对这一重要影响的注意。

9　I. 哈金，《我们应该怎样做数据史？》(I. Hacking, "How Should We Do the History of Statistics?" in *I&C*, no. 8 [Spring 1982], p.25.)。

一些大型保险公司，通过大数定律，它们致力于利用不断增多的人口种类将风险集体化和量化[10]。

随着现代城市人口越来越稠密，作为风险之一的谋杀案件以惊人的速度上升。人们似乎无法确保自身避免此种暴力的随机性，“似乎没有什么比谋杀更难预测了”，凯特勒曾经这样观察到，但作为一名数据学家，他证明了相比出生率或死亡率，“道德越轨”的领域具有更高的稳定性[11]。城市人口第一次开始认识到犯罪的数据规律，而“犯罪事件进行自我再造的可怕精确性”对他们产生了巨大的
167 吸引力。各种谋杀、谋杀者和凶器都被图表化，和其他的变量例如性、阶级、国籍等联系在一起，揭示出令人惊讶的连贯性。随之，数据创造出一种数学上的预期，使人们开始相信风险是可计算的。在数据诞生以前，这样的预期根本是不可能的——而我想指出的是，侦探小说也同样是不可能的。因为正是数据构成了经典侦探小说与其读者之间叙事契约的基础，19 世纪的虚构小说深信，犯罪的可解性具体而言就是一种数学预期。

---

10 有关这一论点的简要表述，参见 F. 埃瓦尔德，《规范、规训和律法》(F. Ewald, “Norm, Discipline, and the Law,” in *Representations* 30 [Spring 1990], pp. 138-161.)。

11 I. 哈金，《19 世纪决定论概念的破裂》(I. Hacking, “Nineteenth-Century Cracks in the Concept of Determinism,” in *Journal of the History of Ideas* [July 1983], p.469.)。

现代科层系统和侦探小说具有同一个起源——此命题隶属于一种福柯式的诠释。和侦探小说一样，人们可以认为数据和科层系统是由多种监视的技术与规训形式的权力机制所支撑的。这些技术中的每一种都在切分时间、区分细节，以接近被调查个体那些最隐秘的秘密，从而最终进行定罪。事实上，侦探们正是凭借对计算、记录以及绘表的热情，积累许多的线索，一路追随着自身的怀疑。从洗衣清单、保险记录、电话账单再到停车票据，罪犯和犯罪行为总是在某些科层账本上以数字的形式出现。当瓦尔特·内夫想要逃避调查，他通过一通长途电话来建立自己的不在场证明，因为他知道这个电话会被记录下来从而证明案发时他正在家。而使凯斯开始切入案件的，正是他注意到迪崔克森先生并没有为他骨折的腿做理赔申诉，尽管他的保险已涵盖了这类事故。在侦探小说中，存在并不意味着被感知，而意味着被记录。这是现实主义小说（强调感知的主体间网络）和侦探小说的一个根本差别。

D. A. 米勒在《小说与警察》中并没有着重于侦探小说和现实主义小说之间的差异，而是更多地强调它们之间的
“根本纠缠”[12]。米勒将侦探小说视为一般小说中的一则 168

12　D. A. 米勒，《小说与警察》（D. A. Miller, *The Novel and the Police* [Berkeley: University of California Press, 1988]）。

特例，就好比现代监管体系中的坏警察与好警察。因为侦探小说的故事通常设置在一个有边界的空间当中，处理的是一系列有限且闭合的人物，所运用的调查技术总是非同寻常的，也就是特定的和临时性的。普通小说或者说小说本身从而在一个由侦探们所清理出的空间内展开，这个空间不再需要或者说免受任何特定的警察权力的干涉。通过迷惑我们相信我们的日常生活——既是我们普通人的生活，也是我们在现实主义小说中读到的生活——可以免受监视，侦探小说从而起到了一种意识形态的功能。这使我们无视一个事实：我们的日常生活正是被侦探小说里弥散的那些技术所构筑的。在这样一种更为微妙和审慎的形式中，侦探功能（detective function）被获许以无人觉察的方式进行。

然而，这里所说的“侦探功能”意味着什么呢？它执行了什么样的行动？它仔细地检查，它侵入，但首要的是，它构建了它所要统筹的人民。它“创造”了人民[13]。

13　这是哈金的原话。对于他的这一观点，可参见他的《重建个体主义》(I. Hacking, *Reconstructing Individualism* [Stanford: Stanford University Press, 1986], pp.222-236.)。尤其有趣的是，他关于《双重赔偿》的讨论中的以下段落：“关于自杀的每一个事实都变得令人着迷。数据学家创造出由法医和警察来完成的形式，记录所有的一切，从死亡时间到从尸体口袋里找到的物件。自杀的各种方式被冒失地定义，并成为国民性特征的象征。法国人喜欢一氧化碳中毒和溺水，而英国人则倾向于上吊或用手枪毙命。”

不论是侦探小说还是别的小说，19 世纪小说的功绩在于对角色的发明，它所发明的不是仅仅作为一种文学范畴的角色，而是角色本身。在这里我们或许需要稍作停顿，注意一下在理性主义计划和新历史主义计划之间具有的某种相似性。这两者都同样认为存在的范畴也将其自身包含在内（categories of being subsume being itself）。正如笛卡尔式的“我思”被假定已然包含了“我在”，19 世纪发明的人民范畴也被假定已然包含了它所要计算在内的实际的人民。哈金通过援引弗雷格作品中关于计数法的部分，正是为了强化这种新历史主义的确信：“正如弗雷格所教导我们的，你不能仅仅印出数字。你必须印出一系列被归在一定范畴下的客体。”[14] 哈金的论点在于数据不仅统计出人民的不同种类，它同时解释着人民，也就是说，创造着人民。正是在这些范畴之下，实际的人民得以生成（came into being）。

而米勒通过描述这一建构性的、全景式权力的微妙之 169
处，提炼出一个与之相似的论点（举个例子，“并不是说——作为严格意义上的私密的主体——我们读到了那些受到侵犯的、被客体化的主体们（objectified subjects），而在很大程度上是我们在阅读这一行为的过程中建构了被视为这

14　I. 哈金，《生命权力与印刷数字的雪崩》，第 292 页。

样一种存在的他们”[15]）。为了能使这种权力[16]行使顺畅，它必须使自己不可见，它必须隐匿自身的运作。而侦探案件所起到的作用不仅在于构建各种各样的自我范畴和角色范畴，而在于把它们构建成“离奇”（*as* quirky）、构建成对类型化的抵抗，然后最终构建出私密的自我。通过这种方式，主体所掌握的知识从他自己那里隐匿了。在这里，私密性仅仅被视为现代权力必要的诡计，因为事实上不存在权力视线之外的秘密，也不存在未知的自我。而凯恩的论据是这一原理必然达至的推论（corollary）：迪崔克森先生不可能从最后一节车厢面朝行驶方向跳下火车自杀，这是因为不存在对应这样一种自杀方式的统计范畴。如果所有隐秘的自我、隐蔽的或者私密的领域总是早已被公开的话，那么除了依附于法律之上的那些以外，也就不存在任何骗术和陋行（ignominy）了。那么犯罪又如何成为可能呢？如何入侵一个没有私有边界的疆域？如何偷走本就不属于任何人的事物？

密室难题与群体

在与弗朗索瓦·特吕弗著名的对话录中，阿尔弗雷德·希

15　米勒，《小说与警察》，第 162 页。（译按：原文疑似表意不清，上述引文做出了部分调整。）

16　米勒的分析主要针对的是阅读主体及其权力。——译者注

区柯克描述了一个他未能如愿在《西北偏北》（*North by Northwest*）中拍摄的场景：

> 我想拍摄一个漫长的对话场景，发生在加里·格
> 兰特和一位工人之间（在一个福特汽车的车间里），
> 他们沿着工厂装配线边走边聊。比方说，他们可以聊
> 一聊其他的领班。在他们身后，一辆汽车正被逐步装 170
> 配。最后，我们看见这辆车从螺母螺栓开始一点点组
> 装成型，还加上了汽油和润滑油，差不多就可以驶下
> 生产线了。两个工人相互对视感慨道：“多棒！”然
> 后他们打开了车门，从里边滑落出一具尸体。[17]

在这里我们看到了经典侦探小说中的一个决定性元素：密室难题。问题在于，尸体从何而来？一旦观众目睹了整个汽车生产过程，“一旦开始缜密地量度真实界，一旦一个周长、一个体积被彻底地确定下来，那么最终结果就是不再有人对这一切产生质疑”[18]，某个客体就完全逃脱了他

---

17 F. 特吕弗，《希区柯克》（F. Truffault, *Hitchcock* [New York: Simon and Schuster, 1983], p. 257.）。

18 J. 拉康，《雅克·拉康研讨班第二期：弗洛伊德理论与精神分析技术中的自我（1954—1955）》（J. Lacan, *The Seminar of Jacques Lacan, Book II: The Ego in Freud's Theory and in the Technique of Psychoanalysis, 1954-55*, ed. Jacques-Alain Miller, trans. Sylvana Tomaselli [New York: W.W. Norton, 1988], pp. 32-33.）。

们的注意，只有到后来才从这个空间中掉落而出。那么，如果装配线上没有人将这具尸体放进车内，又怎么可能有人将它从里边推下来？福柯式的解决办法会将这个悖论视为全景权力的诡计，而将这具尸体视为律法审慎运作的必要虚构。当人们相信有什么事物可以逃脱权力的严密监视时，那么他们只不过是陷入了这个虚构所创造的对深度的幻觉[19]（illusion of depth）。

拉康在《〈失窃的信〉研讨班》中为密室难题提供了一个完全不同的解决方案。有些人认为（尸体的）隐藏仅仅出于深度——也就是说，隐藏着的事物必定藏匿在其他的某个事物之下（underneath），拉康认为持这种看法的人固守着一种“过于僵化的有关真实界的认识”[20]，而事实上隐藏着的事物也完全可以暴露在表面。跟福柯一样，拉康相信除了表面之外别无他物，不过在他看来，无论是

19　在这里，我们需要区分同样译为“幻觉”的“illusion”和“hallucination”。前者虽然是幻觉，但却是“现实”功能的一般特征，换句话说，正是因为主体被阉割，才能具有类似深度幻觉的感知。后者是病理学意义上的一种症状（常见于精神病病例），是父姓的植入失败后，作为真实界在病人感知中的返回，具体包括了幻视、幻听、幻触等。区分两者的关键在于，主体是否有可能对幻觉产生怀疑：一旦能产生怀疑，便是受阉割后分裂主体的证据。拉康强调了精神病患者在向他人描述自己幻觉时的笃定。——译者注。

20　J. 拉康，《〈失窃的信〉研讨班》（J. Lacan, “Seminar on ‘The Purloined Letter,’” in *Yale French Studies*, no. 48, [1972], p. 54.）。

尸体、私密的“自我”还是失窃的信，都不仅仅是虚构，它们是真实的。

为了理解他的这一立场，我们需要回顾一开始的那个观点，也就是侦探小说的兴起与那股对统计的热情之间的关联性。我们至今都还未检视在弗雷格的影响下哈金所提出的认识：计数记录的不仅仅是数字，更是被归在一系列范畴之下的客体——在这里具体指的是人民。不过相反的 171
是，如果拉康认为真实的客体不能被任何范畴所化约，这是因为他着眼于弗雷格理论中一个极为不同却更为基本的教诲：计数之所以成为可能，需要在一开始确立一个范畴，而在这个范畴下的一串数字则不对应任何客体（*no* objects fall）。它就是那个“不与自身同一”（not identical to itself）的范畴，而被归在这个范畴下的客体数量也就是零。我们的观点在于，正是这一原理确立了侦探小说和统计学之间的联系。围绕着一具谋杀致死的尸体所产生的种种猜测与密室难题一同出现在侦探小说当中，作为两种不同的现象佐证了这个假说。

雅克·阿兰－米勒（Jacques Alain-Miller）在他那篇影响深远的论文《能指逻辑的缝合要素》（“Suture [elements of the logic of the signifier]”）中已经清晰地呈现了弗雷格

计数理论对拉康派精神分析的影响。然而，考虑到这篇文章频繁地遭受误读，我有必要在这里重申一下它的主要观点。米勒的文章一开始就注意到弗雷格理论的起点首先在于严格地将计数主体排除出考虑之外，更准确地说，弗雷格一开始排除掉的是经验的主体，“决定其属性的另一面是政治性的，而为了能够使集合闭合而不损失任何可替换性要素，它必然要清除……记忆的职能”。这个排除伴随着以下两个相互关联的后果：

(1) 数字不再被视为一个主体在想要标记经验事物的时候所使用的中性工具。

(2) 继而产生了一个问题：不再闭合的数字集合，也就是一系列纯粹而无限的数字，是如何得以囊括一系列客体的？换句话说，这一系列数字如何实现自我闭合？

从第一点过渡到第二点，我们能看到事物和客体被清楚地区别开来：与经验意义上的事物相对立，客体被定义为逻
172 辑意义上的实体，然而在不损害真理的前提下，到底是通过怎样的运作，使事物被废除，其全部属性也被压制（suppression），从而产生出逻辑意义上可以相互替换的

客体？

不要被这里提到的“对属性的压制”（“它的另一面是政治性的”）所糊弄，这里的问题绝非因此与政治无关。相反，它正是政治现代主义最核心的问题之一。国王的身体曾经定义了国家的边界，也由此闭合了归属于它的主体集合，那么在摧毁了这个身体之后，现代国家如何得以构建？是什么使国家得以收编形形色色的人民，将他们实证性的差异置于一旁，而将他们都算作公民，算作同一个集合内的成员——从逻辑上来说，是什么让他们变成同一的？侦探小说内在地提出了这个问题，其经典剧情总是以一群难以归类、各不相同的角色开场，最后以形成一个完整的群体作结。我们想要知道的是，这样的一个整体/群体是如何产生的？是怎样的运作使这些各不相同的实体变得可数的（countable）？

正如米勒所说的，为了理解上述化约，也就是各不相同的实体如何被化约为一个纯粹逻辑意义上的客体、一个可数实体，我们需要把这个囊括客体的概念理解成一个双重化（redoubled）的概念，也就是一个作为与概念同一的概念（a concept of identity-to-a-concept）。因此，囊括了一个现代国家所有成员的并不是“X 国公民”这个概念，而是一个与“X 国公民”这个概念相同一的概念。“X 国公民”这样一个简单的概念试图通过“提炼”出个体间的共同属性，而将他们中符合条件的那些聚集起来归入一个集合内，而双重化概念则通过将个体化约为他们自身的同一性（identity）。这一循环定义提示我们已经步入了述行性（performative）的维度。使一个可数集合的客体被区分出来的属性并不事先存在(preexist)，它仅仅存在于(subsist in)计数的行动之中。由于这一属性仅仅是同义反复的性质，公民只是回溯性地从属于国家，而并未因此获得其他实质性的身份或者代表性的价值。

173 到目前为止，这一计数理论似乎都并未与哈金的思路出现分歧。他们都同样认为一个客体的存在取决于它是否被归在一个概念之下。而正如我们已经提及的，当引入了这个“不与自身同一”的概念时，他们的理论就分道扬镳了。添上这个概念后，首先，归类的述行式操作看似闭合了集合，却同时作为这一闭合的结果而变得可见；其次，数字或者能指不再被认为能够囊括整个客体领域。因为事实上述行性并没有解决上面我们提出的问题，也就是，通过对经验主体的排除，数字的集合始终维持了开放的状态。无论这一系列数字以何作结，都总有可能在最后的数字之后再增加一个。如果我们能在计数的过程中察觉到一种述行的维度，这一定也就意味着，这一系列数字已经被赋予了某种极限。而又因为外在极限是不可想象的（归根结底是因为经验主体已经被放逐了），那么就只有一种可能性存在：这一极限必须（has to）被想象为内在于这些数字序列。而这一极限正是那个“不与自身同一”的概念：这一系列数字的内在极限。在数字的逻辑运作之中，这个概念正如这些数字集合能够闭合或者缝合（用米勒的术语）那样不可想象（unthinkable）。事实在于，这样的一个缝合性概念并不包含任何客体，这就应该避免了可能存在的歧义：并不是说，它是不可想象的，而是说想象它是不可能的。缝合性概念并没有内容（empty of content）。在给这些数字序列标定出极限的过程中，这一概念既把这些数字从经验性的现实当中分离出来又同时使这些数字相互衔接在一起，简言之，它确立了数字领域的自律性（autonomy）。因此，被计数客体的价值并不被经验性地决定，而是被差异性地决定，也就是说，是通过它们与其他被计数客体之间的关系而被决定。

正如我们已经提到的，弗雷格的理论所揭示出的逻辑不仅关乎数字序列的奠定与运作，也关乎现代国家的奠定

与运作，后者从 19 世纪的保险精算学术语中孕育而生。数据统计的结果是公民的标准化，因为每一个公民都被给定
174 了同样的价值，而这种价值仅仅是对他与其他公民之间关系的转译。因此，现代的社会纽带是差异性的而不是情感性的，它并不基于某种兄弟之爱或者因相似性而产生的海洋般的感受，而是基于一个形式差异的系统。

在侦探小说中，围绕着尸体而形成的群体正好具有这样的现代性，这个群体从逻辑上“不借助其他、仅仅依靠自身维系”。而最有说服力的标志在于，侦探小说给出的社会全景在某种意义上是一个缝合空间，也就是在小说的前景中上演述行性：在经典侦探小说中，正是案件调查的叙事产生了犯罪的叙事。在此基础之上我们想说的是，嫌疑人相互之间的关系并不是情感的，也并非家族的或经济性的；这些关系并不是“构成布尔乔亚社会的分子黏合剂（molecular affinities），在阶级分化不再存在而专制手段尚未生效的情况下，它们被证明是个体之间唯一的社会纽带”[21]。

不过如果像我们说的那样，嫌疑人之间的关系是差异

21　H. 海森毕特尔，《犯罪小说的游戏规则》(H. Heissenbüttel, “The Rule of the Game of the Crime Novel,” in *The Poetics of Murder*, ed. Glenn Moste and William W. Stowe [New York: Harcourt, Brace, and Jovanovich, 1983], p. 88.)。

性的，那么他们与尸体之间的关系又是怎样的？正是在关于这些差异性关系的问题上，侦探小说似乎提供了一个比历史主义观点更为复杂的解释。通过在这个群体的中心制造一具尸体，侦探小说认识到，维系这个群体的差异性关系正是基于嫌犯清单的内在极限。尸体再现了这个极限，用赫尔穆特·海森毕特尔（Helmut Heissenbuttel）[22] 的话，它成为“未讲述之物的痕迹”，如果没有它，被讲述的世界以及由嫌疑人构成的群体都将不复存在。[23]

---

22 德国诗人、小说家。第二次世界大战中当过兵，负过重伤。1942—1945 年在德累斯顿和莱比锡攻读建筑学。战后定居汉堡。曾当过出版社编辑，1969 年获毕希纳文学奖。他是“具体诗歌”派的重要代表。——译者注

23 比较一下罗曼·雅克布森对差异性关系的描述会很有意思。正如雅克布森所阐明的，/pa/ 和 /ma/ 之间的关系并不应被理解为一个简单的对立，而应该被理解为是两组对立的集合，存在于 /pa/——其自身就是一个对立，纯粹的自我对立或者可区分性（diacriticality）——和 /pa/ 与 /ma/ 的对立之间。换句话说，/pa/ 在这些对立的集合中出现了两次，一次是作为第一个对立中的唯一要素，第二次是作为对立中的其中一个要素，尽管它的第二次出现回溯性地抹去了它的第一次出现。因此，J. 法恩曼在《讽喻性欲望的结构》（J. Fineman, “The Structure of Allegorical Desire,” in *October*, no. 12, [Spring 1980], p. 59.）一文中将雅克布森的观点总结为：“当 /pa/ 在一个作为总体的系统之中被提升到表意能指的层面时，它就丧失了自身作为纯粹可区分性记号的原初状态。这一新的、有意义的 /pa/ 完全与第一个被它所代替的、单纯作为可区分性的 /pa/ 无关了……而正是因为这个原初的 /pa/ 被隐藏了——它现在整个被重新定义成为其他别的事物而因此从结构上不可被言说了，才使系统在一开始能像一个结构那样运作。”换句话说，只有在使某个空的位置、某个结构的不可能性——而它又不能从系统中被完全地排除——变得可见之时，对 /pa/ 和 /ma/ 的言说（articulation）才能够发生。雅克布森的描述可以用右图示来说明。

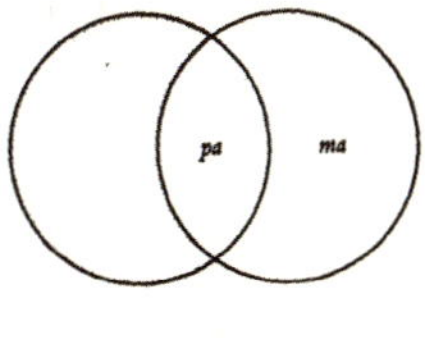

简言之，缝合的逻辑发挥了一种悖论性的功能：为了能够标记出一个能指的缺失（the lack of a signifier），进而起到闭合集合的作用，一个补充性的要素被添加到能指的序列当中。通过囊括一个要素——这本身承认了闭合的不可能性，能指无止境的滑动（因而也意味着意义的延宕）被中止，并得以“像”（as if）一个闭合集合那样起作用。正是对这个极限的命名（designation）构成了群体，也构
175 成了能指所再现的现实，尽管无论是群体抑或现实都不再被认为是可以被完全再现的。在以上的全部论述中有一点是绝对不能被遗漏的，我想冒着重复的风险再次强调：如果不纳入一个非经验性的客体（拉康把它叫作对象 a）以闭合这个经验领域，计算人口的现代统计学现象将会是不可能的（比如，将经验领域中根本不同的一群人转化为各种各样的人的范畴将会是不可能的）。而在侦探小说中，统计学所带来的这一必要的、多出来的客体在密室难题中得到了最有力的体现。

现在我们可以回到希区柯克为《西北偏北》构思的装配线场景中，来观察这个悖论是如何起作用的。一具尸体从车中跌滚而出——在这之前我们目睹了这辆车是如何一个零部件、一个零部件地被组装起来——尽管它看起来像

是萦绕着每个符号结构的、使其各部分能够接合在一起的那个剩余要素，这具尸体却并非按照组织起嫌疑人群体的方式发挥作用。只有当我们不将尸体本身视为那个剩余要素的时候，密室难题才是可以被理解的，而那个将尸体从一个明显密封的空间中推出的事物才应该被视作剩余要素。一个要素被添加到结构之中用以标记它的欠缺，但这其中的逻辑不应使我们将这个要素想象为某个孤立的、隐藏在结构之下的多余部分。相反，这个多余的要素与结构正处在同一个表面上，也就是说，正是在结构的运作之中它才被显现出来。正是在默认的、形形色色的类别中，这个多出来的、对缺失的记号浮现了，也正是在这样一种内在的限制之中，能指才得以避免与自身相重合。正是因为有一个能指不能意指自身，它才不得不诉诸无穷无尽地指向另一个能指，从而语言的内在极限才得以确立。

这意味着侦探小说中的一切、其中所有精心安排的封闭空间都是通过密室难题来结构的吗？密室是一个包含着剩余要素的空间，这个剩余要素即这个空间自身的极限，而这个极限独自确保了空间内容的无限性，也意味着可以从它当中取出无限的客体。或者：如果说侦探小说的空间 176
是一个深度的空间，一个无限的空间，那么这不是因为这个空间里有隐蔽的活门或者暗道，而恰恰是因为它没有。这使密室等同于数字集合，而对数字集合来说，它的极限正是计数的基础，保证了数字集合中的无限要素。对愚蠢的警察来说，这个空间的悖论性是不可理解的，而他们现实主义的愚钝正体现在他们没有将这个空间的极限作为内在于这个空间的要素计算在内。

语言的内在极限——因此也是密室的极限——使我们从来不可能彻底地对这个空间进行完整的描述。我们不可能完整地枚举出这个有边界却如深渊一般的空间的所有细节，只要语言的意义基于对语言的诠释，也就是一个对意义的补充，那么这些细节的清单便不可穷尽。从福特装配车间的轿车中跌落出来的那具尸体只不过暗示了这一补充。如果密室总是会出现缺口，那并非因为每一个私人空间都已被符号界的公权力所渗透，而是因为真实界总是已经侵入符号界之中，从它的内部给出边界，并产生出无限的容载量（commodiousness）。侦探扮演着这样一种角色，在他进入场景之前，若不是他将它们抽取出来，那封信、那个线索或那具尸体都切切实实不可被察觉；侦探扮演着这样一种角色，他代表着永远敞开的“再多一个能指”（one signifier more）的可能性，维护着一种特殊的律法，即一种极限的律法，具体而言这种极限是知识的极限。支配着侦探小说的这一律法始终是隐藏的，它并不依据来自外界的担保，而它的运作也不在任何实证的形式中显露自身。

我们甚至可以说，把侦探从警察系统里区分出来的，正是他对无知的激情（passion for ignorance），而不是将无知排除出去。当警察搜寻有效线索和索引的时候，他们相信在这些地方，现实将自身“刻写”在符号界上，在这些可以触碰到现实的地方，是不存在多义性的；而当侦探着手处理这个索引，却正是把它当作真实界在符号界中被感知的地方，也正是在这里，符号界显然*无法*为自身摒除 177
多义性(fails to disambiguate itself)。达希尔·哈米特(Dashiell Hammett)的小说《堆积的尸体》（*Bodies Piled Up*）为这一点提供了精彩的诠释，在这里，探案的手法被明确地描述出来：“任何犯罪行为和它的始作俑者之间都留下了一道痕迹。它或许是……隐晦的，但由于物质不可能在不影响其他物质的情况下被移动，就总是会——一定会——留下某种痕迹。而人们付钱给侦探就是为了找到这样的痕迹。”[24] 虽然这个描述听上去好像刚好符合了那种警察办案的小说

24　D. 哈米特，《堆积的尸体》(D. Hammett, “Bodies Piled Up,” in *Black Mask Boys: Masters in the Hard-Boiled School of Detective Fiction*, ed. William Nolan [New York: William Morrow, 1985], p. 84.)。

类型，围绕着犯罪线索而展开的解题却证明了它与那种类型小说的不同。只要人们相信堆积在906房间中的尸体正是凶手的目标，那么调查就无法进行下去。为了揭示罪案，必须有人首先意识到凶手误将906房间当作他想要谋杀的人的房间，而那个人事实上入住了609房间。在调查过程中如何意识到这一点呢？因为侦探注意到，凶手有可能倒着瞥见了酒店入住登记表。然而，609倒着看也依然是609。推理继而意识到，凶手在鬼祟而仓促的情况下可能忘记了这个，他自动地纠正了这个事实上并不存在的错误。

跟警察一样，侦探相信罪犯在无数证明其有罪的细节中留下了痕迹，而他所否认的——在上面的这个例子中是被否认的——正是从他的痕迹中推定他罪行的可能性。侦探并不反驳那种信念，即罪案的作者充分而明确地在他的犯罪“成果”中暴露了自身，他仅仅批判性地否认证据自身就能够解释它被呈现出来的方式。在证据与因证据而确立起的事物之间，存在着一道裂缝、一段距离，这意味着证据之中有什么东西是不可见的：痕迹将自身与罪犯关联起来的原理。房间号码906的入住登记表的确为侦破罪案提供了一个关键性的线索，然而，无论我们怎样竭尽全力地验证这一个证据，我们都永远不可能从它那里推导出行凶者。

正是在这里，诠释（interpretation）必须介入——拉康 178
说，诠释就是欲望。突然间，我们就变得可以理解拉康想要说的了。认为侦探在诠释线索的时候显露了他自己的欲望并不等于说由于缺乏完整的知识，一种历史性的或个体性的偏见主导了诠释。欲望对侦探来说并不是一种威胁了“客观性”的不纯粹性，而是确保了“客观性”的一种准先验的原则（quasi-transcendental principle）。换句话说，欲望并没有为诠释施加偏见，相反它预设了一道裂隙：侦探解读证据的前提是假设一段空无的距离（an empty beyond）、一种剩余，它对证据来说既是不可化约的，又同时能在证据中得到充分的说明。诠释意味着，证据已经告诉我们一切，除了如何对它进行读解。换句话说，在证据之外，并没有其他的现实，没有任何事物——除了引导我们对它进行读解的那个原理。侦探小说的基本要义之一可以表述如下：*必须按字面来对待欲望*。[25] 这个要义正面地也更完整地重述了那个众所周知的批评，即反对在侦探小说中引入某些新的现实——一扇暗门或者一位此前并不

25 这里作者重申了她在导论中的信条：必须按照字面来对待欲望。而此处的“字面”即证据。——译者注

为读者所知的嫌疑人——以揭开案件。这一批评并不仅仅意味着罪犯必须是已知嫌犯库中的某个人，同时也意味着这位嫌疑人自身不能被引入其他的现实中去，即超过了他所留下的证据线索之外的实际存在。嫌疑人要不与证据本身保持一致，要不就与对证据的解读保持一致，他总是与之相关。欲望中的侦探凭借证据本身来看待嫌疑人的欲望，审视它在线索之中自我呈现的方式，进而得出自己的结论。正如此，侦探使警察显得犹如小丑一般，后者无视欲望并且按图索骥地理解证据，混淆能指与所指，因而陷入了徒劳的侦查工作。

由于缺乏一个能指，即一个终极的、能够闭合整个能指链的能指，才导致了一个裂隙的存在，而正是这个裂隙避免让能指直接意指自身（signifying itself），从而使诠释变得必要。正如我们已经论述的，正是因为这个终极能指(或者数字）的遗失，侦探小说和统计学才成为可能。从另一
179 方面而言，这个能指的遗失又使性关系变得不可能。如果它存在的话，这个能指将是代表女人的能指（the signifier for woman）。哪怕对这种小说类型只有浅尝辄止的了解，任何一位读者都知道在侦探小说中，这个能指的缺席不仅凸显于产生了密室难题的非统合性空间（nontotalizable

space），也凸显于总是被排斥的性关系。从结构的意义上，侦探就被禁止与一个女人产生任何的情感纠葛。

在写作本文的间隙，我停下来在电视上收看剧集《神探可伦坡》（*Columbo*）[26]。神探正居高临下地与剧集中的一位角色周旋，而根据套路，这位角色正是那个有罪的嫌疑人。可伦坡为他的妻子向这位正在竞选国会议员的男人索要亲笔信。众所周知的是，这位备受宠爱的妻子的存在只不过是为了避免这位侦探卷入任何可能的性关系，她从不出现，也必须不在叙事空间中出现。这位参选议员同意了他的请求。他从抽屉中拿出一张纸，开始在上面写点什么，他问可伦坡："你妻子叫什么名字？""可伦坡夫人"，镜头切到侦探的脸上，这显然是唯一可能从他那里得到的回答。

通过驱力的绕道[27]

对女人能指（the signifier for woman）的这种省略可被

26 经典美国剧集，由彼得·福克（Peter Falk）主演。从 1968 年首播直到 2003 年才完结。——译者注

27 这一小节原文为"Detour through the Drive"。拉康在研讨班十一中为我们提供了一个驱力循环运动的示意图。从这张图中我们可以看到，驱力围绕着对象 a，从性感带出发进行着周而复始的环状运动。不同于永远无法满足的欲望，驱力总是"已经得到了满足"——因为它的目标就在于重复循环运动本身。驱力运动接近对象 a 的失败正是它的满足所在。——译者注

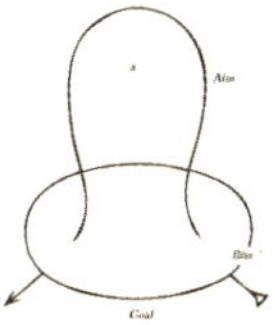

用于定义经典侦探小说的虚构性空间，而正是影片中蛇蝎女郎（femme fatale）菲丽丝·迪崔克森（Phyllis Dietrichson）的在场提醒我们，《双重赔偿》建构了一种虚构世界的不同类别。作为一名经典意义上的侦探，尽管对凯斯而言，发生任何与女性的纠缠都是不可设想的，但对内夫这样一位黑色电影主人公，任何对这种纠缠的逃脱也同样是不可设想的。《双重赔偿》在理论层面最扣人心弦的一点正在于，它不仅刻写了经典侦探小说与黑色电影之间的这一差异，同时也刻写了它们之间的这种拓扑学上的不相容性。其中
180 有个场景，内夫接到了菲丽丝打来的电话，此时凯斯正在他的办公室里。由于凯斯看起来并没有要避嫌的意思，内夫不得不在他导师在场的情况下进行整个对话。这一处境的别扭，与交替于通话那头的菲丽丝和这头（同凯斯在一块的）内夫正反打剪辑相结合，凸显出这一不兼容性。而在另一个场景中，正当内夫等候菲丽丝的到访时，凯斯意外地来到他的公寓。而正当内夫打算将凯斯领出房间时，菲丽丝却到了，她只好等在门后，直到凯斯步入走廊尽头的电梯，她方能不被注意地溜进内夫的公寓。贯穿整部影片，菲丽丝和凯斯都保持了这种“旋转门”式的关系，他们既不占据同一个空间，也不能占据同一个空间。然而，如果

有人运用严格意义上的叙事学术语来诠释他们之间这种“非此即彼”（either/or）的关系，就会将它琐碎化，模糊它实际的关键之处。内夫面对的抉择并不发生在两个人物，即导师与情人之间，而发生在经典侦探空间与黑色电影空间之间。

对这两个世界之间所发生的历史性转换，最常见的一种描述将认同过程（identification）视为问题核心，也就是说，这种描述认为侦探开始越来越认同他的犯罪对手，直到黑色循环的最后，他自身也已成为犯罪者，正如在《双重赔偿》中内夫既是调查者同时也是行凶者。当内夫停止“观察客户，以确保他们不会骗保”并开始思考自身该如何“以最巧妙的方式”骗保时，他就步入了黑色电影的世界。不过，如果这个逆转果真如此简单、两种抉择果真如此对称，如果影片的黑色性仅仅取决于主人公为了一个低级目标而放弃高级目标，那么人们就会不得不感到疑惑，主人公为何到最后总是落得人财两空。

因此我想提供一种不同的思路，来解释内夫尝试骗保（“crook the house”）的决定。我的解释来源于弗洛伊德在《超越愉快原则》中所描述的“fort/da”游戏。我想指出，从这个捉迷藏的小游戏（包括它的两个版本）中可看出侦

181

《双重赔偿》，比利·怀尔德执导，1944 年上映。
（图片蒙惠自杰瑞·奥林格［Jerry Ohlinger］）

探小说的初级模态。弗洛伊德先是对这个小游戏做了一番分析，在几页过后，他又在原有基础上增添了小外孙后来
182 为这个游戏发展出的一个变体。在后来的游戏版本中，孩子自己充当了棉线圈，他先在镜子下方躲一会儿，接着突然跳起来观察自己出现在镜中的映像。这个游戏的两个版本之间似乎存在着一个根本性的差异。因为当孩子抛出棉线圈的时候，他也抛出了自己进入语言时自身失去了的一部分。孩子得以将自身确立在语言的领域内，他选择了意义（sense），而不是意义始终未能确定的存有。他因而成

为一个欲望主体，一种存有中的缺失状态(lacking-in-being)。然而，当孩子占据了棉线圈的位置，他就将自身确立在存有的领域中，他选择了存有，也就是享乐，而非意义。

这个游戏及其变体将两种重复的形式实例化，而刚才所说的这一区别使我们留意到它们之间的差异。在第一个游戏中，是失败或者说欲望，驱动了重复。在这个游戏所构筑的表征领域内，有某种东西逃脱了，或者用拉康的一个说法，有某个事物“不停地不刻写自身”（does not stop *not* writing itself），于是这个游戏只能在这样的前景中无休止地重复，却绝无可能俘获从其中逃脱了的那个事物。而在第二个游戏中，重复并不是由欲望所驱动的，而是由满足所驱动的，被重复的是某种满足，在这个游戏中，它“不能停止刻写自身”。

我要提出的是，这一转变定义了从经典侦探剧到黑色电影的变迁，但要理解它却不应从认同过程的角度，而应从意义与存有的抉择，或者——在精神分析的辩证中——从欲望与驱力的抉择这一角度[28]。拉康认为，这一转换描摹了一个我们仍在见证的、宏观的历史转变：由一位俄狄

28　雅克－阿兰·米勒未发表的研讨班《符号的成因》(*Ce qui fait insigne*，1987—1988)提供了最完整的分析来从时间上注明拉康对欲望与驱力所做的区分。

浦斯父亲所统治的、古老而现代的欲望秩序，已经开始被一种新的驱力的秩序所取代，而在这一新的秩序中，我们不再求助于俄狄浦斯父亲曾提供过的种种保护，来对抗享乐。这些保护措施，遭到了我们社会对存有——也就是享乐——的恋物化的腐蚀。这意味着我们的社会已经不再试图从享乐那里庇佑个体权利，而是命令人们将享乐作为
183 一种“公民的”（civic）义务。严格来说，在这个语境中，公民的并不是一个恰当的形容词，因为当代社会的这些淫秽的强求已经包含了对公民团体（civitas）本身的破坏，也包含了对我们的公共空间程度越来越深的破坏。我们不再试图去捍卫产生于计数中的、作为一种残余物的那个空荡荡的“私密”空间，这个空间变成了我们仅存的栖身之处。黑色电影的野心似乎曾是劝诫式的：它试图警示我们，除非我们尝试重新引入某种共同体——也就是我们能够多少述行性地归属于其中的缝合性总体——的理念，私密享乐的恋物化将会对社会产生致命性的后果，它可能导致一种“种族主义的兴起”[29]，也就是说，群体中的较小派别将

29　J. 拉康，《电视 / 对精神分析建制的一次挑战》（J. Lacan, *Television/A Challenge to the Psychoanalytic Establishment*, ed. Joan Copjec, trans. Denis Hollier, Rosalind Krauss, and Annett Michelson [New York: W. W. Norton, 1990], p. 74.）。有关这一点，访谈录像会比已发表的文本说得更加清楚。

会宣称，他们将义不容辞地献身于自己独有的享乐类型。因此，在这个黑色武器库中，最典型的劝诫性戏码无疑在于，它强调一旦做出了私密享乐胜于共同体的抉择，这个人的私密性（privacy）就不再如他预想的那样，在窥探者的双眼前隐匿（正如在和凯斯一起的时候，甚至没有人能确信自己还拥有一种私密的生活），而是变成了某种他显然正在忍受着的东西——就像一场没完没了的、恼人的雨水。在黑色电影中，私密性不再作为一种不可告人的例外，而是将自身确立为法则。这改变了私密性的特性，同时也真正改变了一般意义上"社会"的特性——在引入了这种新的存有模式之后，这个"社会"被瓦解成一堆相互不可通约的碎片。

声音与旁白

如果黑色电影有一个似乎会阻碍我们的论点被接受的特征的话，那就是它的旁白（voice-over）叙事。这种叙事从根本上将主人公与言说关联起来，由此我们可以推想，它也将主人公与共同体或者说意义关联起来。正如我们所知道的，言说——语言——是物的死亡，它导致了享乐的枯竭。在对黑色电影的批评中，似乎没有什么能比死亡与

言说的这种联系更显而易见的，因为在通常情况下，旁白
属于一位已经死去的叙事者，无论是像《日落大道》（*Sunset*
184 *Boulevard*）和《劳拉》（*Laura*）那样从字面的意义上，还
是像《绕道》（*Detour*）那样在隐喻的层面上，或者像《双
重赔偿》那样是事实性的（virtually）。

然而，在我们能够对这种关于旁白的解读提出异议之前，必须先审视对电影中声音的某种理论化。在一篇题为“声音的诸沉默”（The Silences of the Voice）的精彩文章中，帕斯卡尔·博尼策（Pascal Bonitzer）区分了纪录片旁白那非具身性的声音（这种声音从头到尾都在画面之外，因此从不锚定于一具在银幕上出现的身体）与在某些时刻变得从属于一具可见身体的声音，而他的这一区分将会为后续大量的理论建设奠定基础。内夫的声音，以及其他黑色电影叙事者的声音属于后一种范畴，并且事实上博尼策以一部稍晚的黑色电影《死吻》（*Kiss Me Deadly*，罗伯特·奥尔德里奇执导，1955 年上映）为例，以便自己进一步展开论述。影片的主要罪犯索博文博士，在绝大部分时间里都未出现在银幕上，我们只能听见他画外的声音，看见他的蓝色小羊皮男鞋。然后在影片的末尾，他第一次身体性地出现在画面空间里，却近乎顷刻之间就被射杀了，跌倒在

画框的底部，死了。这意味着，从声音锚定在一具身体的那个时刻起，它就放弃了自己那表面上的无处不在，并随之“屈从于这具身体的宿命”，肉身化（corporealized）被描绘成“破败且易朽的”（decrepit and mortal）[30]。我们可以认为，声音死在了身体里。与之相对立的是，经典纪录片中那非肉身化的声音产生于一个不同于银幕的空间，一个未被呈现的、不确定的空间，因此这种声音超越了可见且确定的领域，维持了自身凌驾于影像的绝对权力，而它所具有的知识也始终不受质疑。

在传递知识与权力的非具身性声音与传递两者局限的具身性声音之间的这个区别，得到了普遍和特殊这一组简单对立的支撑，而特殊被认为破坏了普遍的可能性。一边是具身性的声音、特殊性和知识的欠缺；另一边是非具身性的声音、普遍性和知识，彼此对立。在文章临近尾声的 185
时候，博尼策将另一个概念，“声音的身体”，引入了由这些彼此依存的对立所构成的框架内。他毫不费力地将这个概念置于对立组中“特殊”的那一侧，并以此证明，几乎所有的声音和评注都威胁着纪实现实主义（documentary

30 P. 博尼策，《声音的诸沉默》(P. Bonitzer, “The Silences of the Voice,” in *Narrative, Apparatus, Ideology*, ed. P. Rosen [New York: Columbia University Press, 1986], p. 323.)。

realism）所基于的普遍性假设。这是因为，尽管声音也许永远不会从视觉上与一个地点相锚定，地点却可能从听觉上被锚定在声音中，通过各种口音[31]，地点被出卖了，因为前者提示了地域、阶层、性或一些其他根深蒂固的东西（rootedness）。通过“声音的身体”的概念，博尼策指出任何特殊化声音的口音，都破坏了理想的无音调状态（atony），因而也就破坏了全知与权威性——人们假定，它们是对中性且无口音的旁白的定义。一旦声音的身体变得可听，它就出卖了“一个跌落到客体队列且脱去面具的主体……[这个声音的身体就是]意义的死亡……这个声音……‘劳作着’。它被感知为一种口音……而这个口音中性化了意义”[32]。

然而，博尼策在文中所提到的玛格丽特·杜拉斯(Marguerite Duras)的电影，却更像是在试图扰乱他的观点，而非佐证它。想一想《印度之歌》（*India Song*）。在这部影片里，影像近乎是完全无声的。声音全部来源于画外（正如在纪录片里一样），尽管它们全都被浓重地“口音化”了。准确来说，在这里我们应该称之为声音的“费力”(laboring)，

31 原文“accents”既有通常意义上口音的意思，也包含“抑扬顿挫”的意思。——译者注

32 P. 博尼策，《声音的诸沉默》，第328、329页。

也就是它们的纹理（grain）。（除了结尾处的声音）画外显然是女性的声音，她们似乎在这部电影里饱受折磨。我们可以认为，她们正具身化了纪录片声音被假定所不是的一切：她们是“燃烧着的”声音，似乎“转瞬即逝、脆弱不安”。但是，虽然她们好像在评论银幕上的画面，但在她们说的内容中却时常出现模棱两可的指涉，因为她们也有可能是在评论自己的处境。“那炽热啊！”“无法承受它。是的，无法承受它了！”我们开始无法确定，这到底是充斥着叙事空间的炽热，还是炙烤着画外空间的炽热，让这些声音在画外感到不可忍受。有时她们则彻底不再假装谈论我们从银幕上看到的事物，而是相互交谈起自身的处境。

我们该如何看待这些声音始终处于银幕之外的事实 186
呢？它们又为何这般极度的富于“纹理感”？标准的看法可能会尝试让我们相信，它们是“欲望中的”声音而非无所不知的声音，它们表达了渴望与丧失，而不是权力，它们使自己的载体沦为一种凡俗的、肉身性的存在。然而，这样的描述显然错失了要点，因为画外的这些声音并不能被解释成凡俗的。正如杜拉斯所定义的，它们是非现世的声音（intemporal voices），它们并不位于某个时间——亦免于时间的摧残——或地点。这并非是在否认这些声音与死亡的关联，而是在提示我们，这种死亡并不会带来终结；相反，在这些声音当中，死亡持续着（death persists）。这些声音承载了一种活的死亡（a living death），一种无法被耗尽的、痛苦 / 愉悦的受难。

老生常谈的观点认为，黑色电影主人公的旁白叙述单纯背离了影像的*真理*，尽管黑色电影并不像杜拉斯那样从声学上标记出影像与声音的断裂，但我认为，它的确同样也将声音从影像上撕裂出来，但上述观点却始终未能解释——甚至抹杀了这种撕裂。这种观点在黑色电影中注意到一种战后男性自我确定性与权力的衰落，旁白的纹理或者说费力的感觉及其时断时续的叙事化都被认为，佐证了主人公在知识上的犹豫不决，以及他对掌控或理解影像的无能——影像似乎往往在证明他所言非真。然而，这种针对黑色电影中的声画关系的定义，以及使该定义变得可信的、对战后男性萎靡的流行心理学诊断必然受到挑战。我们将在接下来论述，驱力相对于欲望而言那明显在上升中的支配地位，才最为深刻地影响了这个时期黑色类型的发展。一整套鼓励郊区扩张和族裔、种族区隔（segregation）的“社会”政策（成立于 1934 年但仅从第二次世界大战后才开始得势的联邦住房管理局并不专门授权这些政策，不过它是最显著的例子）清晰地见证了这一转变。

但我们并不需要将观察囿于这些官方的国家政策，因 187
为大量文化与智性上的现象足以证实这一转变，这其中就包括存在主义的风靡一时，它在第二次世界大战后到达了自己的顶峰。自从第一批冷硬派小说（hard-boiled novels）作为黑色系列（Série Noire）被翻译成法语，存在主义者就将这种新的侦探小说类型识别为自身哲学的产物。在这些小说里，他们必然发现一种与自身相似的、存有（being）——或者用存在主义的说法，就是自在（in-itself）——优越于意义（sense）的信念。因为无论是这种哲学还是这些小说都孤立出一个位置（instance），它被认为既先于也外在于所有的社会关系——而这些社会关系被假定是由伦理性的主角从该位置出发而铸就的。正如人们时常注意到，对黑色电影和存在主义而言，义务和职责的问题意识（problematic）是两者的共同核心，这迫使主人公要去弄清楚他的世界，这既表现为萨姆·施佩德（Sam Spade）的道德准则——比如他对蛇蝎女郎布丽吉德的最终拒绝："整个我都在想要你，因此我不会要你"（"I won't because all of me want to"）——也表现为一种夸张且迷狂般的形式，该形式出于迈克·汉默（Mike Hammer）[33]对死亡本身的蔑视以及他对非正义的疯狂报复。但人们没有注意到的是一种背信弃义（treachery），它威胁着所有这些伦理使命（从存在主义的到黑色电影主人公的），导致主人公们通常都遭到失败，并无休止地围绕着这失败的回环享乐。这种背叛直接源于他们一开始便对存有做出的宿命般的选择。因为以享乐为出发点，而不是以共同体为出发点，便自然将共同体本身给问题化了。与此同时，享乐与社会之间那种近乎深不可测的关联也顺理成章地被建立起来。

对第二次世界大战后这一时期的诊断如何影响我们对黑色电影中声音的理解呢？它支持了我们的感知：无论旁白的空间与叙事的空间有多么的契合，前者都从根本上异于后者。我们应将声画之间的不兼容性归结于这个事实——而不是声音载体那有限的知识。黑色电影的种种标准诠释
188 最值得商榷的地方在于，它们坚持把声音的功能划入评论的范畴之下；而对我们来说，旁白叙事的特别之处似乎正在于它拒绝自身沦为评论的那种方式。旁白叙事当然也同样发挥了一般言说的功能：它将信息从一处载送到另一处。

33　一部系列小说及相关剧集的主人公，他被设定为一位太平洋战争的退伍军人。——译者注

例如在《双重赔偿》里，旁白明显是说给凯斯听的。然而，影片为了重复地让我们回到内夫那孤独的影像——深夜，他坐在一间空荡荡的办公室里，对着一台录音电话机说话——又同时故意将这段言说从它的接收者那里切断了。在这些场景中，旁白的命运似乎并未被它作为信息的功能所穷尽。一种愉悦的过剩，或者说，一种私密的享乐附着于说话的行动本身，因为内夫超越了信息的内容，在（说话的）行动中就得到了自我满足。这意味着，旁白叙事的功能更多地是在呈现叙事者此刻正抽身离去的那个世界，而不是在描述或试图描述他所生活于其中的那个世界。内夫紧抓住不放的，并不是那个因言说而与之相联系的共同体，而是将他从这个共同体中分隔开来的享乐。

通过回到我们对“声音的身体”的讨论，我们能够开始领会此处的关键之处。尽管博尼策提供的这个概念相当于罗兰·巴特的“声音的纹理”的等价物，但事实上，这两个概念是相当不同的。巴特所说的身体“没有民间身份，没有‘人格’”[34]。也就是说，我们绝不能认为它有某种能透露“一个年代、阶级、体制”[35]的口音，我们也绝不能想

34　R. 巴特，《声音的纹理》（R. Barthes, “The Grain of the Voice,” *Image/Music/Text*, trans. S. Heath [New York: Hill and Wang, 1977], p. 182.）。

35　P. 博尼策，《声音的诸沉默》，第 328 页。

象它出卖任何事物，比如博尼策恰如其分地援引的讽刺漫画中所提到的“妄想狂的反共产主义者”“神气活现的斯大林主义者”[36]。纹理并不能指示一个特殊性所具有的任何内容、社会性或其他别的东西，它为我们索引了一种特殊绝对（particular absolute）。这就是说，它独一无二地标记出属于这一位说话者的声音，即使纹理绝不能被认为是“个人性的”，因为“它没有表达任何”有关说话者的东西。[37]

声音的纹理并无内容，用巴特的说法，它只作为“摩擦”（friction）而出现，当一个人感知到语言的物质性的时候，
189 便可以听见它对意义的抵抗。在声音中作为索引而起作用的方式，正如索引在侦探小说当中的运作方式一样：为了载录一种对意义的抵抗，或者说，意义的失败。正是这种摩擦激发了诠释。*不要读我的语词，读我的欲望！*（Don’t read my words; read my desire!）这就是声音的纹理所迫切呼唤的。也就是说，不要从字面上（即从普遍性上）来对待我，而是要意识到，这些语词是我欲望的独特载体。声音的纹理发挥着限度的功能，它的确导致了意义的普遍性的瓦解，某种超出了意义的过剩存有在此浮现，它开始削弱知识。

36 P. 博尼策，《声音的诸沉默》，第 329 页。

37 R. 巴特，《声音的纹理》，第 182 页。

然而，在这里成问题的并非发声者的知识，而是听者的知识。忽然间，正如博尼策的解释，发声者不是变得无知（unknowing），而是变成了一个不可知的、肉感意义上的X。在巴特关于移情的论文里，方才描绘的现象得到了充分的展示。在遭遇我们知识的限度的时候，我们虚构性地增添了大他者的领域，也就是为这个声音添加了一个X来标记我们的非知识。这一简简单单的增添足以将这个声音色情化，将我们和它的关系转变为一种欲望的、诠释的关系。正如巴特试图阐明两位歌手，潘泽拉（Panzera）和费雪－迪斯考（Fischer-Dieskau）之间的差别，我们在一开始会不禁怀疑他归纳出的这个区别是否是完全任意且主观性的。因为他在这两位歌手的声音中所抽离出的并不是任何实证性的特征，正如他在潘泽拉的声音中听到的是"舌头、声门、牙齿、黏膜和鼻子"，这无法帮助我们理解他的偏爱。人们是不可能通过训练而学会倾听像这样的声音"特征"的，简单地说，我们无法从巴特的论文里学到任何有关"音乐鉴赏"的知识。但这两位的声音里明显存在一个差别，基本上可归纳为：潘泽拉的声音中多出一个X，这个X使巴特与他声音的关系变为一种欲望的关系。不过，我们得小心，不要将这种关系简单地视为主观性的而不予理会：因为这个 X 是欲望的原因而不是它的结果，所以我们不能认为巴特将他自身的某种东西强加到这个声音之上。他仅仅“设立了一套新的……显然是……个体性的评估程式”[38]。凭借声音的纹理，便可假定一种私密的超越性（a private beyond），也就是一种未在言说中被驯服的存有，欲望的关系因而保留了特殊性和差异。

190 当欲望让步于驱力之时，这一私密的超越性就无法再继续隐藏了。拉康告诉我们，包含在驱力中的是使自身被听到或看到的东西[39]，这意味着，我们存有中的隐秘内核不再为意义所遮蔽，它不再作为一种假定，而是突然间被暴露了出来。它极力地表现自己，冒出言说的表面，占据了一个与之共存的位置。这并不是说，这一（只不过是假定的，因此也是空无的）私密存有的领域不经遮掩地显现了出来，任何人到最后都能看见它的内容。在它的拓扑学位置发生转变的过程中，存有并没有丧失其抵制意义的本性：变得可以听到的——或可以看到的——是空洞本身，是无内容和无意义。驱力中“使自身被听到或看到”的事物绝不能和一种听 / 被听到或看 / 被看到的欲望相混淆，

38 R. 巴特，《声音的纹理》，第 188 页。

39 J. 拉康，《精神分析的四个基本概念》，第 195 页。

因为欲望中所隐含的相互关系在驱力中被否认了。无论是其隐藏形式还是其彰显形式，我们存有的隐秘内核都不易受到“客观的”知识的影响，在彰显自身的同时，它并不寻求传达自身（communicate itself）。或者我们可以这样表述：私密的存有，也就是享乐，它浮现于现象领域，却不呈现为一种现象的形式。现象的 / 非现象的（可能比内部 / 外部要更加准确），这就是驱力所扰乱的那个命名上的分野。它并不通过彰显自身来传达自身。

在黑色电影中,声音的纹理与叙事性的现实一同浮现。它诞生自死亡的时刻，但它标记出的却并不是主体可能最终为其叙述所吸纳、耗尽的某个理想节点；相反，声音的纹理物质化了某些永远也不能为叙述所囊括的事物。叙述者并不在他的言说所描绘的那个叙事性的现实里，而黑色电影中的死亡则使他的这种缺席实在化（positivization）了。

密室 / 孤寂的房间

正如我们已经提及的，内夫在叙事中——也就是在社
会空间中——的缺席，这一点在重复出现的认罪场景当中
被影像化了，但我们拒绝将它视为简单的认罪。我们不应 191
忘了那个促使凯斯开始揭开迪崔克森案的线索，凯斯认识

到，迪崔克森先生在摔断腿的时候并没有进行保险申诉，这就清楚地证明，那个拄着拐杖上了火车的男人一定另有其人。正是这个撂倒了内夫的细节，也就是他的“盲点”，最终使我们将他认定为一位黑色电影主角：他从未想过要寻求律法的保护。对内夫和他的同类而言，仁慈而又无能的大他者不再存在，于是他们也就不再能从它那里寻求它所能提供的庇护来避免享乐。内夫因此是一个享乐太多的人——以至于他不能向任何人和盘托出他的认罪词（words），因为这些词语为他保留了如此强烈的享乐。而享乐的这个问题也可解释犯罪电影和黑色电影之间的差异：在犯罪电影中，尽管罪犯触犯了法律，却仍然受制于那个无能的大他者，因为显而易见他们试图欺骗它；而在黑色电影中，大他者的统治已经被取代了，它的律法更像是解体了而不是被触犯了。能述出现在与叙事陈述相同的水平上，这个事实构成了对我们观点的佐证。

然而，还存在着更进一步的证明。正是对发声位置（enunciative instance）的遮蔽——也就是发声位置从现象领域中那明显的隐匿——定义了经典侦探类型的空间，我们由此可以预期，在黑色电影中浮现的能述将产生一种截然不同的空间种类。事实也正是如此，旧有范式中那无限而不可穷尽的空间——由密室难题所彰显——在黑色电影中倒向了自己的反面：孤寂的房间，正如内夫在其中坦言认罪的那个。内夫所在的是那些空的办公大楼中的一座，在那个时刻，它们单调且空无人迹的空间构成了黑色电影独特的建筑学。深夜和清晨的办公大楼，废弃的仓库，无人问津的神秘酒店，怪异的、空空荡荡的走廊，这些空间取代了密室。首先冲击我们的是这些空间中怪异的人口减少（depopulation），随后才是它们的空寂（spareness）。在《大内幕》（*The Big Heat*，弗里茨·朗执导，1953 年上映） 192
里，黛比·玛希（影片的女主人公）四处打量着戴夫·巴尼恩（男主人公）暂住的那间酒店客房，这个未经装饰的房间有不祥之感，玛希发表了一句对这个典型黑色电影室内的准确评价："呵，几乎什么也没有！"她嘲讽道。然而，如果停留在这句评价，并认为这些孤寂的空间不过是缺少人和装饰罢了，那就错了。黑色电影所呈现给我们的更根本的是被清空了欲望的空间。或者说，房间的空寂更多地是在表明，房间中并没有什么可以从中取走的东西，而不是它本身什么都没有。它们从严格意义上讲不再是可以深究的（interpretable），也就是说，它们将再也不会产生任何新的事物，因而也就不再可能隐藏任何事物。

从根本上，主人公自身就陷入了一种无处可藏的境地。例如，我们可以想想《绕道》（埃德加·乌默执导，1946年上映）里的男主人公阿尔·罗伯茨，在影片结束的时候，他顺从地走向了那辆停下来想要截住他的警车，却丝毫没想要知道自己是如何被警察找到的；也可以想想《逃狱雪冤》（*Dark Passage*，德尔默·戴夫斯执导，1947年上映）里的文森特·派瑞，无论他去哪里、夜有多深，哪怕他通过整容手术完全变了模样，他都能被人认出来。又或许，想想《绕道》中一个更早的时刻，当罗伯茨的画外旁白正在沉思那一连串将他引向当下绝境的事件的时候，才上车的那位搭便车的女士就用一个充满恶意的问题打断了他的内心旁白："你把尸体放在哪里呢？"突然之间，旁白不再包含它的私密性，当这位无情的乘客用她的恶意发出嘘声时，将她与罗伯茨及其私密性分隔开的那条细缝便消失了，因为这嘘声标志了这两人的存有开始进入接触。这几乎看似她能读取他的想法，然而细听声轨，我们发现她并未真的直接回应他的话。在这里，我们发现自己正处于一个被害妄想狂的世界，一个黑色电影常常会被认为正在营造的世界。不过，尽管人们时常认为这种妄想狂的世界预示着一种对私密性的侵蚀，大他者得以洞察并读懂一个人最内在的想法，黑色电影却促使我们认识到，相反的情况才是真相。这种侵蚀正发生在公共的层面上。并没有将个体隔离开的社会距离，也没有呵护着他们最内在存有的社会性“外衣”。因为并没有可被穿越的距离，也没有可被洞悉的层层伪装，在这种存有的曝光（the exposure of 193
being）之前，不存在任何的无知或好奇。黑色电影的主人公们或许从未成功地藏身于他们的都市空间之外，但与此同时，他们可能也从未当真想要把自己隐藏起来。从严格的意义上，他们的存有也从未变得可读，也就是说，通过它的显露，我们并没有获得任何话语性的知识。在薇拉[40]面前暴露出来的并不是罗伯茨的所言、所思，而是他的思想通常会保留的那个东西：他的存有。

在《双重赔偿》里，促成内夫决意尝试骗保的那个情境从严格的叙事层面上是不可理解的。在此之后，内夫和菲丽丝将会避免在私下碰面，而不得不只在公开的场合里约会。杰瑞市场[41]成了他们见面的地点。上述对所发生之事的叙事化描绘并不怎么说得通。他们这样公开的邂逅难道不会更具有风险吗？谋划骗保难道不需要私下商量吗？

40　影片女主人公，也就是上面提到的那位搭便车的乘客。——译者注

41　“Jerry’s Market”，美国一家连锁超市。——译者注

然而，这种描绘未能意识到的是，在黑色电影的世界里，杰瑞市场就是一个私密的空间。除了零星几个对他们的存在毫不关心的购物者，这儿等于是空的，内夫和菲丽丝在这里几乎不可能被发现，尽管他们都同样无法隐藏自己。菲丽丝的深色墨镜有点儿滑稽，它正如文森特·派瑞的整容手术一样无用且没必要。事实上，这似乎是眼镜与外科手术绷带的重点。结果证明，每一种伪装在驱力所界定的空间里都是无用的，而问题的症结则在于，它使伪装者的私密存有为人所见。

不过正如我们提到过的,这种存有并没有现象的形式，它自始至终从本质上都是无内容的，那么黑色电影如何展现驱力的运作也就是存有的显露？这种非现象性的私密领域对公开的、现象世界的侵入又如何在黑色电影中显现？正如内夫在暮色中的办公室、杰瑞市场以及这些影片中许多被废弃的场所向我们证明的，通过在公共空间中添加上述我们已然描绘过的空寂感（emptiness），影片实现了这种传达。这种私密性——对象a，也就是声音的颗粒感——侵入了现象性的现实当中，它的添加被载录在这一现实的耗尽之中。结果，在此我们失去了通常附着于社会场域之上的那种质感（sense of solidity），以及支撑着这种质感的

194

《双重赔偿》（图片蒙惠自 Photofest）

195

《逃狱雪冤》，德尔默·戴夫斯执导，1947 年上映。
（图片蒙惠自杰瑞·奥林格）

196 深度幻觉。这一幻觉只不过是一种“我们从未抵达现实底部”的感知——它亦不能被任何一种与之相抵牾的感知（counterperception）所否定。正是由于黑色电影悬置了这一幻觉，才使自己无从隐藏任何事物，包括所有它的主人公们。这个逻辑引导我们认为，杰瑞市场是一个私密的空间，而黑色电影正不断地暴露出私密性的图景（landscape of privacy）。在这样的一种图景中，私密的存有将自身展现为完整且独立于他者欲望的，主人公与其他人物的相遇在最好的情况下是不和谐的（正如在《夜长梦多》[*The Big Sleep*] 里男主人公马洛所遇到的一系列女人），而在最坏的情况下则是一种凶兆。这就是为何各种黑色电影空间那易被觉察的幽闭恐惧症与它们可见的空寂毫不相悖。

内夫在两者中间选择了私密的存有，也就是享乐，而杰瑞市场是这个选择的结果，而非结构了社会性现实的指涉网络。他所得到的是存有，一种被剥夺了赋予存有以价值的不可企及性（inaccessibility）的存有，简言之，他一无所获。然而，认为这个选择的结果在主人公那里激起了某种“失望”有可能是错的，因为满足了主人公的正是这种一无所获。这就是问题所在，这一选择的潜在致命性所在。尽管好莱坞做了一些尝试——例如，在《双重赔偿》修改后的结尾里，内夫最终隔离在瓦斯室里的场景被取消了，取而代之的是内夫和凯斯按老规矩相互为对方点烟——来掩饰这一满足的经久不息，但仍然有足够的证据证明，这些电影里的主人公紧紧抓住这种一无所获的满足不放，直至苦涩收场。

致命享乐与蛇蝎女郎

这并不是说就没有可抵抗驱力的防御以及可遏制其满足的办法。驱力当然不同于本能，正如某些真实的东西会（以能指失败的形式）在符号界的领域中显现，在真实界的领域中，也因此会有某些符号性的东西（在驱
力绕行不断的重复中）使自身被感觉到。也就是说，符 197
号性的介入在黑色电影中有两种不同层面的可能，而驱力对此并不是完全无动于衷的。第一个层面是关于电影系统的。在这里我们碰到的是深焦摄影以及明暗对比强烈的、“表现主义式的”布光，它们弥漫在这些影片的这个循环当中。只有当我们把这些手法（devices）与构成黑色电影主要场景的那些空寂而私密的空间相联系时，

才能明白它们的功能。[42] 通过对广角镜头和低调布光[43] 的使用，这些空间被呈现为深邃且具有欺骗性的，像是可能隐藏所有未知实体的空间。如果我们想避免被黑色影像中这些如此典型的阴影和画面深度所误导，就必须区分真正的深度幻觉（它是一个欲望的问题，一个关于某些你不知道且因此想要知道更多的问题）和深度的虚假表征（这只不过是渲染逼真性时的技巧问题）。黑色电影中的这些视觉手法被用于在画面中营造出一种对深度的复制，用于弥补、补偿深度在叙事空间中的缺席，也就是说，这些手法服务于针对驱力的防御。它们所营造出的临时性的幻觉场域，创造了一种非知识（nonknowledge）的假象——因而也是深度的假象——作为替代，并以此抵御非知识 / 深度在黑色电影世界自身中危险且潜在致命的缺失。这些欺骗的手法植入了某种虚假的符号界作为壁垒，以防御叙事上

42 在黑色电影的典型特征中所引入的这一关于两个不同层次的概念——一个首要层次和一个次要层次，后者是对前者的一种回应——也有助于澄清围绕着黑色电影理论的一些困惑。尽管黑色电影式(noirlike)的布光技术早就存在，但我们对黑色电影作为一种特定而具体的现象的信念却不因此而失效，因为这种布光的早期使用是描述性的，并不像在黑色电影中那样是“复原性的”，也就是说，明暗对比的布光在黑色电影中发挥了不同以往的作用。另外，未采用明暗对比布光和深焦摄影也不会自动使一部影片从黑色电影的目录中被除名，因为这些电影的名录明显必然既包含了那些被证明不怎么对驱力进行防御的影片，也包含了那些建立了精心防御的影片。

43 指背景的曝光远远低于主体的一种布光手法。——译者注

的溃败。对深度的技术性复制或表征（逼真性）不同于有赖于能指失败的深度幻觉，而对这些电影的分析仅因为没有考虑到这里的差别，便将黑色电影的世界感知为本质上欺骗性的——尽管它实际上是一个没有任何事物能够隐藏的世界，一个一切事物必须曝光的世界。这就是黑色电影真正的黑暗真相。

在叙事的层面上，对驱力的防御采取了另外的形式，但仍是这个类型的标志性特点（genre-defining）之一：蛇蝎女郎的形式。在每个人的评价里，蛇蝎女郎都是黑色电影世界中最迷人的要素之一。正因为如此，她已经激发了 198
大量评论上的关注，尤其是来自女性主义者，他们渴望在这种强有力的女性形象中找到某些证据，以证明好莱坞将女人们“极小化处理”的趋势并不是绝对的。相比大多数她们的银幕姐妹，这些女性拥有某种掌控叙事空间的力量和特权。然而，似乎她们始终以男性主人公的视角被呈现。克莉丝汀·格莱德希尔（Christine Gledhill）能够从她们的力量中看到某种对这种视角的反叛，认为这些视角只能勉强涵盖她们：“因此，由于男性掌控了旁白和倒叙结构，尽管黑色电影中的女主人公很少能被给予充分的主体性，很少能充分地表达心理上现实主义虚构的立场……她们对角色的演绎却给予了她们……在前景突出她们的形象作为一种诡计（artifice）的事实，暗示了在这种形象背后，女人处在另一个空间之中。”[44]这种认为女人们游离于其角色的类布莱希特式诠释是值得质疑的，不过这种读解暗中反映了一个重要的感知：在这个噩梦般的世界里，蛇蝎女郎的确在一开始表现出一种依附性，但她的存在很显然是虚假的（artificial）。

试回想内夫第二次到访迪崔克森家的场景，菲丽丝安排了这次来访以使她的丈夫能听听内夫的推销行话。当然她的丈夫并不在家，女佣也不在，尽管菲丽丝表现得——并不令人信服地——就像她忘了今天是女佣的休息日一样。她压根什么都没有忘记，她的欺骗在我们和内夫看来都是一目了然的。如果说蛇蝎女郎是欺骗的具身化，那么它总是以这样的面目出现：昭然若揭的——一种对自身不加掩饰的欺骗。从理论上讲，没有任何事物阻碍这个显而易见的欺骗去隐藏另一个欺骗，然而在黑色电影的世界里，这种二阶的骗局从未发生过。蛇蝎女郎始终是一个二维的人物，没有任何隐藏着的侧面，骗局只发生在幕前。换句话

---

44 C. 格莱德希尔，《〈柳巷芳草〉：一部当代黑色电影》（C. Gledhill, “*Klute*: A Contemporary Film Noir,” in *Women in Film Noir*, ed. E. A. Kaplan [London: BFI, 1978], p. 17. ）。

说，在黑色电影非幻觉性的领域中，尽管她作为某种原型性的幻觉性要素，似乎这一回也在主人公那里发挥了作用，但她通常不能成为一种真正的屏障、像一种真正的幻觉那样保护他。她没有遮蔽，而是大肆囤积享乐。

蛇蝎女郎也会发挥另一种防御策略。黑色电影主人公 199
已经冒着风险选择了享乐，因为它摧毁性的后果威胁着他作为主体的处境。为了在这些危险面前保护自己，他创造了蛇蝎女郎作为自己的分身，并将自己无法忍受的享乐上缴给她。也就是说，他尝试与自身保持某种距离，通过触发他与自身关系中的他异性来分裂自身，我们可以认为，这并不意味着作为欲望主体分裂在意义与存有之间，而是分裂在知识与享乐之间。主人公与蛇蝎女郎达成了契约，从此往后，她像征税那样命令他交出自己享乐的权利。

在《双重赔偿》里，我们并不仅仅被引导猜测有这样的契约存在，我们实际上目睹了它起草的过程，在那个场景中，迪崔克森先生中计签署了一份并非他认为自己正在签署的文件。事实上，他签署的是一份将内夫与菲丽丝的意愿相绑定的协议。这份文件最初是通过主人公自身意志的行动才进入故事的，它本是为了防止他的毁灭（即为驱力的满足施加限制），它却未能保障期待中的安稳，相反将内夫引向了彻底的毁灭。

问题源于蛇蝎女郎的贪婪。不仅在《双重赔偿》里，也在《绕道》、《吉尔达》（*Gilda*）、《死吻》、《马耳他之鹰》（*The Maltese Falcon*）（我只写出那些瞬间进入我脑海中的电影的名字）里，都清晰地指出了那位蛇蝎女郎的贪婪，她不断地要求更多的满足。主人公越是竭尽所能地为她获取享乐，她就越是从囤积它的过程中得到快乐。这个契约因此将主人公与一种致命的关系、一种每况愈下的关系绑定在一起。内夫拒绝工作晋升只不过是他走向最终放弃生活的第一步。正是这种不断增加的不安定性——契约促成了它，却并不必然导致它——不仅解释了主人公与蛇蝎女郎之间最终彼此毁灭性的相遇为何万变不离其宗，也解释了黑色电影循环在整体上不断升级的暴力。主人公与蛇蝎女郎之间的社会契约——之所以是社会性的，是因
200 为它试图在享乐的私密空间内确立某种共同体——在这些例子中都被证明是无效的，最终不过是经典侦探小说早先描述过的社会纽带的非常替身。

跟随拉康在《〈失窃的信〉研讨班》里做出的评论，斯拉沃热·齐泽克提到，经典侦探类型与冷硬派/黑色类别之间的差异之一在于，在前者那里，侦探为他的服务

收取费用，而后者则不。[45]阿尔·罗伯茨（在《绕道》中）却为黑色电影主角在处理符号货币时的无能提供了最发人深省的理由。他不愿意接受他的钢琴演奏所赢得的 10 美元小费，脱口而出自己对金钱的定义："一张爬满了细菌的纸。"我们已尝试论证了这里的情况：在黑色电影中，曾经支撑古典世界的中性而已死的符号共同体系统已然让位给了一个布满私密享乐的世界，并因此腐蚀了旧的交流网络。这些与金钱的不同关系，并不意味着侦探从犯罪的空间中脱身，而黑色电影主人公却嵌入其中。正如我曾提到的，侦探类型的空间是有深度的，因为它由侦探的欲望所激发，而缺乏欲望的黑色电影的空间则是扁平而缺乏吸引力的。在黑色电影中，并没有主人公可嵌入其中的深度空间，他完全地外在于那些他经过的城市。侦探小说和黑色电影的空间分别揭示了现实主义的矛盾逻辑——一个有边界的空间如深渊般无限——以及它的后现代反转（inversion）——一个开放的或游牧性的空间，由纯粹的连续性（contiguity）所规定，却令人幽闭恐惧症发作般的有限，把我们包围在私密和无意义的存有之中。这种差异

45 S. 齐泽克，《斜目而视》（S. Žižek, *Looking Awry* [Cambridge, MA: The MIT Press, 1991], pp. 60–61.）。

还出现在后现代主义与另外一种现代主义的平行样式之间，后者同样也由一个限制的缺席（the absence of a limit）所决定。第一个现代空间所包含的无限量的客体，假定了一种普遍的等价性，也就是可通约性，而第二个空间里的客体是不可通约的。通过拆除大他者的斜杠（unbarring of the Other）[46]，也就是通过毁灭创造这个困惑（aporia）的公共领域，后现代主义消解了可通约性与不可通约性之间的现代困局。

46　在拉康提供的数学公式里，S（主体）和 A（大他者）都被一个斜杠穿过，“the barred Other”也就是被阉割的大他者，即非全知全能的大他者。——译者注

8　性与理性的安乐死

我所关切的问题是：在对性[1]进行理论化时，我愈发感觉到我们是在参与一种“纯粹理性的安乐死”[2]。我从康德那里借来最后这个短语，他用它来命名对理性的二律背反（也就是理性与自身的内在冲突）进行回应的两种可能方式之一。他说，每当理性尝试将自己应用于宇宙论（cosmological ideas）、那些不能成为我们的经验对象的东西时，就会不可避免地陷入矛盾。面对这些显然不可调和的冲突，理性要不然就更加紧握着教条式的假设不放，要不然就把自身交付给绝望的怀疑论——对于后者，康德报以决然的鄙夷。在这篇文章中我将说明，对性进行思辨的尝试也会把理性抛入与自身的冲突之中，同时我将对那些我们视其为结果的种种替代方案——尤其是后一种[3]，只因在当下至少在批评界它引起了我们的注意——给出我的反

1　请读者注意：拉康和弗洛伊德很少谈论性别（gender），精神分析关切的是性（sex）、性存有（sexuality）和性差异（sexual difference）——而不是性别划分。——译者注

2　I. 康德，《纯粹理性批判》（I. Kant, *Critique of Pure Reason*, trans. J. M. D. Meiklejohn [Buffalo, NY: Prometheus, 1990], p. 231.）。对该著作引用的具体页码将在后文正文中注明。

3　即怀疑论的观点。——译者注

对意见。

朱迪斯·巴特勒在《性别麻烦：女性主义与身份的颠覆》里给出的强有力论述为这第二种替代方案做出了绝佳的当代示范。[4]这本书无可争议的价值在于，它以一种精巧的方式，清点了我们在谈论性别身份时所有残留的教条主义，而这些丧失了活力的教条主义持续地影响着我们对性别身份的思考。如果这本书里周密的论证足够有说服力的话，将性视为一种持续性的、先天实体（a priori substance）的理念则得到了充分而彻底的批判。我无意去贬低这本书的实际贡献以及它周密复杂的论述，而只是想挑战这本书里作为大前提的一些根本性的假设——这些假设也许并不能支撑起这本书想去守护的那些政治目标。我认为问题在于，这部典范性的著作巧妙地回避了教条主义式的方案，但这却为宣扬它的二元对立面开辟了空间——这个对立面要么是康德警示过我们的“绝望的怀疑主义”（despairing
202 skepticism），要么就将是怀疑主义的积极形态：一种自信的唯意志论（a confident voluntarism）。巴特勒成功地批判那种形而上学的观念，这种观念认为性是一种刻写在我们

4 J. 巴特勒，《性别麻烦》（J. Butler, *Gender Trouble: Feminism and the Subversion of Identity* [New York and London: Routledge, 1990]）。对该著作的引用的具体页码将在后文正文中注明。

诸多行动和话语中的实体（substance），而她则把性定义为“表演性地[5]展开的表意过程（performatively enacted signification）……人们可以从它自然化的内在与表面逃脱，制造对性别意义的戏仿性叠加（parodic proliferation）与颠覆性游戏”（33）。换句话说，巴特勒的论述似乎意味着，她相信解构了虚构出的内在的或本质的性，也就——或者说必然导致——拒绝了任何恒定不变的性差异的观念，性只是被多种变化无常的话语实践（discursive practices）历史性地建构的，而我们能够对此介入，以播下“颠覆性骚动”（subversive confusion）的种子。她认为，所有这些实践建构了男性性（masculinity）与女性性（femininity）这两个分立的独立体（entities），这种建构的现实及其效果无疑是存在的，但是如果性只是“装扮”（made up）出的东西，它也可以被复原（unmade）。毕竟，已经完成的东西总是可以恢复到未完成的状态——至少在表意过程（signification）的层面上。熟悉的、自然化的、可信的东西可以被变得陌生：去熟悉化、去自然化、“不可信化”

5 在前文中，我将与奥斯汀言语行动理论相关的“performativity”按常见译法处理为“述行性”。巴特勒对这个概念的理解与奥斯汀的并不相同，她的这个概念更着重于“performance”作为戏仿的颠覆性效果，而非奥斯汀那里言语和行动的循环论证。——译者注

（incredibilized）。这是她给出的否定。

第一个问题群：这里所提供的二选一方案——性是实体（substance）/性是表意过程——是仅有的可能方案吗？如果不是，那么性还可能是什么呢？

巴特勒认为这些话语实践的效果是为了植入一种强制的异性恋,所以她最初的意图在于破坏“性的二元稳定状态”（6）。正是性的“二元性”（twoness），也就是把所有主体绝对地区分成两个独立且相互排斥的范畴，达到了为异性恋主义服务的目的。在这里，除非我们指明其中潜藏的假设，即“二有成为一、结成一对的倾向”，否则这个论点就毫无意义。但是这个假设从何而来呢？来源于将男性性与女性性这对二元项理解为互补性的。也就是说，只有当我们认为这两项之间存在一种互惠性的关系，即一方的意义取决于另一方时（反之亦然），我们才倾向于将它
203 们——用更强烈的说法，迫使它们——结合在一起，尽管维系着这种结合的是种种暴力性的对抗。用拉康的话来说，这种互补性的关系是想象性的，它既包含绝对的结合，也包含绝对的敌对。

第二个问题群：我们一定只能把性差异理解为一种想象性的关系吗？或者说，有没有一种不同的方式，从而思

考主体被划分为两种性，而同时不意味着对规范化的异性恋的支持？

然而，仅仅通过拆除分隔在男性 / 女性之间的屏障、质疑这一区分的确定性，并未能真的动摇男性 / 女性这对二元的稳定性。巴特勒站在一个常见的、进步的当代立场上告诉我们，如果女人、女性性、女性主义这些范畴最终不能站住脚，这也是因为这些范畴与所有其他的范畴种类——种族、阶级、族裔等——交错在一起，因此破坏了前面那一系列范畴的完整性。女人这个范畴的异质性在女人们自身对女性主义的反对中得到了证实。永远不会也不可能出现一种统一在自身政治中的女性主义。

第三个问题群：性差异和其他差异的范畴是等同的吗？一个人的性认同是否就像他的种族和阶级认同那样以同样的方式被建构，又在同样的层面上运作？又或者，性差异是一种不同于其他差异的差异？

第四个问题群：女人这个范畴的异质性使女性主义不能涵盖全体女人（all women），但男人这个范畴同样也无法涵盖全体男人，那么女性主义的这种失败与后者是一样的吗？女性主义的棘手问题是否仅仅归咎于种族、职业、阶级的差异？为什么女性主义不能打造出一个完全的、女人们的统一体呢？

总之，性到底是什么呢？这个引发《性别麻烦》追问的问题也正是我的首要问题。正如我此前提到的，巴特勒不经思索地假定，性必然是在话语上或者文化上建构起来的，而这呼应了弗洛伊德的观点：从解剖学、染色体、荷尔蒙的层面都未能清晰明了地标示出性差异，而这也就质
204 疑了性是一种前话语（prediscursive）的存在。但是弗洛伊德本人避开了这些替代选项的局限，他拒绝向“要么解剖学要么习俗”[6]让步——精神分析正建立在这一拒绝之上——认为两者均无法对性的存在做出解释。对精神分析来说，性从来都不仅仅是一个自然事实，也从来不能够最终被化约为任何话语性的建构，化约为意义（sense）。因为这种化约始终未能意识到性与意义的根本对抗性。诚如拉康所言：“所有对人类行为的分析介入不外乎都暗含一个事实，意义并不反映性存有（the sexual），而是弥补它。”[7]性是意义的绊脚石。这并不意味着性是前话语的，我们也无意否认人类的性存有是表意过程的产物；相反，为了重

6 S. 弗洛伊德，《女性性》(S. Freud, “Femininity,” in *SE*, p. 114.)。

7 援引自 J. 露丝的《女性性：拉康与弗洛伊德学派》的导论第二部分(J. Rose, “Introduction □,” in *Feminine Sexuality: Jacques Lacan and the école freudienne*, ed. J. Mitchell and J. Rose [New York and London: W. W. Norton, 1982], p. 47.)。这个引用来自拉康未出版的第二十一研讨班。

新定义这一立场，我将论述性是如何从一种内在的限制——也就是表意过程的失败当中产生的。正是在种种话语实践畏缩不前的地方——以及它们不能完全成功地生成意义的地方——性出现了。

巴特勒当然明白表意过程的种种局限。例如，她知道话语里并没有“支配着这个过程的最终目的（telos）”（33），也知道话语实践永远不会完结。这就是为什么她会说“女人这个概念本身就是未完成的（in process），它是一种不能被确切说出起源或终点的生成（becoming）或者说构造过程（constructing）”（33）。到这里为止，我们都没有找到任何可以提出争辩的地方。接下来，当她的论述不再仅仅与女人这个词（the term *woman*）有关，而变成了关于女人本身（woman as such）的讨论时，错误或者说偷换（subreption）[8]就出现了。因为这本书的主题在于“最终永远不可能成为一个女人”（33），也就是说，一个人的性认同本身是永远不会完成的，而总是处于流变之中——并不在于“女人这个词的含义已然随着历史而转变并将继续转变”。换句话说，巴特勒从变化中的女人的概念推断出女人的某种存在、存有。而我将论证她得出结论的过程

---

8 康德用“偷换”这个概念来批判表象的经验论。——译者注

是不合理的：我们不能因为性差异的术语是不稳定的，就认为性是未完成和流动的。这首先是一个哲学上的反对，
205 正如巴特勒自己所谨慎论证的，如果我们说理性是受限的（limited），这正意味着理性不能够令人信服地从概念的层面转化为存有的层面，在各种概念所创造的种种可能性上，不可能建立起存在的必然性。

如果我们认为话语仍在进行、尚未完结，那么便等于承认一个当下人所共知的基本事实：在话语里没有实证项（positive terms），而只有一系列差异的关系。一个词只能通过它与其他词的差异来获得意义——永无止境，因为最后的那些词永远无法掌握（never at hand）。换句话说，“话语仍在进行”这个观点只不过是承认了一种语言的规则，它规定了我们只能在进程中定夺一个能指的意义（the value of a signifier）。但我们不能错误地把这一惯例当作理性的规则——自索绪尔之后，理性就被理解成通过能指，而非（像康德所相信的那样）通过时间和空间的模态（modalities）来进行运作。然而，索绪尔的这一规则使我们陷入了一个真正的矛盾，一个如同在《纯粹理性批判》中困扰着康德的二律背反。简单地说（我们稍后会回到这些要点），这一语言的规则不仅要求我们相信意义过

程的不可穷尽性——因为事实上总有另一个能指来回溯性地决定此前已有的全部意义，还要求我们预设出“所有的其他能指”：对一个意义而言必要存在的总体背景（total milieu）。语言的同一条规则既要求又阻止了能指系统的完整性。若没有能指系统的总体性，就无法确定意义，而这一总体性又违背了这条规则所要求的另一面，也就是能指的相继性（successive consideration of signifiers）[9]。

康德认为有一种合理解决这个矛盾的方案，但他先抨击了那些通过否定辩证的其中一极而见效的解决方案。索绪尔用一种更具“实证性”的观念——“决定性对立”（determinant oppositions）——来替换自己的“纯粹差异”观，这便是一种不合理的方案类型，或可被称为“结构主义的方案”。[10]最终，索绪尔强化了自身及其共同体的“共 206
时性视角”（synchronic perspective），这位语言学家决定优先考虑那个在某个（假定的）固定时刻（frozen moment）——也就是“此刻”——同时运作的能指系统。为了达到自身的目的，他遗忘了自己提出的重要规定，即意义必须被回溯性地决定，也就是遗忘了意义的历时性本

9 原文“the successive consideration of signifiers”指的是能指是一个持续不断的也就是不封闭的系统，这与能指系统的完整性相矛盾，故谓之二律背反。——译者注

10 S. 韦伯，《闭合与排除》，第 37 页。

质（diachronic nature），索绪尔最终将语言学的科学建立在语言的系统总体性之上。因此，结构主义的观点不再是最后的能指 S_2 决定了在它之前的能指 S_1，而是变成了 S_2 决定 S_1 同时 S_1 也决定 S_2。这就是说，交互的对立项凝固了共存的词语之间的意义，与此同时，差异性的关系不再威胁到对所有先前能指的重估。

对该结构主义命题的某种“后结构主义”回应采取了一种相左的立场,它的方法是简单地忽视完成意义的需要。巴特勒在《性别麻烦》中的立场吻合了第二种对语言的二律背反规律的回应类型，它仅仅指出了表意过程总是正在进行当中，然后就得出了性没有稳定性的结论。康德或许会认为，她错在不合理地“将客观现实归因于一个仅作为[经验]规律方才奏效的观念”（288），也就是说，巴特勒混淆了一种语言的规律与对物自体（the Thing-in-itself）的描述，而这里的物自体就是性。但是这里会产生误导，因为康德的观点似乎意味着性是某种超越了语言的事物，某种语言所永远无法把握的事物。在这一点上我们可以同意康德的观点，只要添上一个附带条件：我们所理解的物自体不是别的，正是思考——表述（articulating）它的不可能性。在关于性的问题上，当我们谈及语言的失败之时，我们言下之意是语言陷入了自相矛盾的状态，而非它缺乏一个前话语性的对象（prediscursive object）。性与这个失败、这个无法避免的矛盾是相一致的。那么这就意味着，性正是意义完成的不可能性，而不（像巴特勒的历史主义 / 解构主义观点会认为的那样）是一个未完成、未凝固的意义。或者说关键在于，不是性自身不完整，而是性是语言的结构不完整性。巴特勒式的观点将决定意义的行进规则（progressive rule）（这一规则要求我们回溯性地决定意义）
转变成一种被决定的意义（determined meaning）。而与这 207
种观点相类似的是，康德 / 精神分析的观点也想把性去实体化，不过却采取了一种不同的方式。首先，它承认而不是无视理性规则的矛盾。继而，它把性与理性自身的斗争相联系，而不是仅仅将它视作斗争中的其中一极。

与从巴特勒的立场所做出的尝试相比，这构成了一种更激进的、对性的去实体化，更彻底地颠覆了将性视为某种实体的认识。因为在这里性不是不完整的，而是完全空洞的——没有可以跟在它后边的谓语。通过将性与能指、与表意过程联系在一起，巴特勒让我们的性存有变得可以与其他的东西相通（communicates itself to others）。然而事实则在于，联通是一个过程，它持续着也因此永远在进行当中，这便排除了在任何特定的时刻，知识被完全呈现的可能性，也就是说，在可能性的领域中仍然存留着更进一步的知识。与之相反的是，当性与能指相分离时，它就变成了一种并不传递自身的东西（does not communicate itself）——它将主体标记为不可知的。当我们说主体是性化的（sexed），这意味着主体不再可能拥有任何关于他或她自身的知识。性的唯一作用不外乎就是为理性设限，把主体从可能经验或纯粹知性（pure understanding）的领域中移除。拉康那句著名的论断“不存在性关系”就是这个意思：性使自身对立于意义，而同时根据这个定义，性也处在关系、联通的反面。[11]

精神分析对性的定义把我们带到了第三个问题群，因为不同于种族、阶级或族裔的差异，性差异与其说是被话语决定的，不如说是被话语的缺席所决定的。前者的差异刻写在符号界里，而性差异却不是：符号界中只留下了刻写它而不可能的痕迹。换句话说，性差异是真实的差异而不是符号的差异。这一区分并没有贬低种族、阶级或族裔的重要性，它仅仅对当下的主流见解提出异议，这种见解认为性差异对主体的描述与其他差异所提供的是同一种。

11 要了解更多有关这种精神分析意义上对无知的防御的解释，参见本书第 4 章。

而我们也不应该因为这个区分，在思考其他种种差异时将性孤立出来。设定种族、阶级或族裔这每一种身份的，从来都是一个性化了的主体。 208

那么，为什么我们还要坚持做出区分呢？因为主体的主权（sovereignty）正取决于它，而只有对主体主权的认识有望保护一般意义上的差异（difference in general）。只有当我们开始将主体视为自我治理的，也就是服从其自身律法的时候，我们才停止将她视为可预计的（calculable）——服从于那些已知的律法因而可被操纵。只有当我们承认主体这种至高的不可预计性的时候，对差异的种种感知才不会滋长出驯服差异的需求，也就是滋长那些"同质化""纯化"的过程，或者任何一种反对他者性（otherness）的罪行——法西斯主义的兴起使我们愈加了解这一点。这并非意味着我们在支持这样一种主体认识：主体是一种前存在（pre-existent），或在某种意义上她超越了语言的种种法则或者社会秩序，她算计着把语言的这些法则当作工具来使用，以完成她所希望的目标。这个只做她想做、只相信她想相信、只遵从于她想要去遵从的主体，不过是可预计主体的主题下的变奏。因为我们不难看到，这个人很快就被自己感官上的爱好所主宰，哪怕她试图利用它们。

正如艾蒂安·巴里巴尔近来所指出的，要解决这一特殊的二律背反——主体臣服于（under）律法（例如，主体是律法的特定效果）/ 主体凌驾于（above）律法——的唯一方法是去证明：

> 她既不单纯凌驾于律法，也非单纯臣服于律法，而是**恰好处于与它相同的水平上**……或者换另一个说法：在公民的绝对主动性（立法过程）和 [她的] 绝对被动性 (遵守律法，不对此“讨价还价”“要把戏”) 之间必须存在一种严格的一致性……比方说，在康德
> 209 那里，主体的形而上学建立在权利概念的双重决定上，权利既是自由也是强迫。[12]

声称主体处在与律法相同的层次上并不等同于声称她就是律法，因为任何将主体与律法所做的合并只会把她削弱到绝对地屈从于律法。处在相同的层次但不是律法，主体只能被理解为律法的失败、语言的失败。主体处在语言中但又多于语言，她是一个没有能指可以解释的原因。这并不是因为她超越了能指，而是因为她正作为限度（as limit）

12 E. 巴里巴尔，《公民主体》(E. Balibar, “Citizen Subject,” in *Who Comes After the Subject?* ed. E. Cadava, P. Connor, and J.-L. Nancy [New York and London: Routledge, 1991], p. 49.)。

栖生于其中。主体从根本上不可知、不可预计，她是我们得以反对法西斯主义的唯一担保。每当我们无视主体相对于能指的不透明性，每当我们将主体重合于能指而非其失败（misfire）的时候，这一担保就从我们那里溜走了。

针对巴特勒关于性的定义，我们不仅必须添上我从上述伦理角度做出的反对——作为我一开始从哲学角度提出反对的补充，还必须再添上一种来自精神分析角度的反对。我已经提到了，在有关性的问题上，巴特勒的立场和精神分析的立场之间存在着一个关键的区别。现在我想通过揭示出这两个位置之间的“根本不兼容性”（total incompatibility）来进一步推进我的论述。为呼应弗洛伊德对荣格的指责，我选取了这个片段，在涉及荣格关于力比多问题的立场上，弗洛伊德的描述对我们的讨论也同样适用。在弗洛伊德看来，荣格的立场是“从生命的交响乐中辨识出零星的几个文化上的泛音……却再次错过听见 [驱力] 那强大而有力的旋律”[13]。在这里，弗洛伊德批评荣格通过把力比多仅仅与种种文化过程相关联从而剥离了力比多所有的性内容。正是这种关联导致荣格强调力比多本质

---

13 弗洛伊德，《关于精神分析运动的历史》(Freud, “On the History of the Psycho-Analytic Movement” [1914], *SE*, vol. 14, p. 62.)。

上的可塑性或延展性：性在文化的曲调中翩翩起舞。相反的是，弗洛伊德则认为，要把握性，不可能在文化的界域中而只能在诸驱力那里——尽管它们在文化之外并无存在（no existence）——但又不是文化的。驱力是真正意义上文化的他者，它们对种种文化的摆布（manipulations）无动于衷。

210 用巴里巴尔的话来说，性被（诸驱力的）律法所决定，“这既不能讨价还价”也不能“要把戏”。与荣格主义以及当代有关性的可塑性的批判信条相左，我们试图去论述，从文化的立场上看，*性并不让步*。这意味着相对于其他事物，*性和性差异是无法被解构的*（*sex, sexual difference, cannot be deconstructed*），因为解构的操作只能在文化、能指的层面上应用，而对这一例外的领域，解构则无从下手。[14]谈论性的解构的意义大概与谈论没收一扇门差不多[15]，行动与对象并不属于同一个话语空间。因此，我们将要说明，尽管主体——并不被能指绑定，他或她是诸社会话语的效果而非实现——在这个意义上没有受到完全的社会约束，

14　这句话不应被当作对解构的蔑视，解构主义自己并不会宣称能指以外的其他事物是“可解构的”或可否定的。事实上，仅仅是因为能指以外的事物（the other of the signifier）不让步且不能被否定，解构在一开始才是可能的。

15　作者指的是门所在的那个空间，也就是“无”，因而是不可能“被没收”的。——译者注

然而他或她却并不随心所欲地成为一个主体：在任何话语中，主体都只能采取一个男性或一个女性的位置。

而荣格派——还有当代的“新荣格派”——的立场依然对“驱力们的旋律”充耳不闻，没有认识到性的这一强迫性的维度、它的不可逃脱性。荣格派的立场仅仅关注文化上能指的“自由”嬉戏，把自由从强迫性中分离出来：正因为此，它是一种唯意志论（voluntarist），尽管它自身采取了一系列防范措施想要免受这一指控。例如《性别麻烦》就没有在这一点上大意。这本书的结论预见到等待着它的唯意志主义的帽子，并尝试对此做出辩护。通过重新界定“能动性”（agency）这个概念，这本书的最后一章意图将主体定位在跟语言“相同的层次”上，既不高于它（而天真的能动观则会那么认为），也不低于它（一种决定论的建构观则会那么认为）。然而，从巴特勒那里遗漏的，正是无法超越的限度（unsurpassable limit）——也是绊倒每一种话语实践的不可能性——的特定理念，因而她在试图规避指控之时却辩护无能。即使在她提到强迫性和失败的时候，她也是这么说的：

211 > 如果支配表意过程的种种规则不仅在于限制，同时也使我们有可能去主张文化可理解性（intelligibility）的替代领域（例如种种新的性别可能性，它们挑战了种种等级化的、二元对立的僵化符码），那么一种对身份的颠覆也只有在重复性的意指实践中才变得可能。成为（to be）某一既定性别的律令（injunction）产生出必然的失败……[不同的] 诸话语律令的共存或融合产生出一种复杂重构和重新部署的可能性。(145)

这段话描述了话语内在失败的效果——一种意义的骚动，而其中一种意义总在与另一种意义相冲突，每一个话语的意义的可能性都在增加——却没有真正承认这种失败的原因：在语言中说出所有事物的不可能性。弗洛伊德教导过我们，重复的原因是我们不能记忆。而我们无法记忆的是我们从未经历，也从没可能去经历的，因为它本身从未在场（never present as such）。语言与其自身冲突的僵局产生了这样一种对不可经验之物的经验（experence of the inexperienceable）（它既不能被记忆也不能被言说），而正是这个僵局使重复成为必要。但是我们在这里引用的部分却遮蔽了这种重复中特有的强制力，那就是性。性是不能被言语所说的，它不是任何一堆试图填补这一不可能性的意义。《性别麻烦》抹除了话语中的这一根本僵局，它用了一整本书去讨论性，却抹除了性本身。

性并不让步，并不是异性恋主义者才会这么说。事实上，它的反面也可能是真的。因为正是通过使性遵从于能指，你迫使性遵照社会的各种律令，并承担了社会的内容。在书的最后，巴特勒想将主体置于与语言相同的层次上，却最终使其臣服于语言，并作为对它的实现——因为在这样的一种模式中，自由、“能动性”都是不可想象的。

菲勒斯的功能 212

现在让我来面对那些正等待着我的反对意见吧。我已经借用了批判哲学的观点来交代精神分析的立场。然而，这种哲学所提出的主体——有时被认为是一种与具体的个体相对立的“普遍”的主体——根据定义似乎是中性的（neuter）、无性的（*un*sexed），而同样根据定义，精神分析的主体却始终是性化的。那么，被性所分化（sexually differentiated）的主体可以被纳入批判哲学的框架中吗？通过怎样的路径，我们才能得出一个看上去无疑是自相矛盾的结论——这个“普遍的”主体必然是性化的？

但是，我们同时也可以反问，为什么哲学的主体就必须理所当然地被假定为中性的呢？从我们的角度来看，无根据的似乎正是这一假定。那些抱有这种假定的人，正是基于一种对主体的定义，即主体在本质上没有（devoid of）任何实证上的（positive）特性。而目前为止我们的全部论述都可归结为对这种特性描述的否定。例如，当我们说性差异并不等同于其他差异的时候，言下之意是这种差异并没有实证性地描述主体。我们也可以这样说：男性和女性——像存有那样（*like being*）——并非谓语（*predicates*），这意味着与其说它们扩充了我们关于主体的知识，不如说它们限定了我们知识失败的模式（*the mode of the failure of our knowledge*）。

我们已经将主体定义为语言的内在限度或否定，也就是语言的失败——这是为了说明主体没有实质性的存在（substantial existence），也就是说，它不是一个可能的经验对象。如果这个主体被认为是非性的，这不仅是因为性被天真地假定为一种实证性的特征，同时也因为失败被认
213 为是独一的（singular）。如果真的是这样，如果语言——或理性——只有一种失败的模式，那么实际上主体又是中性的了。但情况并非如此，语言和理性可能会落入两种不同的失败模式中的其中一种。康德最早在《纯粹理性批判》

中，在这些失败的模态之间——也就是理性与自身相矛盾的两种方式之间——做出了区分，并在《判断力批判》中再次应用。在这两部著作中，他都证明了理性的失败并不简单，而是通过两种不同的路径，以二律背反的僵局失败，第一种是数学的，第二种是力学的。

很多人尝试在康德的文本中定位性差异，但事实上他们在寻找的是性的偏见或者说性的无关痛痒。比方说，有些人在对美和崇高的描述中辨别出来某种性的意味。这些批评家们——如果要我说的话——净在错误的地方寻找性。而我要提出的是，性差异的确可以在康德那里找到，不过并不是在某些边边角角的地方，比如他所使用的形容词或者所举的例子，而是在他对数学和力学的二律背反的根本区分当中。这意味着通过这一区分，康德是第一个对这种差异进行了理论化的人，而根据这个差异，精神分析将所有主体分为两种相互排斥的种类：男性和女性。

接下来，我打算依据康德对理性二律背反的分析，来解释精神分析中主体的性化（sexuation）。更明确地说，我将重点关注拉康在第 20 个研讨班《再来一次》（*Encore*）中提出的性化公式。在这个研讨班中，拉康在性差异的问题上重申了精神分析的立场：他坚持认为，我们的性存有并不是一种生物学的现象，它并非通过身体，而是“根源于言说的逻辑要求”。[16]这些逻辑上的要求将我们逼入绝境，我们不可避免地面对“讲述完整的真理实质是不可能的：词语失败了”[17]这个基本的事实。而且现在我们还可以补充一点，他们以两种不同的方式失败，或者用拉康在《再来一次》中的表述，“情爱（affair）、性关系有两种失败的方式……男性的方式……和女性的方式。”[18]

214 他在这个研讨班的第17节“一封情书”（A Love Letter）中给出了如下的性化公式：[19]

$$\exists x \quad \overline{\Phi x} \qquad\qquad \overline{\exists x} \quad \overline{\Phi x}$$

$$\forall x \quad \Phi x \qquad\qquad \overline{\forall x} \quad \Phi x$$

这四个公式中的每一个都是简单的逻辑命题，并且像所有的命题那样，它们都具有一个量和一个质。一个命题的量取决于其主词（subject term）的量；符号$\forall$和$\exists$是量词，它们标示了主词的量。$\forall$是全称量词（universal quantifier），代表了每个（every）、全部（all）、一个都不（none）

16 拉康，《再来一次》，第15页。

17 拉康，《电视 / 对精神分析建制的一次挑战》，第3页。

18 拉康，《再来一次》，第53-54页。

19 拉康，《再来一次》，第73页。这个图示也出现在这一节研讨班的译文的第149页，参见米歇尔和露丝的《女性性》。

的缩写，但需要重点注意的是，种种专有名词（proper nouns）也同样被认为是全称的。∃是存在量词（existential quantifier），它代表诸如一些（some）、一个（one）、至少一个（at least）、某一（certain）、至多（most）等词。命题的质由其所连系物（copula）的质决定，要不是肯定的要不是否定的。肯定的不做标示，而否定的则通过在谓语项上画线来进行标示。

由于我们已经在拉康的其他一些文本中熟悉了符号Φ，便可以将这些命题翻译成：

至少有一个 *x* 不服从菲勒斯的功能	没有一个 *x* 不服从菲勒斯的功能
所有 *x*（每一个 *x*）都服从菲勒斯的功能	并不是所有（不是每一个）*x* 都服从菲勒斯的功能

表格的左侧代表男性的一方，而右侧则代表女性。首先要注意到的是，构成每一侧的两组命题看起来都与另一侧存在一种二律背反式的关系，也就是说，它们似乎彼此矛盾。
这些明显的二律背反是如何产生的呢，又如何从性差异的 215
角度被命名？在回答这些问题之前，我们需要再增进一些对这些公式的了解。

拉康放弃了我们在之前的描述中用过的两个经典逻辑

学术语：主语和谓语，取而代之的是引数（argument）和函数（function）。[20] 这个替换标志了一种概念性的差异：男人与女人这两个种类（classes），它们的形成不再像旧的术语那样，通过将种种相似属性的主词聚集在一起。分类的原则不再是描述性的，也就是说，它不再是一系列共享特征或一种共有实体的问题。相反，一个人是否落入复数男性或复数女性的种类，取决于此人将自身作为引数放在相对于函数的何种位置上，也就是取决于其采取何种发声位置（enunciative position）。

出现在这四个命题每一个中的函数——菲勒斯的功能——合理化了拉康对经典逻辑学中某些术语，甚至某些前提预设的放弃。自从弗洛伊德第一次开始详细阐述他的女性性存有理论，这一函数——尤其是它出现在表格两侧的这个事实——就一直处在争论的中心。女性主义者们总在反对用菲勒斯来解释两性存在——也就是反对两性之间的差异应当只根据这一个项来决定的观念。根据她们的理

20 在数学中，函数是指在集合 A 中的一个元素 x 经过一定的运算法则 f 之后在集合 B 中的映射元素 y，可写作 $y=f(x)$，而引数是指在函数之中的变量。function 有函数和功能之意，在精神分析里，菲勒斯的函数功能可以理解成在真实界的一个元素经过菲勒斯功能的运算加工（比如弗洛伊德所说的凝缩和移置，拉康所说的隐喻和换喻），变成了在符号界的一个元素。这里按具体的语境将 function 翻译成函数或功能。——译者注

解，她们谴责将差异化约为一种简单的肯定或否定：有或者没有菲勒斯。然而，她们的抱怨弄错了对象，因为菲勒斯这个能指的特殊性或者说独一性正在于，它破坏了任何简单的肯定或否定的可能性。正因为菲勒斯这个能指，表格的每一侧所产生的不是一个简单的陈述，而是两个相冲突的陈述。每一侧都被菲勒斯函数的一个肯定（对应着［非菲勒斯的］绝对享乐的囊括）和一个否定（绝对享乐的排除）所规定。当涉及在以菲勒斯法则为依据的事物分类中定位女人的时候，一种根本的不可判性（undecidability）不仅定义了女性一侧那著名的“非－全部”（not-all）——并非全部女人服从于菲勒斯功能，同时男性那一侧也包含了 216
相似的不可判性：将全部男人囊括进菲勒斯法则“辖区”的前提是，至少有一个从中逃脱。我们有没有把这个“逃脱的男人”统计到这个全部呢？是怎样的一个“男人”，他的享乐可以不被局限在男性的种类之中，而又是怎样的一个“全部”，它可以漏掉它的元素之一？

因此我们看到，在不可判性以及性的能指如何拒绝自身被划分到两个相互独立的种类的问题上，想要对精神分析进行指教是无济于事的。给精神分析布道解构是无济于事的，因为精神分析早已懂得。在它为解构主义所用之前，双性存有（bisexuality）作为一个精神分析概念其时已久。但解构和精神分析的差别在于，后者没有将双性存有的事实——也就是男性与女性的能指不能绝对地区分开的事实——与对性差异的否认相混淆。解构之所以在这个问题上陷入混淆，是因为他们无视了两种失败发生方式之间的差异。解构将失败看作是统一的，于是到头来在它那里，性差异坍缩成无性差异（sexual indistinctness）。至少在这一点上这补充了一个事实：在谈论存有的时候，由于将一种性能指的混淆（a confusion of sexual signifiers）与一种性自身的模糊（a confusion of sex itself）相等同，解构似乎被语言的假象欺骗了。

简要来说，这是性化公式教给我们的一课，而我现在将更加详细地展现，这也是我们从康德那里学到的一课。不过，我们首先需要就菲勒斯功能的问题稍稍多说几句，因为它就是那所有不可判性的来源。它的出现——在表格的两侧——说明我们关切的是言说的存有（speaking beings），而根据拉康对弗洛伊德阉割概念的翻译，也就是在进入语言之前放弃获得享乐的存有。这不只重申了我们一直在讨论的——正是语言的种种僵局创造了对不可说、不可经验之物的经验，它同时也暴露出一种解读的愚蠢，

这种解读宣称拉康的性差异理论把女性搁浅在语言之外的黑暗大陆上。但是，表格的每一侧都描述了一种不同的僵 217
局，语言之外的问题通过这些僵局被提出，它们以各自不同的方式揭示出话语中根本的无力性。不过，尽管菲勒斯功能在每一侧都产生了一种失败，但它并未产生出这两侧之间的一种对称。

女性一侧：数学的失败

我们不打算按照惯例从左侧展开我们的解读，而是从公式的右侧，也就是女性的一侧开始。一种常见的偏见认为，精神分析将女性建构为次要的，仅仅作为首要项也就是男性的变体；与此相反的是，这些公式暗示出右侧才具有某种优先性。这样解读这些公式与康德优先考虑数学的二律背反相一致：康德不仅先处理数学的综合，而且还赋予它们以某种比力学的对应部分更为直接的确定性(certitude)。在康德的分析里，相对于数学的冲突(conflict)所显露出的那种更根本的不可解决性、那种完全彻底的僵局，力学的两种二律背反（在我们的解读中就是公式的“男性一侧”）多次以次要的方式出现，作为一种解决。在考察这两种冲突模式之间种种差异的过程中，我们将要处理的问题之一正在于弄清冲突和解决的诸概念如何从第一种模式转变为第二种模式。（然而，最终这种优先观，即两种性或二律背反中的其中一个要优先于另一个的观念必须被看作一种幻影。与其将它们视为同一属之下的两个种，不同的性和二律背反命题应当被看作一个莫比乌斯带上的不同位置。）在数学和力学的二律背反之间无疑存在着不对称性：从一个到另一个，我们似乎进入了一个完全不同的空间。与其像许多康德的评论者那样，自始至终对这个差异感到迷惑，或者将它归咎于一种思想的混乱，我们将尝试在拉康的帮助下把支撑它的逻辑提炼出来。

218 什么是一种数学的二律背反？我们该如何描述这个定义了它的冲突？康德分析了引发各种各样冲突的两个“宇宙论”（cosmological ideas），我们只讨论其中的第一个，因为似乎对我们而言，它最为密切地回应了建立在性化公式中“女性一侧”的那个二律背反。第一个二律背反由尝试思考“世界”所触发，在康德那里，“世界”意味着“全部现象在数学意义上的总和（mathematical total）以及它们综合的总体性”（237），这就是说对这样的现象全体（the universe of phenomena），不再需要预设其他的任何现象来作为这个全体的前提条件。那么，理性所针对的就是这个无条件的整体、绝对意义上的全部现象。关于这一全部（all）的本质，这个尝试产生了两个相冲突的命题——正题：世界在时间上有一个开端，在空间上也存在边界；它的反题：世界没有开端也没有空间上的边界，而无论在时间还是空间上都是无限的。

对这两个论题进行考察之后，康德得出结论认为，每当一方成功地证明另一方的错误时，都无法令人信服地确立自身为真。而他不得不挣脱这个结论所创造的怀疑论僵局，因为他的基本哲学信条之一，也就是使其自身与怀疑论相对立的地方正是每一个理性的问题都可能获得一种解决。他所得出的解决如下：与其绝望于无法在这两个选项中做出选择，我们必须开始意识到其实并不需要选择，因为两个选项都是错误的。这就是说，正题和反题的陈述一开始似乎构成了一组矛盾对抗（contradictory opposition），但在仔细考察之后，结果成了一组对立（contraries）[21]。

在逻辑上，如果两个命题中的一个单纯是对另一个的否定，那么在这两个命题之间存在的就是矛盾对抗，由于这两者一起穷尽了可能性的全部范围，一方的真理性便奠

21 此处的两个概念参考了康德研究者邓晓芒的翻译。——译者注

定了另一方的错误性，反之亦然。矛盾是一个零和事件（zero-sum affair）。影响着所连系物的这个否定，没有留下任何超出它自身以外的东西，它完全地废止了另一个命
219 题。而另一方面，如果两个命题中的一个并没有简单地否定另一个，而是朝另一极的方向上做出了明确肯定，那么在这两个命题之间存在的就是一组对立。在这种情况下，否定只影响了谓语，它没有穷尽所有的可能性，而是留下了某些尚未指明（pronounce）的东西。因此，这两个陈述可能一并都是错的。

为了让这个逻辑不那么抽象，康德一反常态地举出了一个犀利的例子，成功地阐明了数学的二律背反中的关键点。“身上闻着香”（smell good）的对立项是“身上闻着臭”（smell bad），为了证明第二句话并没有简单地对第一句话进行否定（否则“身上闻着不－香”[not good-smelling]就够了），而是继续提出了另一种味道，这次是一种坏的味道。这两个命题不可能同时都是真的——因为芬香和恶臭互相抵消，但可能同时都是错的——因为它们都没有考虑到另一种可能性，即身体可能是没有气味的。

为了以一种不同的方式再次阐明这一逻辑要点，我们应该注意到正是对立面的结构产生了“你是什么时候停止

打你妻子的？”（When did you stop beating your wife?）这个笑话。这个问题的形式表面上允许被提问者提出他想选择的回答，但事实上只允许他在对立中做出选择。提问并不允许他否认问题中所隐含的指控。

康德在拒绝回答“世界是有限的还是无限的？”这个问题的同时，一并否定了问题中所隐含的假设：世界是（the world *is*），由此避开了这个怀疑论的僵局。只要我们假设这个世界存在（exists），宇宙论二律背反的正题和反题就不得不被看成是矛盾的，因为它们相互排斥而且是穷尽性的非此即彼（exhaustive alternatives）。因此我们被迫做出选择。然而，一旦这个假设被证明是无依据的，那么这两个选项都无须被当作是真的，不再需要做出一个选择。于是，对这个二律背反的解决就在于证明这个假设的不一致性，也就是证明世界存在的绝对不可能性（absolute impossibility）（294）（康德的话）。完成这一解决则需 220
要通过证明世界是一个自我－矛盾的概念——也就是根据定义，证明一种无限延伸（endless progression）的绝对总体性是不可想象的。

所以该如何证明呢？如果世界是经验的一个对象——正如那些急于判定它大小的人所假设的那样——那么在构

想它的同时就必然会遭遇经验的可能性条件。因此，如果我们能证明它无法吻合这些形式上的条件，便可展现世界这个概念是根本站不住脚的。这些条件明确要求了经验的可能对象必须可通过诸现象的演发或回溯（a progression or regression of phenomena）而在时空中得以定位。然而，一种绝对的、现象总体的概念却排除了这样一种连续性（*succession*）的可能，因为它只能被理解为种种现象的同时性（simultaneity）。这个理性法则要求我们去探寻前提，却因此受限于（abridged by）自身完全满足的构想——也就是对世界的构想。最后的结果是，遵从这个法则和完全满足这个法则成为一对二律背反。世界这个对象，摧毁了探寻其自身的方式，正出于此，称它为一个对象是根本不妥当的。一个现象的全体无疑是一个真正的矛盾，世界既不可能存在也不存在（*the world cannot and does not exist*）。

通过证明世界不可能存在，康德同时消解了正题和反题的陈述。实际上他两次说明了他的解题，第一次是以否定的形式，然后则是肯定的形式。“世界在时间上没有开端，在空间上没有绝对的边界”，这是否定的解题，它否认了正题，却没有像反题那样继续做出一个相反的论断（counterassertion）。在现象王国中，种种现象可以是不设限的（no limit to phenomena），因为这可能要求存在一种本身不受经验之前提所限制的例外现象，并因此使我们的回溯（regress）打住，或者它采取了非现象的形式，比如空的形式：一个空的空间或一段空的时间。以上这些自相矛盾的说法明显不具有真的可能性。没有什么现象可以在理性的规则之外，而仅凭自身就成为我们经验的对象。或者说，没有一个现象不是可能的经验对象（或者都受制 221
于回溯的法则）：$\overline{\exists}x\ \ \overline{\Phi}x$。

然后康德接着消解反题，“在现象的连续中回溯——正如测定宇宙的体量，会无限地（indefnitum）进行下去”。也就是说，我们承认现象的集合缺少一个边界，这并不会迫使我们去主张反题的立场——它们是无限的——相反，这只要求我们承认所有现象的基本的有限性（finitude），也就是它们不可避免地从属于时空的条件，并因此必然只能逐一面对，无穷无尽，永远没有可能到达一个终点、一个知晓全部现象的顶点。这个世界的状态不是无限的，而是不可确定的（indeterminate）。并非－全部（not-all）现象都是经验的可能对象：$\overline{\forall}x\ \ \Phi x$。

为避免发生可能的误解，我们必须两次声明康德批判哲学所提供的这个解题。因为“现象群没有边界”这个简单陈述将会对那些倾向于“世界是无边界的”这个先验幻象（transcendental illusions）的人产生暗示，而与此同时，“并非全部现象都能被认识”这个简单陈述则意味着至少有一个现象逃脱了我们的经验。

现在一目了然的是，从康德解决第一个数学的二律背反的两句陈述中我们已经得出了两个公式，它们从形式上复制了拉康关于女人的论题：女人（the woman）就像世界（the world）那样并不存在。但是，如何证实女人和世界之间的这种平行关系呢？是什么使拉康能谈论女人的非存在？我们的回答必须从拉康自己的解释开始：“为了说‘它存在’，也就有必要能够去建构它（*be able to construct it*），这就意味着，要知道如何找到它存在的地方。”[22] 在这个解释里，你会听出康德式的论调，但同时你也应该听出对弗洛伊德的回应，因为他曾说过为了找到一个对象，你必须能够再次找到它[23]。如果女人不存在，这是因为她不能被再次找到。在这一点上，拉康这句格言并不那么易懂，
222 而我的解释性重述似乎也没有比他的原文更清晰。然而，我意在通过继续解释力学的二律背反，澄清我的说法并进

22　拉康，《再来一次》，第 94 页。

23　原文为“in order to find an object, you must also be able to refind it”。这个说法首次明确出现在弗洛伊德的《性学三论》里。——译者注

一步建立康德与弗洛伊德精神分析之间的联系。

让我们回到拉康的陈述，暂且先将注意力放在其中纯粹康德式的论调上。毫无疑问，拉康认为女人的概念不能被建构，因为实际上没有人能够完成任务——充分揭示女人的条件（conditions）。因为我们是为时空所约束的有限存有，所以我们的知识受制于历史性的条件。我们对女人的理解不能“跑到”这些限制的前面去，因此便不能建构一个女人的整体概念。然而，这种康德式的立场如何区别于巴特勒及其他人所明确表达的呢？我们真的那么有别于那种总将自身与每一种普世主义做对的立场吗：没有女人或男人的一般性范畴，没有主体的一般性范畴，有的只不过是主体的特定历史范畴，并被特殊而多样的话语所定义？我们对“女人并不存在”的诠释和以下这种说法有何不同呢？这种说法认为我们在宣称女人存在时被误导了，因为：

> “女人”(women) 这一范畴是规范性且排他性的，而提出这一范畴的时候，并未触动隐含着的阶级和种族的特权维度。换句话说，强调女人这个范畴的一致性、统一性，实际上回绝了文化、社会和政治交织的

> 多元性，而“女人”的具体集束（concrete array）却建构于此。（Butler，14）

这段话暗示了女人的普遍性范畴，与当下那些探讨女性群体中阶级和种族差异——因为她们是由各种各样的实践所建构的——的工作相抵触，同时也被这些工作所驳斥。这个观点的逻辑是亚里士多德式的，也就是说，它把普遍理解为一个实证的、限定性的术语（“规范性且排他性的”），
223 而这个术语在另一个实证的、限定性的术语（特殊的女性群体或者“‘女人’的具体集束”）中发现了自身的限度。于是，对全体的否定产生了特殊。对“性的二元对立”的非难正是从这个立场上发出的，它自身固守于一种二元逻辑：普遍和特殊被认为是一对非此即彼的可能性（exhausted possibilities）。

当康德认为数学的二律背反论证了理性的限度之时，他心中的想法不仅于此。他一再重复他的论点，我们的理性是有限的，这是因为我们知识的程序既没有时间上的限度（no term）也没有空间上的限度（no limit），真正限制理性的是一种限度的缺乏（a lack of limit）。每当我们在外延的一侧想象（conceive）非－全部的时候，也就是说，每

当我们认为对世界或普遍理性（及其能够谈论全部现象的自负）的否定单纯意味着我们实际可能认识到的全都不过是有限而特殊的现象之时，我们违背了——而非认可了这个洞察。[24]因为在这种情况下，通过假设向外延伸因而逃脱了理性把握的一段时间——也就是未来，我们给理性提供了一个外在的限度，却排除了真正定义了理性的内在限度。

回想一下，康德坚持认为第一个二律背反为“现象的先验观念论”（transcendental ideality of phenomena）提供了非直接的证明。康德将其总结如下：

> 如果这个世界是一个自在的完整存在（a whole existing in itself），它必须要么是有限的，要么是无限的。但是它既不是有限的，也不是无限的——正如此前我们通过正题和反题从两方面已经证明的。因此世界——全部现象的名录——并不是自在的完整存在。由此可以得出结论，现象不是什么别的，而只是我们的表象（phenomena are nothing, apart from our representations）。（286）

如果我们把倒数第二个陈述所包含的否定看作是将全部现

24 拉康，《再来一次》，第 94 页：“正好不是外延的一侧，我们必须得出这个非 – 全部。”

象（或者说，世界）限定到特殊现象的话，康德的逻辑似乎是有缺陷的。只有当我们把倒数第二个陈述作为不定判
224 断（indefinite judgment）时，才有可能达成他的结论。[25] 这里所包含的并非是对所连系物的否定，并不是“全部现象”都被完全取消或者排除了，只留下其补充——某些或者特殊的现象——来掌控这个领域，而是对一种否定性谓语的肯定。这就意味着康德在劝说我们，承认世界并不是经验的一个可能对象，并以此为限对世界的存在发表见解，是唯一可使我们免于陷入世界概念的二律背反的办法。康德的劝诫意味着理性只受到它自身性质的限制（它依赖于纯粹管制性的总体性概念），也就是，内在地受到限制。

康德哲学的立场与历史主义的立场之间的关键差异正在于此。或者我们应该称之为康德 – 拉康派立场与历史主义立场之间的关键差异，因为拉康在女人的问题上采取了一种相似的姿态。当他说“女人是非 – 全部”（The Woman is not-all）的时候，他要求我们将这句陈述看成一个不定判断。因此，正如他的读者们时常惊恐地注意到，他所说的实际上宣告了女人的概念是一个理性的矛盾，因

25　有关康德的不定判断概念与第一个两种二律背反之间关联的精彩讨论，参见 M. D. – 梅纳德，《纯粹理性中的疯狂》(M. D.-Ménard, *La Jolie dans la raison pure* [Paris: Vrin, 1990], pp. 33.)。

而她不存在，同时读者们并不容易注意到的是，拉康还宣称，她的存在不能被理性所否定（contradicted）——显然也不能被理性所确认。换句话说，他为某种东西（there being something）——一种女性享乐的可能性——留出了可能性，它在经验之中是无可匹敌的，因此不能存在于符号秩序中。女人的外存（ex-sistence）不仅没有被否认，而且它也不是一个可被斥责的、“规范性且排他性的”概念；相反，拉康派的立场认为只有通过拒绝否认——或者拒绝确认——她的外存，才能够避免“规范性且排他性的”想象。也就是说，只有通过承认一种女人的概念不可能存在，即它在符号秩序中结构上的不可能性，才能挑战有关她的每一种历史性建构。因为说到底，并没有什么事物在禁止这些历史性建构声称它们的普遍真理，也没有什么事物在见证这个历史性主张：一种一般性的、超历史的女人范畴并不存在。这个论断的真理仅仅是不适用于一个历史性的主体。 225

让我们澄清一下：拉康派观点的推论之一也与历史主义类似，它质疑将女人收编为一个整体。因此，它也将所有为联合政治做出的努力看作是可商榷的。但是，不同于历史主义者的是，拉康认为收编女人的风险在于，在“囊括”她的时候，每一种定义中的内部限制——而不是不同定义之间的外部冲突——会以某种方式失败。拉康的立场向一个无法确认或否认的超越敞开。

围绕着所提及的这种超越，女性主义者们一片哗然，从而我们有把握认为拉康派的立场需要进一步的解释与辩护。拉康派的立场经常被认为构成了对女人的又一次驱逐，它将女人放逐到语言和社会秩序之外，试图将她们贬谪到某片“黑暗的大陆”上（仿佛在语言僵死的结构中曾发现任何存活着的生命形式！）。于是，我们必须进一步明确关于女性的“符号界的失败”意味着什么，而这句不定判断又昭示了什么。更具体地说，符号界并没有在建构女人的现实上失败，而是在建构女人的存在上失败了。更准确一点：失败且变得不可能的是做出一个存在判断。只要它能够证明世界或者女人不能形成一个整体或总体——也就是说，只要它能够证明语言的现象没有限制，所有的现象都是经验的对象，所有的能指其价值都取决于其他能指——那么，做出判断的可能性就消失了，我们不可能判断这些现象或者这些能指是否传递了一个独立于我们的现实的信息。为了能够宣称一个事物存在，就有必要同时能够从另一面推断——它不存在。但是，如果没有现象不是我们经验的对象——也就是说，如果没有脱离我们经验，因而能

够质疑其他现象正确性的元现象——那么这第二个否定判断如何是可能的呢？现象（或能指）缺乏一个限制所排除 226
的正是：一种元语言，没有它我们就被限制在无穷无尽的肯定之中，也就是永无止境地肯定着——同时不能够否定——任何将自身呈现在我们面前的现象的偶然序列。正如弗洛伊德谈到无意识时所说的，在限制本身不可能的地方，不存在“不”(there is no “no” where no limit is possible)。同无意识相仿，这里的矛盾也必须被忽略，因为一切事物都不得不被认为是同等真实的。在没有事物可能被判断为虚假的地方，就没有消除不一致性的可行方案。

于是，当历史主义的女性主义者们近来提出，我们将“女性主体诸位置”的集聚视为“女性性之谜”的解决，也就是说，为了最终消除一个女人是什么的问题，我们承认这些各种各样的女性建构之中的种种差异以及她们彼此之间相互关系的非必然性，拉康却提出，这一“解决”正是需要解释的基点。为什么——拉康要求我们不要满足于这种观点，而要进一步发问——为什么女人不能形成一个全体（an all）？为什么我们一定要在女性的话语建构中看出一系列的差异，却永远不会在它们之中遭遇女性本身？拉康回答，女人是非－全部，因为她缺乏一个限制，他的意思是她不受到阉割威胁的影响，这个威胁所体现的“不”没有在她身上起作用。不过，这可能造成误导，因为尽管女人确实不买这个威胁的账，但关键在于认识到，女人是这个不起作用的否定的结果，而不是它的原因。她是这一限制的失败，而不是这个失败的原因。

总之，女人所在的地方没有限制的介入，来抑制能指逐一展开，因此在她所在的地方，一种存在的判断就变得不可能了。这意味着一切都可以谈论她，一切都在谈论她，然而所说的一切却没有一个服从“现实检验”（reality testing），所谈及的一切都不能称得上是对她存在——因
227 而所有的符号表达都无法触及——的确认或否认。这个论点相当程度上把女人和符号界及菲勒斯功能的关系复杂化了。正是因为她被完全地、不受限制地刻写在符号界之中，她在某种意义上才完全外在于它，也就是说，她存在的问题在符号界中是完全不可判的。

由此看来，我们被迫承认女人事实上是符号界的一个产物。但同时我们也必须认识到在产生她的过程中，符号界并不以我们惯常认为的那种方式发挥作用。在拉康派的术语中，通常我们认为符号界与大他者是同义的。根据定义，大他者为我们的一致性（consistency）做出了担保，

然而正如我们已然看到的，在涉及女人的地方并没有这样的一种担保。她，或者这个建构了她的符号界，充斥着种种不一致性。因此，我们被引导向一个结论，女人是一个“没有大他者的符号界”的产物。在他晚期的书写中，为了这一新近构想出的实体存在，拉康杜撰了术语“咿呀语”（lalangue）。女人是咿呀语的产物。

男性一侧：力学的失败

如果我们遵照历史主义的规则就会不得不认为，同女人一样，男人也不存在，每个时期所建构的男性主体位置是多种多样的，在其中无法举例说明男人的一般范畴。因此，一种唯名论的观点犹如一种理论溶剂一般，以同样的方式消解了男人和女人的范畴。但根据拉康的看法，我们不能够相对称地认为男人并不存在。如果我们相信性化图示的左侧，那么定位他、宣告他的存在就不成问题。

这个陈述可能令人惊讶——不只对历史主义者来说。因为我们的讨论引导我们假定，理性的法则——它驱使着我们寻求一种状况的总体性——必将永远使任何存在的判断变得不可能。对男性存在的确认似乎暗含着对这种不可能性的降除，为此我们尚未做好准备。康德的评论者们也 228

本章的论点概要

力学的 / 男性	数学的 / 女性
正题：遵照自然律的因果性并不是世界全部现象都可以由之导出的唯一因果性。为了完全地解释这些现象，还有必要假定一种由自由而来的因果性。	正题：世界在时间上有一个开端，在空间上也存在边界。
反题：不存在什么自由，相反，世界上一切事物都只遵照自然律而发生。	反题：世界没有开端也没有空间上的边界，而无论在时间还是空间上都是无限的。
$\exists x \quad \overline{\Phi x}$ $\forall x \quad \Phi x$	$\overline{\exists} x \quad \overline{\Phi x}$ $\overline{\forall} x \quad \Phi x$

时常表达类似的惊讶，他们吃惊于力学的二律背反的解题被找到时那突如其来的毫不费劲。数学的二律背反的正题和反题都被认为是错误的，因为两者都不合理地宣告世界（或一种复合实体）存在，而康德认为力学的二律背反的正题和反题都是真的。在第一种情况中，两个命题之间的冲突被认为是不可消弭的（因为它们对同一个对象做出了相矛盾的断言）；在第二种情况中，通过声称两个陈述并不彼此矛盾，冲突被"奇迹般"地解决了。如果这仅仅是正题的问题，人们或许可以顺当地接受这一论点："遵照自然律的因果性并不是世界全部现象都可以由之导出的唯
229 一因果性。为了完全地解释这些现象，还有必要假定一种由自由而来的因果性"，正题先是承认了自然因果的重要性，并只是强调了一种自由的补充。然而，要让反题与康德对

矛盾的否决相接轨却并不容易。“不存在什么自由，相反，世界上一切事物都只遵照自然律而发生”这句陈述，明显地反击或否定正题。无论如何，我们将要在这一刺眼的矛盾面前证明康德“两个陈述同时为真”的论点。简言之，我们将不得不借用一种非亚里士多德的逻辑——就像我们处理数学的二律背反时那样。

我们将更多地关注第二组二律背反如何克服第一组二律背反所展现的僵局，而不多涉及康德关于自由和上帝——这些宇宙概念——的论点细节所要讲的东西。我们必须也注意到性化公式的左侧或男性的一侧重复了康德的解题逻辑：“至少有一个 x 不服从菲勒斯的功能”和“所有 x 都服从菲勒斯的功能”同样为真，尽管事实上反题的包容性（inclusiveness）明显被正题所证伪，也就是说，反题中的这个全体（the all）被正题否定了。

而康德仍然认为反题为真，他认可了这个全体、这个普遍的存在，正如拉康认可了男人总体（the universe of men）的存在。由于在能指链中无法找到一个限制（limit），所以对女人而言，总体的存在被认为是不可能的，而同理可以提出一个聪明的假设：在男性的这一侧，这个“全部”的形成取决于一个限制的植入。然而，这个解决思路易于推测却不易于证实，因为女性那侧已提供我们充足的理由去相信，要植入一个限制是不可能的，不可能有元现象或者元语言。在男性的一侧，我们不能——也不会——背离已得到确认的理性法则。

230 事实上，“左边”（sinister）[26]或者力学的一侧的限制并不可能产生元语言，而只是遮蔽了元语言的缺失。实现这种遮蔽凭借的是将一个关于不能被纳入现象(或能指群)序列的否定判断添加到这个序列之中。“不存在什么自由”这个分句出现在第三个二律背反 (以此为例) 的反题当中，它所起到的正是这个限制的功能。凭借这个否定判断，自由的不可想象（inconceivability）从而概念化了，而现象的序列也不再是开放式的，它变成了一个封闭的集合，因为现在它包含了——尽管是以一种否定的形式——从它那里排除的东西：它现在包含了**一切**（everything）。你会注意到此处的**一切**作为一个推论出现在第三个二律背反反题的第二个分句里：“世界上一切事物都只遵照自然律而发生。”突然间，世界这样一个被数学的二律背反所禁止成形的事物，在力学的一侧生成了。

26　这里作者利用了这个词的歧义性，sinister 这个词的常用义为阴险的、灾难性的，也有“左手边的”意思。——译者注说到强加一个限制以作为自然因果性的一个添加物、一个增补（supplementation），事实上我们已经呈现了所发生事物（what takes place）的正题型式。但是，反题提供了另一个同等准确、真实的描述。根据反题型式，从女性到男性一侧的转换包含一个减法。回想一下康德的抱怨，他认为数学的二律背反的正题和反题都逾越了它们本应具有的功能，因为它们都“说出 [了] 对一个充分而完整的矛盾而言并非必要的东西”（285），也就是说，它们都说得太多了。因为每一个陈述都负载了一个不合理的、过剩的对存在的肯定。在力学的一侧，这个过剩是从现象领域中被减去的——我们可以这样看待它——正是这个减法植入了限制。将自由从机械因果性的领域中移除或分离，便消解了力学一侧根本上的不一致性，也就是它的绝对僵局。定义数学领域的是其元素的同质性（所有的现象和经验对象），以及其陈述的不一致性（因为没有一个能被看作是错的）；而定义力学领域的是其元素的异质性（将两种类 231
型的因果性——感性的和知性的——分隔到不同领域中的结果），以及——什么呢？从另一面对应不一致性的是什么呢？不完整性。[27] 也就是说，在力学的一侧形成了这个

27 在他未出版的研讨班《外亲性》（*Extimité*，1985—1986）中，雅克 – 阿兰 · 米勒发展了涉及性差异的问题时，在不一致性和不完整性之间所做的拉康式区分。

全体，但遗失了一个元素：自由。这个最初的原因，奠定了机械性的领域却不能为之所包容，或者说它从中消失了。[28] 这意味着这一侧的问题在于总是说得太少。[29]

在拉康的公式中，由于他自始至终使用相同的符号，两侧的对比（parallels）就更鲜明了。于是，我们得以看到有关存在的问题被直接平移到力学的一侧。这意味着，对存在的过剩宣称（the surplus declarations of existence）在女性一侧引发了冲突，而到了男性的一侧则悄无声息了，这正是因为存在——或存有——从形成在那里的总体中被减去了。这就是为何我们应当将拉康设定的存在量词看作对“全部”（它受到全称量词的规定）的限制。因此，如果我们认为（仅仅遵照自然律运行的）世界或者（男人的）全体可以存在于力学的或者是男性的一侧，我们务必不能忘了这里所宣称的只是一种概念性的存在。存有本身逃脱了世界这个概念的形成。因此，某种无能定义了这个形成

28　斯拉沃热·齐泽克从弗雷德里克·詹明信（Fredric Jameson）那里借用了“消失的中介”（vanishing mediator）这个概念，并将它适用于这种“原因从其效果的领域中消失”的拉康式解读。参见 S. 齐泽克，《他们不知道他们所做的》（S. Žižek, *For They Know Not What They Do* [London and New York: Verso, 1991], pp. 182-197. ）。

29　T. 威斯克尔在他重要的著作《浪漫的崇高》（T. Weiskel, *The Romantic Sublime* [Baltimore: Johns Hopkins University Press, 1972] ）中得出了恰好相反的结论。根据他的解读，数学的崇高与“意义太少”有关，而力学的崇高的特征则是一种所指的过量，或者“意义太多”。

了的全体，因为一切都可以被包括在其中，除了异质于概念性世界的存有。

于是，这个限度的悖论状态解释了正题和反题——$\exists x\ \overline{\Phi x}$和$\forall x\ \Phi x$——为何必须同时被陈述和判断为真，因为我们既不能将这个限制理解为完全不在这个男性的集合当中，也不能理解为完全被这个集合所囊括。正如康德教导我们的，如果有人要说一个男人存在，那他对这个男人、对男人的概念将完全没有增添任何东西。因而，我们可以认为这一概念什么都不欠缺。可是它却没有将存有囊括进去，而从这个意义上说，它是不足的，因为这个概念不能囊括事实上存在着的、被它所命名的事物。

这就将我们带回到我们此前提及的“现实检验”的问 232
题上。我们曾预示，在女性那里被当作不可能而排除的程序，将最终在男性那里发挥作用。我们仍然坚持这个观点，不过毫无疑问，用弗洛伊德的术语最适合于阐明什么是现实检验。没有比从弗洛伊德的文章《论否定》入手更恰当的，因为这个文本与——在康德和拉康之后的——我们的讨论使用了几乎相同的术语。当弗洛伊德评论说“在否定符号（symbol of negation）[30]的帮助下，思想从压抑的束缚中解

30　澄清此处所谓“否定符号”最简单的例子莫过于：“在梦中出现的那个女人显然不是我母亲。”当然它还有其他更丰富的形式。——译者注

脱出来，并利用对自身正常运作不可或缺的材料充实自己”[31]，我们应当即刻想到力学的二律背反。因为在力学的二律背反中，否定符号正是这个限度，它允许康德去主张一种关于“世界上一切事物”的知识；而在数学的二律背反中，他却被迫承认对这个世界的论证（reasoning on the world）失败了。在力学的二律背反中，康德同样给予自身以材料——一个思想的对象，尽管在之前的冲突中，他否认理性有这样一个对象的可能性，认为它注定只能进行“有关无的争论”（dispute about nothing）（283）。

有关现实检验的过程，弗洛伊德说了些什么呢？首先他表达了他从写作《大纲》（1895）时就已经提出并在《性学三论》（1905）中最为明确化的观点：找到一个对象就意味着再次找到它。在这里，现实检验的目标“不是在真实的知觉中找到一个能够对应被呈现物的对象，而是再次-找到这样一个对象，令自身确信它依然在那里”[32]。他同时提到了将自身呈现在这个过程中的问题之一是：

作为表象（presentation）的、对知觉的重现（repro-

31 弗洛伊德，《论否定》(Freud, “Negation” [1925], *SE*, vol. 19, p. 236.)。

32 弗洛伊德，《论否定》，第 237-238 页。

> duction）并不总是忠实的，它可能被种种遗漏所篡改，
> 或者被各种元素的融合所更改。在那样的情况下，现
> 实检验不得不去弄清这样的歪曲究竟有多严重。但明 233
> 显的是，设立现实检验的先决条件在于，那些曾带来
> 真实满足的对象应该已然失去了。[33]

与常见的误解相反，这里所描述的现实检验并不是一个我们将我们的知觉与一个外部的、独立的现实相匹配的过程。事实上，正是对那个现实（或者真实）永久性的失去：一个从未如此这般在场的现实——成为决定我们知觉的客观状态的先决条件。真实不仅不可用于与我们的知觉相比较，而且弗洛伊德还承认，我们可以假定后者总是多少歪曲和不准确的。那么，到底是什么导致了主观知觉和客观知觉之间的差异呢？是什么介入其中，将冲突着且歪曲了的现象转变为一种对我们经验客观性的确信呢？我们现在应该可以猜到一半，答案大概是这样的：并不是一种新的知觉、新的可感的内容被附加到我们大量的知觉当中，取而代之的是，这个附加物是智性上的（intelligible）且无内容的东西——一个为我们的知觉设置限度的否定判断，同时它因

---

33 弗洛伊德，《论否定》，第 238 页。

此标记了那个“曾带来真实满足”的对象的丧失。这个否定判断将这个对象排除出思想——或者更确切地说，排除这个对象才使思想成为可能。这就意味着排除这个词并非完全准确，因为它趋向于暗示真实的对象和思想的对象之间没有关系，而弗洛伊德却认为这两者之间是存在确切关系的。因为只有当这个被排除的真实对象负重于或者说锚定了稍纵即逝的知觉时,知觉似乎才获得了客观性的分量。这说明，只有当我们的知觉开始将自身倚赖于这一失落的满足对象时，它们才能够被认为是客观的。通过将自身倚赖于这个对象，它们才开始被当作对它的种种显影(manifestations) 而理解。于是，这个对象从知觉中被排除，但不是简单地被排除，因为它现在以一种“在它们 (知觉) 之中又超出于它们”的方式发挥作用：作为它们客观性的担保。如果弗洛伊德倾向于用增量动词“再次找到”而不
234 是“找到”来命名现实检验的过程，这不只是因为这一失落的对象永远也不能被直接地找回——相反必须在它的种种显影当中才能被再次找到，更是因为它在知觉中被一次又一次地寻回，无论怎样地不尽相同 (歪曲的、修饰过的)，却必须认为它们 (整个现象世界) 仍然佐证了一个相同的、不可企及的现实，而这个现实是它们全都无力容纳的。因

此，这个否定判断尽管保证了种种知觉指向了某个客观的、独立的现实，它却主张——也必须主张——这个现实是不可把握的，因为如果它被假定为一种现象的形式，那它就变成了仅仅是另一种知觉，而在这种情况下，思想世界也就崩塌了。

当我们回到关于性差异的讨论中，现在应该能清楚地认识到，如果我们可以宣称男人是存在的（不同于女人），那么他的存在或者存有却仍旧是无法企及的，因为他的存在逃脱了自身形成于其中的概念的或者符号的领域。如果男人之间的差异可以被忽视，并且由于他们都是同一个事物的显影，他们彼此之间可以相互替代——仍旧未知也必须始终未知的是，这个事物究竟是什么？相应的是，没有人能再继续夸口说他具体表现了这个事物——男性性——正如我们不能说任何概念可以具体表现存有那样。

因此，所有对男性性的标榜都是十足的冒名顶替，正如每一种女性性的展示都不过是十足的乔装假扮。通过对性的去实体化，拉康使我们察觉到每一个对实证的性别身份的声称中，都存在着一种根本的欺骗性。在这一点上，他对男人和女人一视同仁。但这并不意味着他处理他们的方式是对称性的，或者他将他们视为对彼此的补充。男人和女人的全体是不可想象的,一个范畴并不会补足另一个，也不会弥补另一个所欠缺的东西。如果有人要相信这样一个全体是可能的，那他就会相信性关系，以及它所暗含的所有异性恋主义。

235 但拉康没有。相反，他向我们展现的正是为什么异性恋主义的假设——或许可以像这样明确地表达为：男人爱女人，女人爱男人——不是一个合理的命题。因为它以一个同样修饰了男人（们）和女人（们）的全称量词，一个全部（all），作为先决条件，而这正是他的性化公式所要反驳的。正如我们已经详细论述的，女性的全体是绝对不可能的，而只有在我们将某个事物排除于全体之外的情况下，男性的全体才是可能的。所以，男性的全体是一个由禁令挑起的幻觉：不要在你们的全体中囊括一切！与其将一个男性全体定义为对一个女性全体的补充，拉康将男人定义为对建构一个全体的禁令，而女人则是这一建构的不可能性。性关系的失败出于两个原因：它是不可能的，以及它是被禁止的。而将这两个失败合在一起，你将永远不能得到一个整体。

性差异与超我

这个论点只赋予了自身两个任务：一方面挑战那些往往被历史主义和解构主义的立场一同拥护的关于性的假设；另一方面通过明确地展现批判哲学对拉康的启发，澄清他所提供的替代方案。如果要对这个性差异的替代性理论所可能产生的影响展开论述，那会需要远比此处更多的篇幅。但在结束这一章的研究之前，我想至少提示一个要点，并且提出一条可能将之推进的路径。这个要点是：康德对力学的二律背反的描述和拉康对男性二律背反的描述都与精神分析对超我的描述相一致。

在《判断力批判》中谈及力学的崇高[34]，康德提到了不祥的岩石、雷雨云、火山、飓风的形象——这些骇人的图景来自一个强大且具有潜在破坏性的自然，但是它却如康
德所言“并没有主宰我们”[35]。这个将自身附着在力学崇 236
高之上的“似乎”（as if）的特性，总是挑起评论者们的好奇。当康德说到一个我们实际上并不害怕的可怕对象时，

34 J. -F. 利奥塔在他的著作《关于崇高的分析课程》(J. -F. Lyotard, *Leçons sur l'analytique du sublime* [Paris: Galiee,1991])中，富有说服力地论证了并没有两种崇高，有的只不过是思考崇高的两种模式。

35 I. 康德，《判断力批判》(I. Kant, *The Critique of Judgement*, trans. J. C. Meredith [Oxford: Clarendon Press, 1988], p. 109.)。

他意味着什么呢？他想说的是，从我们在现象世界的立场出发，我们仅仅可以构想出这一恐怖力量的可能性，而不是它的存在，正如我们只能构想上帝、自由、灵魂的可能性而不是它们的存在。一个超越于、不受限于我们的现象状况的王国是可能的，而它的可能性正有赖于存在判断的弃绝（foreclosure）。

同样的解释也适用于超我的悖论。在这里，真正令人敬畏的并非超我的严酷（ferocity），因为这种严酷并非取决于超我禁令的严格性（在这个意义上，超我可能被切实地想象为某种严厉的父亲，或者，他的禁令是可能被切实地详细说明的）——而是因为这位父亲转变成一种不可能的真实，也就是一种我们无法对他的存在进行断言的存有。超我所特有的这种禁令提出了某些不可说且不可做的事情，但可以确定的是，它没有说什么是我们不应该说或做的，它仅仅施加了一种限制，使我们所说和所做的一切与我们所不能说和做的相比，显得毫无价值。正如拉康的解释，“超我……[‘享乐！’的命令]是阉割的对应物。大他者的享乐、大他者的身体只有在无限之中才是可能的，而阉割则是我们获准进入这一享乐的装饰符号。”[36]

36 拉康，《再来一次》，第13页。

然而，一旦我们证实是这一限制或例外的逻辑定义了力学的二律背反，也定义了男性主体和超我，就产生了一个问题，或者从第一眼上看起来如此。因为现在我们好像在为一个臭名昭著的观点提供支持，这个观点提出，女人从本质上就不宜发展出一个超我，因此她容易受到道德放纵的影响。针对这个问题，在这里我们只能指出，伦理领域长时间以来都在按照例外或限制的超我逻辑进行理论化。现在是时候为发展一种包容（inclusion）或无限制（the unlimited）的伦理——也就是一种属于女人的伦理——而努力了。我们必须开启一种别样的超我逻辑。

索　引